cocon

NEUNUNDNEUNZIG MAL OFFENBACH
Orte Menschen Bilder Geschichten
Uwe Kauss

Erschienen im
Cocon Verlag Hanau
In den Türkischen Gärten 13
63450 Hanau
www.cocon-verlag.de
ISBN 978-3-86314-235-3

In Zusammenarbeit mit dem
Magistrat der Stadt Offenbach
Amt für Öffentlichkeitsarbeit
Matthias Müller, Simone Quade-Kaucher

Gestaltung
Manfred Nachtigal

Fotos
Uwe Kauss
Weitere Fotos S. 50, S. 154 Bernd Georg,
S. 90 Heike Bandze

Karten
Vermessungsamt der Stadt Offenbach
Daniela Pfeiffer

99 NEUNUND NEUNZIGMAL OFFENBACH

Orte. Menschen. Bilder. Geschichten.

UWE KAUSS

cocon

99 UNGEWÖHNLICHE ORTE,
99 AUSSERGEWÖHNLICHE GESCHICHTEN

„Fahr er los! Er weiß ja nicht, was Offenbach alles zu bieten hat", soll Johann Wolfgang von Goethe seinen Kutscher angeherrscht haben, als der sich bei der Rückkehr des Dichterfürsten über die stundenlange Wartezeit beschwert haben soll. Goethe hatte 1815 den Hofrat Dr. Bernhard Meyer besucht, einen Naturforscher von höchstem Renommee und zugleich Inhaber der noch heute existierenden Schwanenapotheke. Goethe hatte in Meyers hoch angesehener Sammlung mit ihm diskutiert und darüber die Zeit vergessen. Für ihn war es das letzte Mal in seinem Leben, dass er nach Offenbach kam.

Der Satz des großen Dichters gilt in einem etwas größeren Zusammenhang noch heute. Die Stadt steckt voller außergewöhnlicher Orte, deren Geschichte den meisten Einwohnern verborgen ist. Straßen, Fassaden, Ruinen, Gebäude, Läden, Denkmäler, wenig bekannte Museen, Gotteshäuser, Ateliers und Industrieanlagen haben viel zu erzählen. Manche dieser 99 Orte erschließen sich erst beim zweiten oder beim dritten Hinsehen. Doch es lohnt sich, sie zu erkunden – und von ihnen zu berichten. Die hier erzählten 99 Geschichten sind eng verwoben mit der Offenbacher Geschichte und Kultur, mit dem Aufstieg und Wandel der Stadt – und vor allem mit den Menschen, die heute Ungewöhnliches tun. So berichten die 99 Geschichten von Mut und Erfindungsreichtum, von guten Ideen, von Erfolg und Niederlagen, von ungewöhnlichen, glanzvollen, manchmal tragischen Ereignissen und Vorhaben. Vieles davon ist längst vergessen, anderes nur noch als Schatten sichtbar. Doch Neues, Ungewohntes und Mutiges ist hier und heute auf dem Weg. Es entwickelt sich in den charakteristischen Hinterhöfen und Kellern der Stadt, oft im Stillen, im Abgelegenen. So wie vor zweihundert, vor hundert und vor 50 Jahren.

Also habe ich mich auf die Reise in ein verborgenes Offenbach gemacht, habe interessante Menschen und spannende Vorhaben kennengelernt. Ich durfte in die Hinterhöfe und hinter die Fassaden blicken, in die alten Zeiten tauchen und die Gegenwart der Stadt aus einer ganz anderen Perspektive entdecken. Ich bin auf sehr prominente und ganz unbekannte Namen gestoßen. Ich habe gestaunt, was hier geschehen ist und was derzeit alles geschieht. Die mehrere Monate dauernde Recherche in der Tiefe der Stadt habe ich zu 99 kurzweiligen Geschichten über 99 ungewöhnliche Orte und außergewöhnliche Menschen verdichtet. Der große Dichter Goethe hatte recht. Ich wusste vor der Arbeit an diesem Buch nicht, was Offenbach alles zu bieten hat. Doch ich fahre nicht. Ich bleibe.

Ihr Uwe Kauss

... historisch

... künstlerisch

... architektonisch

... kulturell

... religiös

... einfach spannend

VILLA NEUBECKER, FRANKFURTER STRASSE 100
WOHLTUENDES WASSER AUS BAD OFFENBACH

Die Villa an der Frankfurter Straße 100 strahlt Eleganz und Wohlstand aus. Das kubische, zweigeschossige Gebäude ist verziert mit klassizistischen Fenstern, geschwungenen Ornamenten unterm Dachfirst, einer halbrunden Veranda auf der Rückseite und einem aus Eisen und Glas bestehenden, mächtigen Vorbau am Eingang. Dieses Haus verkörpert wie nur wenige Orte in Offenbach zugleich Erfolg und Niederlage, Aufstieg und Absturz. Die Villa ist ein Stück Offenbacher Geschichte. Doch die hat keine Spuren hinterlassen. In dem sorgfältig restaurierten Haus residieren Kanzleien von Notaren, Anwälten und Wirtschaftsprüfern. Ende des 19. Jahrhunderts kaufte es Adam Neubecker, Inhaber einer Fabrik für Bierbrauereitechnik, die sich auf dem Grundstück entlang der Ludwigstraße befand. Zur Produktion von Braukesseln und Abfüllsystemen benötigte er viel Wasser und wollte mit einem eigenen Brunnen unabhängig vom städtischen Netz werden. Drei Jahre schon ließ er bohren, doch selbst in 200 Metern Tiefe blieben die Bohrer trocken. „Ich bohre, bis ich den Kamerunern die Fußsohlen kitzle", soll er trotzig geschrien haben. So tief musste sich das Bohrgerät aber nicht graben. Nach 249 Metern stieß es 1887 auf Wasser. Was nach oben sprudelte, war aber für seine Produktion unbrauchbar. Es war Mineralwasser.

Adam Neubecker ließ das Braukessel-Problem beiseite und begann, das Mineralwasser in Flaschen zu füllen. Damit kannte er sich ja bestens aus. Das Heilwasser brauchte noch einen verkaufsträchtigen Namen, und so nannte er es „Kaiser-Friedrich-Quelle" – benannt nach dem populären Kaiser Friedrich III. Der starb aber bereits 1888, nach nur 99 Tagen auf dem Thron. Neubecker startete einen gigantischen Werbefeldzug für sein wohltuendes Wasser. In der Reichshauptstadt Berlin trugen 200 Busse und 320 Straßenbahnwagen die Werbung mit dem Profil des bärtigen Kaisers. „Ärztlich empfohlen bei Gicht, Rheumatismus, Blasen-, Nieren- und Gallen-Leiden sowie bei allen Schleimhaut-Erkrankungen und katarrhalischen Zuständen" war darauf zu lesen. Zudem hatte er sich in den Kopf gesetzt, Offenbach zur noblen Kurstadt zu machen. Mit vollem Einsatz: Er wandelte seine Villa in der Frankfurter Straße 100 zum Kurhaus um, den Park zum Kurpark. Eine Trinkkuranlage und ein Musikpavillon entstanden. 1888 schrieb die Offenbacher Zeitung: „So viel können wir jetzt schon sagen, dass die Entwicklung für Offenbach einen Wendepunkt bedeutet." 1889 lobte das „Illustrierte Badeblatt" den „Weltruf" des Wassers und zeichnete das Bild einer „Kurstadt Offenbach". Im noblen Berliner Hotel Adlon wurde die Quelle ebenso geführt wie in den Erste-Klasse-Salons der Kreuzfahrtschiffe. Doch es blieb ein kurzer Traum. Neubecker übernahm sich mit seinen Investitionen und schlidderte samt Brunnen und Braukesseln in den Konkurs. Die Kaiser-Friedrich-Quelle wurde von einer Aktiengesellschaft übernommen, die den Kurpark abriss und darauf Lagerhallen sowie Abfüllanlagen baute. 1910 wurde die Gesellschaft, die sich nun im Besitz einer Bankiersfamilie aus Hannover befand, gründlich modernisiert und eine leistungsfähige Abfüllung für 30 000 Flaschen pro Tag installiert. 1936 erhielt die Quelle den offiziellen Status eines Heilwassers. In der Nachkriegszeit setzte das Unternehmen nach aufwendigen Marktstudien auf Limonade: 1958 kam seine neue Marke „Frischa" in den Handel.

1996 war die Ära des Mineralwassers zu Ende. Die Quelle versalzte. Der Hessische Staatsanzeiger verkündete: „Die staatliche Anerkennung als Heilquelle für die Kaiser-Friedrich-Quelle Offenbach am Main wird hiermit widerrufen." Die Markennamen Kaiser-Friedrich-Quelle und Frischa gehören heute zu Hassia in Bad Vilbel. An den kurzen Glanz als Kurstadt erinnert nur noch ein großer, maroder Schriftzug an der Wand eines Abrissgrundstücks an der Ludwigstraße gegenüber der früheren Abfüllung. Dort steht nun eine Seniorenwohnanlage. Offenbach wurde kein Bad, sondern blieb einfach: Offenbach.

1

PARKDECK AN DER BAHNHOFSTRASSE
DER PARKPLATZ, DIE REVOLUTION UND DER APFELWEIN

Der Platz ist nicht schön, aber nützlich. Kostenloses Parken in der Innenstadt ist in Deutschland ein seltener Luxus. Für zwei Stunden geht das an der Bahnhofstraße auf zwei Etagen. Das große Parkdeck zwischen Berliner und Kaiserstraße hat so manchen Streit entfacht – zahlen oder nicht? –, nur geparkt wird immer, dauernd und regelmäßig. Jeden Tag blickt man in neue Blechschnauzen, die still sind und warten.

Vor über 160 Jahren wurde dort auch gewartet. Doch damals saßen und standen dort Menschen, die auf die Bahn warteten. Das Parkdeck steht auf einem Bahnhof, der die Menschen in die weite Welt brachte. Das ist übertrieben, es ging ja nur bis Frankfurt. Auf dem Areal der Bahnhofstraße bis zur heutigen Berliner Straße befand sich der Bahnhof der Lokalbahn zwischen beiden Städten. Im Revolutionsjahr 1848 fuhr sie zum ersten Mal.

Es war eine schwere Geburt, bis der Zug rollte. Offenbach war hessisch, Frankfurt nicht. Die deutsche Revolution lag in der Luft, die Zeiten waren unruhig. Doch dem Start der Lokalbahn stand kein politischer Umsturz im Wege, sondern die Betriebsordnung. Schon 1847 verbanden die Gleise den Offenbacher und den Sachsenhausener Lokalbahnhof, die Lokomotive rollte am 28. Juli dieses Jahres in den neu gebauten Offenbacher Bahnhof. Der großherzogliche Kreisrat drohte bereits: „Wer außerhalb der bezeichneten Übergänge über die Bahn fährt oder reitet, Rindvieh, Pferde, Schafe, Ziegen darüber treibt oder gehen lässt, verfällt einer Strafe von 1 bis 10 Gulden." Das war scharf formuliert, doch wozu? Es fuhr ja kein Zug. Denn die Experten des Großherzogtums und der Freien Reichsstadt stritten erbittert über Details der Betriebsordnung. Am Abend schnaufte die Lok, der Zug setzte sich in Bewegung, doch einsteigen durfte niemand. Probefahrt, hieß es. Das war glatt gelogen. Man transportierte Güter. Ganz diskret, versteht sich. Es gab ja keine Betriebsordnung. Die Bürger wurden unruhig. Sie wollten endlich einsteigen.

Die demokratische Revolution in Frankreich musste erst die deutschen Verhältnisse umwälzen, bis die Offenbacher Bürger mit der Bahn fahren durften. Das kam so: Am 5. März 1848 rollte sie aus Frankreich über Deutschland. Offenbach mittendrin. Eine Bürgerversammlung forderte Meinungs- und Versammlungsfreiheit. Der Heimatforscher Joseph Pirazzi und weitere Delegierte machten sich auf den Weg nach Darmstadt, um dem Großherzog die Forderungen vorzutragen. Vom revolutionären Geist getragen, machte der Trupp auf dem Rückweg einen Umweg nach Sachsenhausen, um auch die Schmach mit der Bahn zu beenden. Die Delegierten erzwangen freie Fahrt. Unter dem Jubel der Bevölkerung stürmte die Menge den Offenbacher Bahnhof. Man ließ die Maschinen anheizen und los ging's ohne gültige Betriebsordnung nach Frankfurt. Eine Woche lang stieg man ein und fuhr mit. Danach kehrte Ordnung ein. Die Passagiere mussten Fahrkarten kaufen.

1849 fuhr die Lokalbahn noch weiter. Über die heutige Friedensbrücke ging's in den Bahnhof der Main-Neckar-Bahn, die von Heidelberg über Mannheim bis nahe des Theaterplatzes fuhr. Er lag nicht weit von der Taunus- und der Main-Weser-Bahn entfernt. Die Lokalbahn blieb Offenbachs wichtigste Bahnverbindung, bis am 15.11.1873 der neue, weit draußen liegende Hauptbahnhof an der Bahnstrecke Frankfurt–Offenbach–Hanau-Bebra eröffnet wurde. Von nun an ging's mit der Lokalbahn nur noch nach Sachsenhausen. Sie brachte die Bürger in die Apfelweinkneipen und nachts zurück. Die hart erkämpfte Bahn wurde so zum „Ebbelwoi-Express". Der fuhr durch die Jahrzehnte. Am 1. Oktober 1955 war tout Offenbach auf den Beinen, als der Pfiff zum letzten Mal ertönte.

Gleise und Gebäude ließ die Bundesbahn 1956 abreißen. Das Gelände der Strecke kaufte die Stadt und baute darauf die Berliner Straße. Unter ihrem Asphalt zischt seit 1995 die S-Bahn nach Frankfurt. Am Bahnhof wird seitdem geparkt. Zwei Stunden kostenlos.

2

Dem Dieb
keine Chance

Lassen Sie keine
Gegenstände im
Fahrzeug zurück

Ihre Polizei

EHEMALIGES SOZIALISTISCHES BÜRO, BUCHRAINWEG 161
LINKS UND PAZIFISTISCH AM WALDRAND

Der Buchrainweg 161 ist ein geräumiges, unauffälliges Haus, weiß gestrichen, Ziegeldach, mit einem üppigen Garten. Es steht in einer guten Gegend ganz nah am Wald. Die Straße ist verkehrsberuhigt und schön gepflastert. In diesem Idyll bürgerlichen Wohnens herrschte viele Jahre ein konsequent antibürgerlicher Geist. In dem schlichten Haus wurde hitzig diskutiert, heftig gestritten, provoziert und geschlichtet, wurden friedenspolitische Forderungen zu Papier gebracht, redigiert, gestrichen und neu geschrieben. Hier wurde Protest gegen die herrschenden Verhältnisse gedacht und formuliert. In Offenbach organisierte der Pazifist Klaus Vack mit seinen Freunden bereits 1952 die erste Demonstration gegen die Wiederbewaffnung. Da war er 17. Über diese Zeit schreibt er: „Wir jungen Leute demonstrierten damals mit dem heißen Herzen des ‚Nie wieder Krieg!', das war für uns die Lehre aus dem Massenmorden des Zweiten Weltkriegs. Wir wollten die Remilitarisierung Deutschlands verhindern und waren fest überzeugt, wir würden dieses Ziel erreichen." Sie erreichten es nicht.

Klaus Vack ist einer der wichtigsten Initiatoren und Koordinatoren der Friedensbewegung und gilt als unermüdlicher Organisator, in der Arbeit an der linken Basis ebenso wie bei den großen Kampagnen. Er hat sein Leben der Arbeit in der außerparlamentarischen Bewegung gewidmet und ist eine ihrer wichtigsten Personen. Einige seiner Mitstreiter wie Gerhard Schröder und Joschka Fischer sind ganz nach oben gekommen. Doch Vack hat sich der Karriere im Politikbetrieb stets verweigert, er wollte sich lieber an der Basis engagieren. „Wer Nein sagen kann, braucht weniger zu lügen." Diesem Lebensmotto folgt er bis heute. 1974 verließen Hanne und Klaus Vack ihre Heimat Offenbach und zogen nach Sensbachtal, einem kleinen Dorf im Odenwald.

In den 50er-Jahren war es schwierig, Protest zu organisieren. Politik und Auseinandersetzung erzeugten Unruhe, und der Bürger wollte Ruhe, wollte arbeiten und irgendwie am Wirtschaftswunder teilhaben. Klaus Vack engagierte sich da in der linken Naturfreundejugend und in einer Wehrdienstverweigerergruppe. Mit 21 Jahren wurde er 1956 Sekretär der Gewerkschaft Leder in Offenbach und zuständig für die Jugendarbeit. Doch die Medien waren nicht interessiert an protestierenden jungen Menschen. Die Aktivisten in seiner Bürogemeinschaft wussten aber, wie sie ihre Argumente unters Volk bringen konnten: auf Flugblättern. Vack war der Erste im Nachkriegsdeutschland, der das Medium nutzte. Irgendwann habe er „billig eine gebrauchte Wachsmatrize gekauft", erzählte er der Frankfurter Rundschau. So habe man in kürzester Zeit 500 Stück produzieren können. Doch dazu gehörte viel Gefühl. Die Meisterin im Drucken sei seine Frau Hanne gewesen: „Die hat 2000 Kopien von einer Matrize geschafft." Wer Löcher in die Vorlage riss – und das ging schnell –, musste das Flugblatt neu tippen. Vack wurde Sekretär des Verbandes der Kriegsdienstverweigerer (VK), organisierte 1961 von seiner Bürogemeinschaft im Buchrainweg aus den ersten hessischen Ostermarsch und bis 1969 auch die deutschen Märsche. 1968 wurde sein enger Freund Rudi Dutschke angeschossen und verletzt. Vack setzte sich an die Schreibmaschine und schon am Abend verteilte er Flugblätter. Bald darauf wurde das große Haus am Waldrand zum „Sozialistischen Büro". 1969 versammelten sich in dieser Arbeitsgruppe etwa 30 Aktivisten. Ihre Idee war, eine neue sozialistische Linke ohne Parteikonzept in der Bundesrepublik zu etablieren. Auch Rudi Dutschke kam und diskutierte mit.

In den 80er-Jahren organisierten die beiden mit der Neuen Friedensbewegung die Demonstrationen gegen die Stationierung von Mittelstreckenraketen. Vack hatte Überzeugungstalent und gute Beziehungen. Und so blockierten vom 1. bis 3. September 1983 Tausende Demonstranten und Prominente wie Heinrich Albertz, Heinrich Böll, Günter Grass, Walter Jens, Horst-Eberhard Richter, Erhard Eppler, Oskar Lafon-

taine, Petra Kelly und Dietmar Schönherr die Zufahrtswege zur Pershing-Raketenstellung. 25 Fernsehteams und 150 Journalisten berichteten darüber.

Wie viele Flugblätter „der alte Haudegen der Friedensbewegung", wie er sich selbst bezeichnet hat, in seinem Leben gedruckt hat, weiß er nicht. Er hat sie nicht gezählt. Von jedem hatte er einige Exemplare archiviert, doch in den 90ern hat er sie alle verkauft. Das Geld half, ab 1994 jährlich Ferienfreizeiten für kriegstraumatisierte Kinder aus dem Kosovo, Albanien und Serbien zu finanzieren. Was sind dagegen schon alte Flugblätter?

DAS WEISSE KREUZ AN DER DIETZENBACHER STRASSE
GOETHE, DER KAISER UND DAS KREUZ

Zwischen hohen Bäumen steht auf solidem Fuß am Wegrand ein steinernes, weißes Kreuz. Auf den Steinplatten, die es umgeben, wächst Moos. Grablichter flackern auf ihnen, obwohl das Kreuz kein Grab markiert. Die Dietzenbacher Straße ist nur ein paar Meter entfernt, die Autos dröhnen vorbei. Das Kreuz ist uralt. Es ist älter als die Autobahn und der Airport, den die Flugzeuge im Minutentakt ansteuern. Das Kreuz steht an der nördlichen Zufahrt zur Brücke über die Autobahn nahe des Kraftwerks. Wann es errichtet wurde, dazu gibt es keine historisch gesicherten Quellen, aber eine interessante Spur. Möglicherweise stammt das Kreuz aus dem 30-jährigen Krieg, der zwischen 1618 und 1648 auch die Region um Offenbach verwüstete, verbrannte und entvölkerte. Es könnten auch Wallfahrer gewesen sein, die auf ihrer Reise von Fulda zum Wallfahrtsort Walldürn im Odenwald in Heusenstamm Quartier machten und das Kreuz aufstellten.

Das heutige weiße Kreuz stammt aus dem Jahr 1926, denn 1925 wurde das ältere Exemplar zuerst blau bepinselt und dann „von Frevlerhand" zerstört, wie die Offenbacher Zeitung empört berichtete. Die Vereinigung Offenbacher Wandervereine stellte ein neues auf; 2005 wurde es von den Mitgliedern des Gesangvereins Eintracht 1907 Mühlheim liebevoll restauriert. Aber warum steht das Kreuz dort? Es markierte vor langer Zeit eine Kreuzung: Hier traf der Handelsweg von Frankfurt über Heusenstamm nach Aschaffenburg auf die Strecke von der Mainüberquerung bei Steinheim über Sprendlingen bis zum Rheinübergang bei Mainz-Weisenau. Nun ja, ist das alles? Nein. Der Grund, warum hier darüber berichtet wird, ist ein anderer. Die Kreuzung findet sich in der großen Literatur. Dichterfürst Johann Wolfgang von Goethe schreibt in seinem Werk „Dichtung und Wahrheit" über ein Treffen des deutschen Kaisers Franz I. mit Ludwig VIII., dem Landgrafen von Hessen-Darmstadt, an dieser Stelle. Er wolle damit „einen schönen menschlichen Zug dieser hohen Personen" schildern, leitet der Dichter die

Episode ein. Franz I. war 1764 mit seinem Sohn Joseph auf dem Weg zu dessen Wahl zum römischen König in Frankfurt. Der greise und kranke Landgraf wollte noch einmal den Kaiser sehen, mit dem ihn ein inniges Verhältnis verband. Ludwig hatte bereits 1745 dem in Heidelberg wartenden Herrscher die Nachricht überbracht, die Kurfürsten hätten ihn zum Kaiser gewählt. Als Dank schenkte ihm Franz einen mit Brillanten besetzten Degen im Gegenwert von 70 000 Gulden.

Landgraf Ludwig wurde ein treuer Diener des Kaisers. Auf dem Weg zur Königskrönung seines Sohnes nahm Franz I. im Schönbornschen Schloss in Heusenstamm Quartier. Am Tag darauf wollte er als Zeichen seiner Gnade den Landgrafen in Darmstadt besuchen. Doch der lag schwer krank im Bett und musste dem Kaiser schweren Herzens eine Absage überbringen lassen. Doch am folgenden Tag kroch er aus dem Bett, zog seine Dragoneruniform an, schickte einen Boten zum Kaiser und ritt mit den Offizieren zum verabredeten Treffpunkt an der Kreuzung. Goethe schreibt darüber in „Dichtung und Wahrheit": „Beide mochten sich jenes Tages erinnern, als der Landgraf das Dekret der Kurfürsten, das Franzen zum Kaiser wählte, nach Heidelberg überbrachte (…) Diese hohen Personen standen in einem Tannicht, und der Landgraf, vor Alter schwach, hielt sich an einer Fichte, um das Gespräch noch länger fortsetzen zu können, das von beiden Teilen nicht ohne Rührung geschah." Andere Zeugen schreiben, Ludwig habe Hände und Füße von Franz geküsst, beide hätten sich immer wieder innig umarmt. Ein Jahr später starb Franz, sein Sohn Joseph II. folgte ihm auf dem Thron. Goethe schreibt über die Kreuzung: „Der Platz ward nachher auf eine unschuldige Weise bezeichnet, und wir jungen Leute sind einige Male hin gewandert." Die Kreuzung, Goethe, der Kaiser und der Landgraf – das weiße Kreuz ist ein Ort der hessischen Geschichte. Und eine Kreuzung im Wald, die in die Weltliteratur eingegangen ist.

4

EHEMALIGE DICK & KIRSCHTEN-VILLA, DREIEICHRING 24
DAS SCHÖNE HAUS DER EDLEN KUTSCHEN

Das elegante Gebäude aus dunklen Backsteinen mit einem trutzigen Turm und halbrunden, hohen Fenstern wirkt wie ein Jagdschloss. Das Dachgeschoss ist mit angedeuteten Säulen verziert, und im Dreieck ganz oben streckt ein Blumenstrauß seine opulente Blütenpracht in den Himmel. Der Fabrikant Henri Wecker ließ 1876 seine Villa Wecker von den renommierten Architekten Carl Mylius und Alfred Bluntschli als erstes Gebäude am Dreieichpark errichten. Sie erbauten beispielsweise das Luxushotel Frankfurter Hof in der Nachbarstadt und gestalteten den Wiener Zentralfriedhof neu.

Die Villa war die zweite Residenz der Fabrikantenfamilie in Offenbach. Henris Vater Karl Theodor Wecker hatte bereits 1865 ein weitläufiges Grundstück zwischen Frankfurter Straße und der späteren Körner-, Geleits- und Parkstraße gekauft. Er residierte in einer Villa an der Frankfurter Straße, der Sohn ließ seine Residenz im nördlichen Teil des Areals errichten. Im südlichen Bereich standen die Fabrikhallen, die den Inhabern den Wohlstand brachten: Die Kutschen- und Achsenfabrik Dick und Kirschten war zu dieser Zeit auf dem Höhepunkt ihres Ansehens. 1900 wurden ihre luxuriösen Kutschen auf der Pariser Weltausstellung mit einer Goldmedaille ausgezeichnet.

Das Unternehmen hatten die Sattlermeister Johann Christoph Dick und Johann Georg Kirschten 1782 in Frankfurt gegründet. Doch die strenge Zunftordnung der Freien Reichsstadt ließ keinen Kutschenbau zu, weil Mitglieder verschiedener Zünfte dazu unter einem Dach arbeiten mussten. Das war nicht erlaubt. Also bestellte die Frankfurter Gesellschaft ihre Kutschen in London, Paris und Brüssel. 1797 verlegten Dick und Kirschten ihre Produktion nach Offenbach, weil es diese Hindernisse dort nicht gab. Die Nachfrage nach edlen Gefährten war groß. Schnell wuchs die Fabrik und zog in die Geleitsstraße um. 1807 waren in der „Chaisenfabrik" bereits 120 Handwerker beschäftigt, die edle Gefährte in Arbeitsteilung produzierten.

Unter ihnen waren beispielsweise Sattler, Lackierer, Spengler, Dreher, Schmiede und Schlosser. Damit begann die Industriegeschichte Offenbachs.

Der prominenteste Kunde war der französische Kaiser Napoleon. Er ließ sich ausschließlich in den edlen Wagen aus Offenbach umherfahren. Auch das russische Zarenhaus und viele europäische Fürstenhöfe ließen sich hier ihre Kutschen anfertigen. Der Sohn des Firmengründers Johann Dick, Johann Heinrich, übernahm den Unternehmensanteil seines Vaters, wurde aber 1859 von Großherzog Ludwig III. von Hessen-Darmstadt zum Bürgermeister von Offenbach ernannt. Um sich voll in der Politik engagieren zu können, hatte er 1856 seinen Anteil an den Unternehmer Karl Theodor Wecker verkauft. In der neu errichteten Fabrik im südlichen Teil seines Grundstücks bauten die Handwerker um 1900 nicht mehr nur Kutschen, sondern auch Räder, Achsen und Federn. Als die Automobile sich durchzusetzen begannen, erweiterten die Inhaber die Fabrik auf einem Grundstück am Odenwaldring. Dort wurden in kleiner Serie auch Automobile gebaut, die sich aber am Markt nicht durchsetzten. 1912 wurde Dick und Kirschten von einem Mannheimer Unternehmen gekauft.

1919, sechs Jahre nach dem Tod Henri Weckers, kaufte der Lederfabrikant Otto Scharpf die schöne Villa. Anfang der 30er-Jahre weht die Hakenkreuzflagge vom Dach. Seine Witwe hatte der Stadt Offenbach das Gebäude verkauft, und die hatte es an die SA vermietet. Im Keller lagerten Waffen. 1936 kaufte die NSDAP das Gebäude und brachte dort die „Nationalsozialistische Volkswohlfahrt" unter. 1949 ging das Haus ins Eigentum der Stadt zurück. Immer wieder stand es leer, bis dort im August 2009 die gemeinnützige Erasmus-Gesellschaft eine Grundschule, einen Kindergarten und eine Krabbelstube mit dreisprachigem Angebot einrichtete. In den einst eleganten Räumen und Salons ist es laut geworden: Hier toben, spielen und lernen nun ein- bis zehnjährige Kinder.

5

ALTER FRIEDHOF, FRIEDHOFSTRASSE 21
DAS GEHEIMNIS DES LIEGENDEN HUNDES

Der Alte Friedhof ist ein stiller Ort voller Merkwürdigkeiten. Im Schatten der alten Bäume sind die Großen der Offenbacher Vergangenheit beerdigt. Ihre einst so prominenten Namen stehen nun nur noch auf den Straßenschildern der Stadt und auf den alten Grabsteinen entlang der Wege mit leise knirschendem Kies zwischen Efeu, Koniferen, Gebüsch und Unkraut. Manche sind wuchtige Monumente, andere bescheiden; die einen kunstvoll, die anderen so schlicht, dass man sie fast übersieht. Es riecht kühl und etwas bitter, das Laub in den Bäumen rauscht.

Nicht weit von der Mauer zur Mühlheimer Straße steht ein kleines Grab, das ein steinerner Hund bewacht. Es ist kein üblicher Grabstein, sondern er ist als Baumstamm geformt, an dessen Aststümpfen die Utensilien eines Jägers aufgehängt sind. Unten am Stamm hängt ein Pergament, auf dem der Name des Begrabenen geschrieben steht. „Hier ruht Philip Jakob Spicharz, geb. am 26. Juli 1804, gest. im August 1868", ist darauf zu lesen. Das Grab ist gepflegt, auf den Pfoten des Hundes ist ein Kissen aus Reisig mit einer Kerze drapiert.

Hinter dem Grab wachsen dichtes Efeu, Grünpflanzen und ein mächtiger Baum. Der Hund bewacht das Eigentum seines Herrchens und hat jeden Spaziergänger aufmerksam im Blick. Es sieht so aus, als käme der Jäger sogleich zurück, denn warum sonst würde er Jagdtasche, Pulverflasche und Gewehr am Baum zurücklassen? Es ist ein poetisches Grab, das dem Besucher jedesmal eine neue Geschichte imaginiert. Wir wissen nicht mehr, ob der Steinmetz damit eine Geschichte erzählen wollte. Doch aus alten Unterlagen ließ sich die Geschichte des ungewöhnlichen Grabes rekonstruieren. Philip Jakob Spicharz war ein wohlhabender Mann. Ihm gehörte eine Fabrik für Saf-

fianleder, eine Ledervariante, aus der vor allem feine Schuhe und Portefeuille-Waren hergestellt wurden. Erst seit 1800 wurde das aus der Türkei und Marokko stammende Leder überhaupt in Europa gefertigt, 1825 ist Spicharz' Unternehmen belegt. Der Fabrikant war ein passionierter Jäger. Lange erzählte man die Geschichte, sein Jagdhund Zumba habe ihn um Jahre überlebt und sei eines Tages tot an seinem Grab gefunden worden. Daraufhin habe man ihn dort auch beerdigt und sein Grab stets mit Grün gepflegt, um seine lebenslange Treue zu belohnen.

Doch die Wahrheit ist viel lebendiger und weniger traurig. Philip Jakob Spicharz traf regelmäßig zum Wein einen guten Freund, einen Steinmetzmeister. Sein Name ist nicht bekannt. Mit ihm teilte er der Überlieferung nach manch innigen Gedanken über die Ewigkeit und sein Ableben. Einmal habe er zu später Stunde seinem Freund angetragen: „Du machst mir einmal meinen Grabstein." Der Mann war ein ehrenvoller Offenbacher Handwerker. Gesagt, getan. Obwohl Spicharz quicklebendig war, machte sich der Steinmetz an die Arbeit. Er entwarf Stamm und Hund und überraschte seinen Freund damit zu nicht ganz passender Gelegenheit. Spicharz hatte seine weinselige Äußerung längst vergessen, lachte herzlich und stellte das Werk in seinem Garten auf. Zu dieser Zeit streifte Zumba schon längst durchs ewige Revier. 1868 starb der Fabrikant mit nur 64 Jahren, und so wurde der Stein in seinem Garten zu seinem Grabstein auf dem Alten Friedhof. Es sieht aus, als seien Herr und Hund gemeinsam in den Ewigen Jagdgründen unterwegs. Betrachtet man das Ensemble, so drängt sich aber die Frage auf: Hat Spicharz es sich anders überlegt, die Flinte und die Tasche abgelegt und sich auf den Rückweg gemacht?

DRUCKEREI VON CARL PRELLER, FRANKFURTER STRASSE 17
DER AUFRECHTE DRUCKER DER DEUTSCHEN REVOLUTION

In der revolutionären Zelle gibt es Handys, Notebooks, Camcorder, Espressomaschinen und HD-Fernseher. In der Frankfurter Straße 17 ist das 3D-Fernsehen die Revolution, sonst ist alles friedlich. Staatsgefährdung, Konspiration und Verrat – verdammt lang her. Vor knapp 200 Jahren entstand dort, wo das Elektronik-Kaufhaus Saturn seinen Kunden modernste Technik offeriert, eine Schrift, die in die deutsche Geschichte einging. Die Überschrift „Friede den Hütten! Krieg den Palästen" ist zum revolutionären Evergreen geworden. Sie stand, fett gedruckt, in der Flugschrift „Der Hessische Landbote". Deren Verfasser, der Medizinstudent Georg Büchner, wusste, welcher Gefahr er und seine Freunde sich mit der Verbreitung der Flugschrift aussetzten. Im Großherzogtum Hessen herrschte – wie in den anderen deutschen Staaten – zu Beginn des 19. Jahrhunderts keine Meinungsfreiheit, sondern scharfe Zensur. Die Stimmung war explosiv.

1834 druckte der 32-jährige Buchhändler Carl Preller den „Landboten". Er wusste, was er tat. Erst zwei Jahre zuvor hatte er die angesehene Druckerei und Buchhandlung des 74-jährigen Carl Ludwig Brede übernommen, die sich laut einem Adressbuch von 1826 in der Schlossstraße befand. Ein zeitgenössischer Bericht schreibt: „In Offenbach gibt es fünf Buchdruckereien, worunter die des Buchhändlers Brede den Vorrang behauptet." Das Haus in der Frankfurter Straße hatte Preller gemietet, dort befanden sich Buchhandlung und Wohnräume. Der „Landbote" war nicht sein erster Druck gegen die Unterdrückung. Weitere Schriften stammten vom Butzbacher Pfarrer Friedrich Weidig, einem der wichtigsten Oppositionellen dieser Zeit. Georg Büchner war 1834 bei ihm eingeführt worden. Er hatte eine klare Position: Die gewaltige Schere zwischen der Armut der Landbevölkerung und dem Reichtum des Bürgertums war für ihn der Grund für Zensur und Unterdrückung. Diesen Gedanken formulierte er scharf im Hessischen Landboten, den er im März 1834 in Gießen verfasste. Heimlich brachte er den Text zu

Weidig, der den Text entschärfte – denn er setzte auf eine Allianz mit dem liberalen Bürgertum. Zwischen dem 5. und 9. Juli brachte Büchner die Schrift nach Offenbach.

Drei Wochen später war die etwa 1500 Exemplare umfassende Auflage gedruckt. Freunde versteckten die Schriften in Pflanzengefäßen und machten sich auf den Weg. Weidig ließ den Landboten an mehreren Orten gleichzeitig verteilen, um Aufmerksamkeit zu erzeugen und zugleich die Häscher in die Irre zu führen. Ein Teil der Auflage blieb jedoch in der Frankfurter Straße versteckt. Doch die Aktion wird von einem Spitzel verraten – am 1. August wird einer von Büchners Freunden verhaftet. Büchner eilt noch in der Nacht nach Offenbach, um Preller zu warnen. Die Polizei durchsucht schon am Morgen Druckerei und Wohnung. Die Beamten finden – nichts. Preller bleibt cool. Er beschwert sich sogar beim Ministerium des Innern und der Justiz gegen die „unbotmäßige" Hausdurchsuchung. Nun steht Preller unter Verdacht. Immer neue Durchsuchungen und Verhöre folgen, doch die Landboten-Exemplare kann ein Freund aus dem Haus schmuggeln. Kurz darauf wird Weidig eingesperrt und gefoltert. 1837 stirbt er im Gefängnis. Offizielle Todesursache: Selbstmord.

Im März 1835 wird Carl Preller wieder verhört, Büchner setzt sich nach Straßburg ab. Es folgen wieder Hausdurchsuchungen. Ergebnislos. Die Polizei kann Preller nichts nachweisen. Doch bei einem, der des Umsturzes verdächtig ist, lässt niemand mehr drucken. Im August 1835 ist er insolvent; die Druckerei wird versteigert. Preller flieht in die Schweiz und lebt zwei Jahre illegal in Zürich. Erst 1843 darf er legal zurückkehren. 1846 geht er schließlich nach Mainz. Dort arbeitet er als Konservenfabrikant und Auswanderungsagent und erlebt 1848 die ersehnte Revolution. Am 9. Juli 1877 stirbt der aufrechte, revolutionäre Drucker mit 75 Jahren. In der Frankfurter Straße erinnert nichts mehr an ihn. Revolutionär ist dort nur noch die Bildschärfe der HD-Fernseher.

7

FRÜHERES STADTHAUS, FRANKFURTER STRASSE 33
ALS DER ALTKÖNIG ZU OFFENBACH GEHÖRTE

Steinbach am Taunus und Offenbach am Main liegen ziemlich weit auseinander. Es sind genau 32 Straßenkilometer zwischen beiden Städten. Mit dem Auto braucht man eine knappe halbe Stunde. Im 19. Jahrhundert dauerte es deutlich länger, den Weg zu Pferd zurückzulegen. Aber warum sollte man das auch tun? 84 Jahre lang gab es einen wichtigen Grund: Von 1873 bis 1947 war Offenbach die Kreisstadt Steinbachs. Von der Frankfurter Straße 33 aus wurden die Geschicke des damals rund 750 Einwohner kleinen Ortes gelenkt und Rechtsstreitigkeiten, Bauanträge, Krankenkassenanträge seiner Bürger sowie Steuer-, Religions-, Besoldungs- und Schulfragen entschieden. Hier stand das großherzogliche Kreisamt, in dem die Dinge im Namen des Großherzogs Ludwig III. geregelt wurden. 1832 hatte das aufstrebende Offenbach den Status einer Kreisstadt erhalten. Die traditionsreiche Adresse ist heute ein freier Platz. Er liegt zwischen Fußgängerzone, Rathaus und Aliceplatz. Das alte, u-förmige Gebäude am Stadthof wurde 1944 von Bomben zerstört und 1953 abgerissen. Das „Krieh die Kränk"-Denkmal von Bonifatius Stirnberg steht heute auf einem Stück seiner Grundfläche.

Nach dem Sieg Preußens im „Deutschen Krieg" gegen Österreich im Jahr 1866 mussten die Landkarten wieder einmal neu gezeichnet werden. Das Herzogtum Hessen, damals auf der Seite Österreichs, verlor große Gebiete seiner drei Provinzen Rheinhessen, Starkenburg – zu dem auch Offenbach gehörte – und Oberhessen im Norden. Sie waren durch den Rhein und nun auch durch preußisches Gebiet voneinander getrennt. Auch die Freie Reichsstadt Frankfurt und Hessen-Nassau fielen an Preußen. Rumpenheim, lange der abgelegene, südlichste Fleck Kurhessens, kam durch einen Gebietstausch mit Preußen zum Großherzogtum Hessen-Darmstadt. Es wurde dem Kreis Offenbach zugeschlagen. Und Steinbach? Darüber rätselten die Heimatforscher lange. Im frühen 20. Jahrhundert erzählte man, Bismarck habe Tabakkrümel auf die große Land-

karte vor sich fallen lassen und so den Ort übersehen. Doch es war anders.

Der Steinbacher Lehrer Johannes Kromm hatte nach der Niederlage eine untertänige Eingabe mit Unterschriften der Einwohner und des Gemeinderats an Großherzog Ludwig III. geschrieben. Er bat um den Verbleib bei Hessen. Der Großherzog Ludwig war beeindruckt – und erklärte, er lege großen Wert darauf, die „brave Gemeinde Steinbach" behalten zu können. Preußen schlug vor, Steinbach gegen das Dorf Wolferborn bei Birstein zu tauschen. Doch der Fürst umging den Tausch durch geschickte Diplomatie. Steinbach blieb hessisch. Es wurde dem rund 35 Orte großen Landkreis Offenbach zugeschlagen und nun von der Frankfurter Straße, später aus der Ludwigstraße, aus verwaltet und regiert. Nun lag Steinbach „als hessischer Ort mutterseelenallein in Preußen", heißt es in einem Offenbacher Stadtführer des Jahres 1905. Dass dem Ort auch 223 Morgen – etwa ein halber Quadratkilometer – Waldfläche auf dem Gipfel des Altkönigs gehörte, begeisterte die Offenbacher noch mehr. Eine der mit 798 Meter höchsten und zudem sagenumwobenen Erhebungen des Taunus wurde zu einem Teil Offenbachs. Das sorgte für Spott: Offenbach „konnte von oben herab auf Preußen sehen", ist im Gästeführer zu lesen.

Die hessischen Patrioten in Steinbach hatten es dagegen schwer: Sämtliche Verwaltungsangelegenheiten waren nur im weit entfernten Kreisamt zu regeln. Zu ärztlichen Untersuchungen ging man ins Offenbacher Krankenhaus. Gerichtstermine: in Offenbach. Die Politik machte die Dinge noch komplizierter. Eine Jagdpacht auf dem Altkönig wurde im Offenbacher Kreisamt beantragt, denn es verwaltete Fläche, Wald und Wild. Doch der Jäger benötigte einen Waffenpass, den man nur in der preußischen Verwaltung erhielt. Erst im Jahr 1947 kam die Gemeinde zum Obertaunuskreis, 1972 erhielt sie Stadtrechte. Diese Geschichte ist nur eine Fußnote. Doch sie überdauerte zwei Weltkriege – und zweimal die Neuordnung der Welt.

ALLESSA-BADEHAUS, FRIEDHOFSTRASSE 59
DIE VERGANGENHEIT WAR ERST VORHIN

Es gibt Orte, an denen die Vergangenheit nicht vergangen ist. Was hundert Jahre her ist, scheint gestern geschehen zu sein. Ein solcher Ort hat die Jahrzehnte einfach übersprungen. Die drei alten Uhren am Turm bewegen sich schon lange nicht mehr mit dem Verlauf der Minuten und Stunden. Das Allessa-Badehaus an der Friedhofstraße 59 hat die Zeit angehalten. Der riesige Gebäudekomplex steht seit Jahrzehnten leer. Wo sich früher Hunderte Arbeiter reinigten, wo sie ihr Mittagessen verspeisten und ihre Pause verbrachten, sind heute drei Fotografen die einzigen Menschen. Ralf Heidenreich, Thomas Abbel und Andreas Schmidt haben sich in den früheren Speise- und Besprechungsräumen der ehemaligen Chemiefabrik die „Parkside Studios" eingerichtet. Der Name weist auf den alten Park der Fabrik, auf den sie durch große Scheiben und vom verwitterten Balkon aus blicken. Dessen Bäume und Büsche wuchern üppig, das Gras wächst. Die Natur erobert sich zurück, was einst der Industrie gehörte.

Das Gebäude, in dem die drei arbeiten, ist Teil des 1908 vom Basler Architekten Hans Bernoulli gestalteten Sozialgebäudes der damaligen Chemischen Fabrik Griesheim Elektron. Von 1842 an hatte die Offenbacher Fabrikantenfamilie Oehler am Mainufer eine Produktion betrieben. Eduard Oehler entwickelte aus der Werkstatt einen Chemiestandort mit über 600 Arbeitern und Angestellten, die Teerprodukte, Schmier- und vor allem Farbstoffe herstellten. Die Indigo-Farben der Fabrik waren damals besonders erfolgreich. Eduard Oehler hieß in der Stadt „der Blaukönig", und er war ein moderner Unternehmer. Er führte beachtete Neuerungen für die Arbeiter ein: eine Betriebskrankenkasse, eine Kantine sowie Dusch- und Baderäume. 1905 verkaufte er das gewinnträchtige Werk zu einem guten Preis an Griesheim Elektron. 1908 errichteten die neuen Besitzer an der Friedhofstraße das gewaltige Sozialgebäude. Hans Bernoulli war zu dieser Zeit ein renommierter Architekt, der Siedlungen, Hotels und Geschäftshäuser vor allem in Berlin, Zürich und Basel baute. Das Sozialgebäude konzipierte er als kühne Kombination aus Kirche und Schloss, mit spitzem Turm und wuchtigen Gebäuden, die durch eine Halle mit halbrundem Dach verbunden sind.

„Ich wusste seit 1996, dass die Gebäude leer stehen. Ich wollte unbedingt hierher", erzählt Andreas Schmidt, der damals sein Studio in der Luisenstraße betrieb. 1999 rief er beim damaligen Eigentümer, der Hoechst AG, an und fragte, ob er das Gebäude mieten könne. Es war ein kurzes Telefonat. Kein Interesse. 2008 ging er beim Rundgang der Hochschule für Gestaltung ins Gebäude hinein. Er sah das verlassene Badehaus unter dem Tonnendach. Die Spinde sind abgebaut, doch die engen Duschkabinen mit tiefen Wannen und die langen Waschbeckenreihen auf dem alten Fliesenboden sehen aus, als würde es noch nach Feuchtigkeit, Seife und Schweiß riechen. „Sensationell! So einen Ort gibt es in Offenbach kein zweites Mal", sagt Schmidt. Der Fotograf wollte unbedingt ins Badehaus. Er nahm einen neuen Anlauf, um es zu mieten. Nach monatelangem Hin und Her konnten Schmidt, Abbel und Heidenreich 2009 einziehen. Sie zogen in die Etage über dem Badehaus, in der der frühere Speisesaal für die leitenden Angestellten und die Konferenzräume lagen. Hier sind die 60er-Jahre noch am Leben. Ein Treppenhaus mit runden Fenstern und zartem Eisengeländer führt hinauf. Oben im Flur öffnet Schmidt die Tür der winzigen „Fernsprechstelle". Tritt man hinein, so betätigt man durch sein Körpergewicht den Lichtschalter unter dem Holzboden. Ein graues Telefon mit Wählscheibe wartet an der Wand. Die Räume sind den Fotografen für ihre eigene Arbeit zu groß, und so vermieten die drei sie als professionell ausgestattete Mietstudios mit sehr besonderer Atmosphäre. Die Vergangenheit ist vergangen, aber jeden Tag leben wir aus ihr. Das Badehaus zeigt, wie das zusammengehört.

9

BRENTANO-HAUS, GELEITSSTRASSE 109
ITALIENISCHER ADEL UND BONNER POLITIK

Die Villa in der Geleitsstraße 109 mit ihren Schwüngen der Neorenaissance strahlt dezent, fast unauffällig, Wohlstand aus. 1900 wurde das Haus mit Terrasse und Garten gebaut. Hier wuchs bis zu seinem 18. Lebensjahr ein junger Mann auf, dem als mutmaßlich bislang einzigem Offenbacher das Nachrichtenmagazin „Der Spiegel" eine Titelgeschichte widmete. „Rauche, staune, gute Laune" war auf dem Titel der Ausgabe 26 des Jahres 1958 zu lesen, der ein Porträt des damaligen Bundesaußenministers Heinrich von Brentano zeigte. Sein voller Name lautete Heinrich von Brentano di Tremezzo, und er lebte von 1904 bis zu seinem Abitur im Jahr 1922 mit fünf Geschwistern in der Geleitsstraße. Zwei seiner Brüder wurden ebenfalls zu den prominenten Persönlichkeiten ihrer Zeit gezählt: Bernard wurde Schriftsteller und Clemens der erste deutsche Botschafter in Italien nach dem Zweiten Weltkrieg.

Gebaut hat die Villa sein Vater, Otto von Brentano di Tremezzo. Der Rechtsanwalt, Notar und Politiker des konservativen Zentrums war von 1918 bis 1927 der Justizminister des Volksstaates Hessen, seit 1921 auch der Innenminister. 1891 war er von Friedberg nach Offenbach gezogen und betrieb ab 1900 eine Kanzlei zusammen mit Dr. Siegfried Guggenheim. Das in der Stadt angesehene Büro des gläubigen Juden und des gläubigen Katholiken hieß an den Stammtischen bald „Kanzlei Weihrauch und Knoblauch". Heinrich stammte aus der bekannten deutsch-italienischen Politiker- und Künstlerfamilie, deren deutscher Zweig seit dem 18. Jahrhundert in Bingen, Frankfurt und Darmstadt ansässig war. Schulen, Parks, Villen und Landgüter tragen noch heute den Namen des uralten lombardischen Adelsgeschlechts. Mit 18 Jahren verließ Heinrich seine Heimat, um Jura in Frankfurt und München zu studieren. 1930 promovierte er in Gießen und lebte ab 1932 in Darmstadt. Mit dem Ende des Krieges begann eine schnelle, steile Karriere in der CDU: 1945 gehörte Heinrich von Brentano zu den Gründern der Partei, wurde 1946 Landtagsabgeordneter und 1947 Vorsitzender

seiner Fraktion im hessischen Landtag. 1949 wurde er Abgeordneter des ersten Bundestags und zugleich Vorsitzender der CDU/CSU-Fraktion. 1952 zog er auch ins Europaparlament. Drei Jahre später berief ihn Adenauer schließlich zum Bundesminister des Auswärtigen. 1961 trat er nach einer schweren Auseinandersetzung mit der FDP zurück.

Der „Spiegel" widmete ihm 1958 eine ziemlich kritische Titelgeschichte. Das Magazin schrieb: „Mit Konrad Adenauers Thronbesteigung übernahm Heinrich von Brentano den Fraktionsvorsitz der CDU. Er verdankte diesen Posten nicht zuletzt seiner bedingungslosen Loyalität gegenüber dem Kanzler, die ihn schon bei der Hauptstadt-Wahl 1949 gegen seine Interessen als hessischer Abgeordneter für Bonn und gegen Frankfurt stimmen ließ." Der Spiegel kolportiert, Brentanos Dienst-Mercedes habe umgebaut werden müssen, um ihm auf längeren Fahrten ein Ausstrecken seines kranken Raucherbeins zu ermöglichen. Der Bericht vermittelt den Eindruck eines eitlen, nervösen Menschen mit zum Opportunismus neigender Diplomatie: „Sein nervöser Griff zur Überprüfung des Krawattensitzes ist in Bonn so legendär geworden wie sein Griff zum Wasserglas oder zur Cognac-Flasche." Ein wichtiger Aspekt seines Lebens wurde damals, wenn überhaupt, nur verschämt erwähnt: Brentano war der erste schwule Minister der Bundesrepublik. Er selbst bekannte sich nie offen dazu. Vom einem Reporter gefragt, ob es ein Vor- oder Nachteil sei, in diesem Amt nicht verheiratet zu sein, antwortete er: „Ganz bestimmt weiß ich nur, dass mein Junggesellentum ein großer Vorteil für die Frau ist, die ich nicht habe." Doch ein Outing hätte in diesen Jahren das Ende seiner Ämter bedeutet. Bundeskanzler Adenauer wusste davon und sagte in kleiner Runde: „Solange der misch nit anpackt, isset mir ejal." 1964 starb Heinrich von Brentano mit nur 60 Jahren an einem Krebsleiden. Er wurde mit einem Staatsakt im Bundestag geehrt. In der Geleitsstraße 109 erinnert nichts mehr an ihn und seine prominente Familie.

10

PORTAL DES ALTEN HALLENBADES, HERRNSTRASSE 57D
DAS MODERNSTE HALLENBAD DER JAHRHUNDERTWENDE

Man muss zweimal hinsehen. Ein moderner Bürokomplex aus poliertem Kalkstein mit Läden im Erdgeschoss streckt sich entlang der Herrnstraße von der Französisch-Reformierten Kirche zum Bernardbau. An der Einmündung der Kirchgasse ziert ein verwitterter Torbogen den Eingang zu einer Versicherung. Beim Vorbeigehen bemerkt man ihn kaum. Kein Schild weist auf seine Herkunft, obwohl er einst zu einem der bedeutsamen Orte der Stadt gehörte: Er zierte die Fassade des ersten Offenbacher Hallenbades. Bereits 1888 wurde es gebaut und galt „als die modernste Badeanlage, die sich denken lässt", wie eine Zeitung damals schrieb.

Die Idee eines Hallenbades begeisterte im Jahr 1887 Bürger und Verwaltung. Denn wer in Frankfurt baden wollte, sprang in den Main. Auch das reiche Darmstadt konnte seinen Bewohnern kein Bad bieten. Die neuesten Erkenntnisse der Hygiene machten aber deutlich, dass ein öffentliches Bad die Bevölkerung vor Seuchen und Krankheiten schützen würde. Zu dieser Zeit schrubbte man sich einmal wöchentlich im Waschzuber. Die Begeisterung der Bürger für diese Idee ließ schnell Taten folgen.

Eine gemeinnützige Baugesellschaft kaufte noch im selben Jahr das Grundstück an der Herrnstraße, Ecke Kirchgasse. Offenbacher Bürger gründeten den „Verein Offenbacher Stadtbad", dem man ab einer Spende von stattlichen 100 Mark beitreten konnte – das war deutlich mehr als das Monatsgehalt eines Leh-

rers. So versammelten sich bei den Stadtbad-Freunden vor allem Fabrikanten, Industrielle und reiche Bürger. Und die spendeten großzügig. Schon bald kam die gewaltige Summe von 70 000 Mark zusammen, den Rest finanzierten Stadt und Baugesellschaft. 1888 wurde Eröffnung gefeiert. Das im Jugendstil gestaltete Bad funktionierte mit der modernsten Technik, die damals möglich war: Das Wasser wurde aus dem Main gesaugt und mit Dampfdruck durch Heizungen und Filter gepumpt. Mit fließendem Warmwasser konnten die Bürger nun baden und sich reinigen. Das große Schwimmbecken bot die ungewöhnlich warme Wassertemperatur von 25 Grad. Auch das war ganz neu. Sogar ein römisch-irisches Dampfbad wurde eingerichtet, denn die frühen Sauna-Freunde mussten bislang nach Frankfurt fahren und riskierten auf dem Rückweg eine Erkältung. Welche Zumutung.

1904 kam das modernste Bad der Zeit in den Besitz der Stadt, die es 1911 bis 1913 erweiterte. Viele Generationen von Offenbachern lernten hier das Schwimmen – zunächst noch züchtig in Badezeiten für Männer und Frauen getrennt. Erst das Überangebot von Erlebnisbädern in der Rhein-Main-Region seit den 80er-Jahren ließ 1992 die glanzvolle Stadtbad-Ära enden. Das Bad wurde geschlossen und abgerissen, als es dem Bau des heutigen Bürokomplexes im Weg stand. Vom einst modernsten Hallenbad der Jahrhundertwende ist nur ein Schatten geblieben: ein grauer Torbogen.

EHEMALIGE PIONIERKASERNE, FRITZ-REMY-STRASSE/ ECKE WALDSTRASSE
DIE LETZTEN ZEUGEN

Zwischen der Stadthalle und den Hochhäusern an der Fritz-Remy-Straße befindet sich ein kleines, eingezäuntes Wäldchen. Ein breites, verbogenes Tor rostet im Rahmen aus verrotteten Ziegeln, von denen längst viele fehlen. Wer dem Fußweg am neuen Zaun nebenan ein paar Meter folgt, entdeckt nach einigem Suchen unter dem Grün der Bäume eine aus dem Boden herausragende Betonkuppel, in die eine verrostete Eisentür eingelassen ist.

Es ist ein Ort der Geschichte, der sich nicht zu erkennen gibt. Seit dem Sommer 1940 standen dort, wo heute Birken wachsen, ein Fahnenmast, eine Wachstube und ein Schlagbaum. Schwere Lastwagen, Offizierswagen und Tieflader der Wehrmacht fuhren hinein und heraus. Das Areal, auf dem heute die Stadthalle und die Hochhaus-Siedlung stehen, hieß offiziell „Pionier-Park". Hier war das „Pionier-Lehr-Bataillon z.b.V. Offenbach" mit 200 Soldaten stationiert. Die Abkürzung „z.b.V" stand für „zur besonderen Verwendung" – ein interessanter Begriff dafür, dass es für die Soldaten keine militärstrategische Verwendung gab. Sie errichteten riesige Hallen für schweres Gerät, Boote, Motoren und Werkzeug. Warum es ausgerechnet Pioniere waren, erklären sich Historiker mit der Lage der Stadt am Fluss. Denn zu ihrem Handwerk gehört das Bauen und Sprengen von Brücken, das Überqueren von Flüssen sowie das Anlegen von Bunkersystemen. Dies war vor allem für die als „kriegswichtig" eingestuften Stahl- und Eisenwarenfabriken in der Stadt wichtig. Bei Stahlbau Lavis etwa errichteten die Pioniere in den Jahren 1942 und 1943 einen zehn Meter unter der Erde liegenden Schutzbunker in „bergmännischer Bauweise". Die Pioniere betonierten auch in ihrem Park einen langen, bombensicheren Stollen in den Boden. Die Betonkuppel am ehemaligen Eingang zeugt davon. Denn sie war der sichtbare Teil eines in den Boden gegrabenen Ein-Personen-Bunkers. Bei einem Luftangriff flüchteten die Soldaten in die unterirdischen Gänge. Der wachhabende Soldat konnte durch einen Spalt in der Eisenklappe zum Tor blicken, um seine Wachpflicht zu erfüllen. Das Sprengen übten die Pioniere auf einem Übungsplatz, der im Wald hinter der Rosenhöhe lag. Was genau die Pionier-Einheiten im Kriegseinsatz taten, ist nicht überliefert. Zeitzeugen erinnern sich, dass sie mit Tiefladern bis tief ins besetzte Frankreich ausrückten.

In der Stunde Null hatten sich die Pioniere beim Einrücken der Amerikaner nach Norden in Richtung Weser abgesetzt. Die US-Army besetzte die Kaserne. Aus dem Pionierpark wurde das „Offenbach Pioneer Park DP Camp". DP war das US-Kürzel für „Displaced Persons". Zu ihnen gehörten Zwangsarbeiter aus Rumänien, Polen und der Sowjetunion sowie jüdische und politische Flüchtlinge, die vor der sowjetischen Armee geflohen waren. Die Verwaltung des Lagers übernahm die „United Nations Relief and Rehabilitation Administration", die UNRRA. Die US-Army versorgte die etwa 300 Bewohner in den Wehrmachtshallen mit Betten, Decken und Nahrung. Zu Beginn waren es vor allem Polen, Russen, Esten und Litauer, die hier lebten. Die Army verlegte die russischen und polnischen Bewohner aber bald in andere Lager in Deutschland. Es müssen schwierige Verhältnisse geherrscht haben. Zeitzeugen berichten, viele der Bewohner seien apathisch gewesen – heute würde man Traumata diagnostizieren. Doch niemand von ihnen wollte in die Heimat zurückkehren. 1946 verlegte die Army sämtliche DPs in andere Lager und machte aus dem Pioneer Park eine Schule für Esten, Letten und Litauer. 1947 ging sie in die Hände der IRO über, der „International Refugee Organization". Schon 1948 wurde die Schule geschlossen, es gab fast keine Schüler mehr. Bald wohnten Obdachlose und Habenichtse in den Hallen. Prostitution, Bandenkriminalität und Suff füllten die Spalten der Zeitungen. 1952 ließ die Stadt das Areal räumen, die Fritz-Remy-Siedlung entstand. Aus der Zeit des Krieges sind nur das Tor und der Ein-Personen-Bunker übrig. Es sieht aus, als würden sie sich vor der Erinnerung verstecken.

KIRCHTURMRUINE, KIRCHGASSE
DAS RELIKT DER VERSUNKENEN ALTSTADT

Der rissige, kahle Turm wird grau. Neben den modernen Gebäuden in der Kirchgasse ist er ein Fremder aus einer anderen Zeit. Rund 20 Meter ragt er in die Höhe, sein Grundriss ist quadratisch, der Anstrich war einmal sandfarben. Das ist lange her. Der Putz beginnt zu bröckeln, den Zugang versperrt eine aus Latten gezimmerte Tür. Ganz oben ist zur Kirchgasse hin ein hölzernes Kreuz angebracht. Es ist der Turm der einstigen Schlosskirche, die 1943 – mitsamt den engen, pittoresken Gassen der Altstadt – durch die Bomben britischer Flugzeuge völlig zerstört wurde. Das nur wenige Meter entfernt liegende Isenburger Schloss und der ausgebrannte Rest des Kirchturms waren alles, was nach diesem Angriff noch stand. Die teils prächtigen, alten Häuser brannten nieder und versanken in Schutt und Trümmern. Der Küster starb beim Versuch, aus der Kirche die Abendmahlsgeräte zu retten. In der Nachkriegszeit entstanden neue Straßenzüge auf dem Trümmerfeld, die ausgebrannten Reste vieler Gebäude wurden abgerissen.

Eine Kirchengemeinde gab es an dieser Stelle schon vor fast 750 Jahren. Im Jahr 1270 ist ihre Existenz in einer Urkunde nachgewiesen. Zu dem Turm gehörte eine schöne Kirche, deren Bau die Gemeinde im Jahr 1700 begann. Das frühere Gotteshaus war ebenfalls durch einen verheerenden Brand zerstört worden. Drei Jahre dauerten die Bauarbeiten. 1703 wurde die Kirche in Anwesenheit der fürstlichen Familie Isenburg geweiht, doch erst 1713 war auch der Turm des frühklassizistischen Kirchenbaus fertiggestellt. 230 Jahre lang, bis 1943, prägten der hohe Turm mit seiner charakteristisch dreigeteilten Spitze und das Schloss den Blick auf das Zentrum der Stadt.

Es war eine große Kirche mit scheunenähnlichem Dach, die der Familie Isenburg traditionell als Familienkirche diente. Ein gedeckter Gang zog sich durch das Grün des großen Schlossgartens vom Schloss zur Kirche. Über eine geschützte, hölzerne Außentreppe gelangten die Familienmitglieder so von Wetter und Volk ungestört zu einem Eingang im Turm und von dort zu ihrem vom Rest der Gemeinde abgetrennten Gestühl auf der Empore. Dieser Gang wurde beim Umbau der Kirche im Jahr 1861 entfernt. Ein romantischer Ort war die Kirche nicht. Der Heimatforscher Emil Pirazzi schrieb 1879 über den getrübten Blick von der Treppe auf das Ensemble von Schloss, Schlossgarten und Kirche. Er beklagte sich über den Bretterverschlag, der ihm die Sicht auf die Umgebung versperrte, und führte aus: „Was aber noch viel, viel schlimmer ist, und einen reinen ästhetischen Genuss absolut nicht aufkommen lässt, das ist der mit fauligem Schlamm angefüllte Rest des alten Schlossgrabens, in welchem überdies noch aus dem gegenüber der Kirche gelegenen Schlachthaus das Blut der getöteten Tiere seinen Ablauf hat – ein Anblick, so widerlich, wie der aus dem Graben besonders bei Sommerszeit aufsteigende, die Atmosphäre weithin verpestende abscheuliche Gestank!"

Dieses Ensemble gibt es nicht mehr. Die Evangelische Schlosskirchengemeinde hat nun in der Arthur-Zitscher-Straße 11 – 13 ihr Zuhause. In dem 1970 geweihten neuen Gotteshaus findet sich nur ein einziger Gegenstand aus früherer Zeit: Der über 500 Jahre alte Taufstein stand einst in der Schlosskirche. Als er wiedergefunden wurde, nutzte ihn ein Bestattungsunternehmen in der Gerberstraße als Blumenvase. Eine alte Glocke überstand die Kriege und läutet nun in der Stadtkirche.

Die leere Turmruine ist heute nur selten zugänglich. Zur Luminale 2012 schuf die Offenbacher Künstlerin Gabriele Juvan darin gemeinsam mit dem Evangelischen Dekanat und dem Eisenacher Lichtplaner Jens Müller einen Rückzugs- und Begegnungsraum, den Cocoon „in Tenebris" – „in der Dunkelheit". Sechs Abende lang fanden in dem mächtigen Turm Gespräche, Musik und Performances statt. Gegenwärtige Kunst bringt neue Ideen an einen vergessenen Ort.

ALTER GALGEN, SCHÄFERSTRASSE/
ECKE HERMANNSTRASSE
EINE GRÜNE INSEL AN GRAUSIGER STÄTTE

Der Holzzaun ist bunt gestrichen, auf dem von Bäumen und Büschen umgebenen Hügel dahinter toben Kinder. Auf der Lehne einer Sitzbank haben es sich vier Schülerinnen bequem gemacht, die auf ihre Smartphones blicken, tippen und dabei viel zu besprechen haben. Der Spielplatz an der Schäferstraße, Ecke Hermannstraße ist eine grüne Insel zwischen Straßen mit engen Häuserzeilen, Läden und Hinterhöfen nahe des Bahndamms. Vor über 200 Jahren aber lag dieser heute so urbane Ort noch vor den Toren der jungen Stadt – und es war ein grausiger Ort. Die Flur trug damals den Namen „In den Sümpfen". Hier wurde die Todesstrafe vollstreckt. Vor großem Publikum. Wahrscheinlich 1557 wurde an dieser Stelle von den Isenburger Grafen der Galgen errichtet, und vor genau 200 Jahren, also 1812, wurde dort zum letzten Mal ein Mensch aufgrund eines Gerichtsurteils umgebracht.

Der Offenbacher Unternehmer, Schriftsteller und Heimatforscher Emil Pirazzi (1832 – 1898) hat das grausige Ereignis zwar nicht mehr selbst erlebt, aber akribisch dokumentiert. Wer an einem sonnigen Tag auf dem Spielplatz mit Kindergeschrei und lautem Vogelgezwitscher steht und Pirazzis Schilderung liest, den fröstelt und friert es mit jeder Zeile seiner Schilderung: „Der Galgen stand weit außerhalb im Feld in jenem Theil der Offenbacher Flur, welche ‚In den Sümpfen' heißt. (…) Die letzte Hinrichtung war die von Konrad Werner im Jahr 1812. Konrad Werner, genannt ‚der schwarze Konrad' und sein Bruder Johannes Werner gehörten zu der berüchtigten Bande des Georg Philipp Lang, welche im ersten Jahrzehnt dieses Jahrhunderts (des 19. Jahrhunderts, d. R.) Gegenden des Mains, des Odenwaldes, des Spessarts und Oberhessens unsicher machte."

„Wodurch sie ihren Kopf verwirkten, das war ein mit Mord verbundner Straßenraub, den sie bei Heckenbergheim, Kreis Nidda, verübten. Für die Execution Konrad Werners wurde draußen ein Schaffot errichtet, und wurde er auf diesem von Scharfrichter Hoffmann aus Frankfurt enthauptet, wozu eine ungeheure Volksmenge von nah und fern zusammenströmte, unter der sich das „ewig Weibliche" besonders hervorthat. Von Frankfurt strömte es nur so zu Fuß und Wagen heraus, und die meisten unserer noch lebenden alten Männer wurden von Vätern und Großvätern mit zur Blutstätte genommen, und auf den Schulter emporgehoben, um nur ja das entsetzliche Schauspiel recht genau mit ansehen zu können. (…) Als das Haupt des Mörders dann auf den ersten Streich gefallen war, wofür die Menge den Scharfrichter mit einem lauten ‚Bravo' (…) ehrten, reichte es der Freiknecht dem Hofrat Dr. Bernhard Meyer hin, der sofort nach der Execution (…) das Blutgerüste bestieg, um zu untersuchen, ob die Gesichtsmuskeln des eben Hingerichteten noch zuckende Bewegungen zeigten. Es ließ sich jedoch nichts dergleichen mehr wahrnehmen. (…) Dies war die letzte Hinrichtung in Offenbach!"

1827 wurde der Galgen abgerissen. An der Schäferstraße erinnert nichts mehr an die grausigen Ereignisse des 19. Jahrhunderts. Die blutigen Sümpfe sind trockengelegt, die Stadt ist dicht und eng über sie hinweggewachsen. Nun ist es ein friedlicher Ort voll grausiger Geheimnisse.

HISTORISCHES STRASSENPFLASTER, KAISERSTRASSE
DAS PFLASTER DES ALTEN OFFENBACH

Berufsverkehr in der Kaiserstraße. Die Autos stauen sich an der Ampel zur Berliner Straße, der Bus hupt einen vorwitzigen Autofahrer, der die träge Wagenkolonne mit schnellem Einscheren abkürzen will, von seiner Spur. Richtung Main lässt es sich dagegen flott beschleunigen. Fußgänger und Radfahrer retten sich auf den gepflasterten Mittelstreifen zwischen den Autospuren. Die hohen Bäume spenden Schatten, und dazwischen verläuft wie mit dem Lineal gezogen ein Fußweg von der Messe zur Berliner Straße. Er ist mit kleinen, schwarzen Basaltsteinen gepflastert und auf beiden Seiten mit einer schmalen Linie aus Kalkstein eingefasst. Alle hundert Meter füllt ein geometrisches Muster aus fein abgestimmten Schwarz-, Weiß- und Brauntönen den schmalen Weg. Es ist nur ein Straßenpflaster – schöner als die grauen Platten, die sonst die Bürgersteige begehbar machen, aber sonst? Achselzucken. Doch der Weg zwischen den Fahrbahnen der Kaiserstraße ist ein seltenes Stück Offenbacher Geschichte.

Vor knapp 250 Jahren gab es diese Straße schon. Wahrscheinlich 1766 wurde sie angelegt und „Canalstraße" genannt. Die Straße war damals die Westgrenze der Stadt und endete etwa in Höhe der Frankfurter Straße. Man gab ihr diesen Namen, weil in der Mitte der Straße ein Kanal zum Main floss, der die Abwässer der wenigen Häuser und das bei Regen ablaufende Wasser der Sümpfe, Seen und Bachläufe zwischen Wiesen und Wäldern mitnahm. Hölzerne Stege und eiserne Brücken führten an vielen Stellen hinüber. Es muss gestunken haben, denn bereits ab 1804 ließ man den Kanal teilweise zuschütten und an seiner Stelle eine Linden- und Ahornallee anlegen, berichtet Heimatforscher Emil Pirazzi 1879. Mitte des 19. Jahrhunderts wurde, so Pirazzi, auch der letzte Teil überbaut. Das schöne Pflaster ist noch das Original, das vor rund 150 Jahren für diese prächtige Straße verlegt wurde. Der alte Kanal mit seinen Holzbrücken ist gut vorstellbar, und ein Hauch der alten Pracht der damals eleganten und wohlhabenden Gegend mitten im Grünen, mit herrschaftlichen Villen und prächtigen Gärten, lässt sich ahnen. „Die Pflasterung ist von stadtgeschichtlicher Bedeutung und hat heute Seltenheitswert", betont das Landesdenkmalpflegeamt Hessen.

1876 erhielt die Straße unter dem Eindruck der Reichsgründung ihren heutigen Namen: Kaiserstraße. Für Emil Pirazzi war die Kaiserstraße eine Allee, „welche jetzt zu den schönsten Zierden unserer Stadt gehört, und eine ihrer kräftigsten Lungen bildet". Wie schön. Doch jetzt heißt es: aufgepasst! Es ist schließlich Berufsverkehr.

15

ST. PANKRATIUSKIRCHE, STIFTSTRASSE 5
EIN TURM UNTER BESONDEREM SCHUTZ

Als Christoph Kolumbus Amerika entdeckte, war der Turm fertig. Das älteste Gebäude Offenbachs steht in Bürgel, und es ist ein wenig versteckt, obwohl es dazugehört wie der Main und der Reichstag. 1492 wurde der Kirchturm von St. Pankratius erbaut und eine neue Kirche gleich dazu. Sie steht an einem Ort uralter katholischer Tradition. Bereits im Jahr 880 ist ein Gotteshaus in Bürgel belegt, sehr wahrscheinlich genau an diesem Ort.

St. Pankratius wurde gegen Ende des 10. Jahrhunderts als Patrozinium gegründet und damit unter die Schutzherrschaft eines Heiligen gestellt. Vor 1000 Jahren wählte man dazu Pankratius aus, der in der Christenverfolgung des dritten Jahrhunderts als 15-Jähriger auf der Via Aurelia enthauptet wurde. In Deutschland war er nicht nur Namensgeber von Kirchen, sondern auch der Schutzpatron der Ritter; in Frankreich beschützte er die Kinder. Zudem gilt er bis heute als Schutzpatron der Saat und der Blüten, und er hilft bei Krankheiten. Vielleicht ist es ja der Hilfe des Patrons zu verdanken, dass der Kirchturm die Wirren der Jahrhunderte überdauern konnte.

Es waren unruhige Jahre, als die Kirche im Jahr 1492 geweiht wurde. In der Zeit um 1500 prägten wechselnde Herren und Gewalt den Alltag des Dorfes. Damals gehörte Bürgel dem Kurfürsten und Erzbischof zu Mainz, Offenbach hingegen seit 1486 dem Grafen Ludwig von Isenburg. Für das Jahr 1497 ist eine Schrift der Bürgeler an das Petersstift in Mainz belegt, in der Beschwerde über Brandstiftungen, Übergriffe und Überfälle einiger Adliger gegen Bauern geführt wurde. Aufgrund dieses Briefes stellte Mainz die Opfer unter den Schutz des Erzbischofs. Doch es half nicht. Zu Beginn des 16. Jahrhunderts verzeichneten die Chronisten eine große Zahl von Überfällen, die nun auch von den Herren von Steinheim begangen wurden. Eigens bestellte Amtmänner halfen dem Schultheiß, die Burgmauern und Befestigungen instand zu halten. Ein schwieriges Unterfangen. 1552 verlor Bürgel sein Frankfurter Burgrecht, das den Schutz der Reichsstadt bei Angriffen gewährte. Die Bürger konnten die dazu nötigen Zahlungen nicht mehr leisten, denn die Wirren der großen Politik waren mitten ins Dorf gedrungen. Beim Fürstenaufstand desselben Jahres hatten sich die mächtigen protestantischen Fürsten gegen ihren katholischen Kaiser Karl V. verbündet. Die Soldaten belagerten Frankfurt, mit dem Bürgel verbunden war. Drei Wochen lang widerstand die Reichsstadt und siegte, doch die Dörfer wurden von den abziehenden Truppen geplündert. Die Bürgeler Bauern verloren ihr gesamtes Vieh. Doch das Dorf blieb katholisch.

1714 wurde in St. Pankratius eine neue Kirche gebaut, doch wieder blieb der Turm der alte. Ein Epitaph am Turm erinnert heute an den kurtrierischen Kanzler Georg Michael Frank von La Roche, der 1788 starb, und an seine Frau Sophie, die mit ihrem Roman „Geschichte des Fräuleins von Sternheim" als erste deutsche Romanschriftstellerin in die Literaturgeschichte eingegangen ist. Sie war zudem die Großmutter der Schriftstellerin Bettina von Arnim. Der dritte Neubau am alten Turm wurde 1897 geweiht. Die neugotische Kirche bietet wunderschöne Glasfenster und Platz für 500 Gläubige. Die Orgel mit 2582 Pfeifen ist die größte in Offenbach – die längste Pfeife misst 5,20 Meter, die kleinste nur einen Zentimeter. 1981 wurde die Kirche innen renoviert, die entsetzlich graue Farbe aus den 60er-Jahren beseitigt und der Kirchenraum wieder in den Zustand der Jahrhundertwende versetzt. Vom Turm erklingen heute vier Glocken, die in den 50er-Jahren gegossen wurden.

1492 wurde von dort zum ersten Mal geläutet, und die Bauern, die Handwerker, die Adligen und der Schultheiß kamen zum Gottesdienst. In jenem Jahr fertigte Martin Behaim in Nürnberg den ersten Globus der Welt. Er nannte ihn vorsichtig „Erdapfel", die Erde war schließlich eine Scheibe. Heute ist sie rund und alles anders. Der Turm steht immer noch.

OFFENBACH ARCHIVAL DEPOT, KETTELERSTRASSE 99
DIE HALLE DER HERRENLOSEN BÜCHER

Das alte Schwarzweiß-Foto zeigt Bücher, nichts als Bücher in aufeinander gestapelten Holzkisten. Eine riesige Fabrikhalle mit Betonstreben und Säulen ist zu sehen, in der sich Bücher so eng stapeln, dass nur schmale Pfade zwischen den vielen Reihen hindurchführen. Aufgenommen wurde das Bild im Jahr 1946 in der Mainstraße. Das Industriegelände der IG Farben stand nach dem Krieg unter der Kontrolle der Alliierten, und einige Gebäude waren nur wenig zerstört worden. Die Nähe zum Main und zur Bahnlinie waren wichtig für das gewaltige Vorhaben der US-Army: Im notdürftig reparierten Fabrikgebäude 136 sammelten die Offiziere der „Monuments, Fine Arts and Archives Section" (MFA&A) von den Nazis geraubte Bücher, um sie den Eigentümern zurückzugeben. Im Militärjargon hieß das Bücherlager am Main „Offenbach Archival Depot" (OAD). Hier lagerten uralte Kulturschätze, komplette Bibliotheksbestände, Bücher aus Privatbesitz und wertvolle Thorarollen. Es war die weltweit größte Bücherrückgabe in der Geschichte der Bibliotheken.

Spezialeinheiten der Nazis hatten im Dritten Reich alles beschlagnahmt, was die angeblich minderwertige Kultur der Gegner der selbsternannten Herrenmenschen ausdrückte. Vor allem der Stab des Reichsleiters Alfred Rosenberg raubte organisiert Kunstsammlungen, Bibliotheken, Münzen, Altäre, Ritualgegenstände und sogar Kulturgüter wie das legendäre „Bernsteinzimmer". Das alles archivierten sie, angeblich, um den Gegner zu studieren oder in einer geplanten „Reichshalle der NSDAP" den „Endsieg" zu dokumentieren.

Um die Tausende von den Soldaten aufgefundenen Kulturgüter zu sammeln und zu dokumentieren, richtete die MFA&A nach 1945 in der US-Zone überall „Collecting Points" ein. In der ehemaligen Rothschild-Bibliothek in Frankfurt lagerten bereits 130 000 gestohlene Bücher, und es wurden immer mehr. Als man das Gebäude auf dem IG-Farben-Gelände unter der Adresse „Naphtol-Chemie, Mainstraße 169" entdeckte,

transportierte man die Bücher dorthin. Der Strom der Kisten riss nicht ab. Denn Offenbach wurde nach komplizierten Verhandlungen innerhalb der US-Army zum zentralen Sammelpunkt der gesamten US-Zone. Obwohl nur zu sechst, schickten die Beschäftigten bis Anfang 1946 kein einziges Buch zurück. Dann trat der Deutsch sprechende Colonel Seymour J. Pomerenze seinen Job zwischen den Bücherkisten in Offenbach an. Nun wurde alles anders. Pomerenze hatte das nötige Wissen, gute Kontakte und einen Plan. Bald beschäftigte er über 140 deutsche und amerikanische Mitarbeiter und ließ sie die Bücher nach einfachen, klaren Sichtungskriterien sortieren. Bestände berühmter jüdischer Bibliotheken gingen so in kurzer Zeit dorthin, wo sie hingehörten – in ihre Heimat nach Holland, Frankreich oder Italien. Im Mai 1946 wurde Pomerenze durch Captain Isaac Bencowitz abgelöst. Er blieb nur bis zum Oktober, vollbrachte aber eine unglaubliche Leistung. Zu dieser Zeit belegte das OAD neben dem vierstöckigen Gebäude 136 noch fünf Lagerhallen und den Bunker in der Rathenaustraße. Zum 31. August 1946 waren laut Bencowitz' Monatsbericht bereits über 1,6 Millionen Bücher den Eigentümern zurückgeschickt worden. Rund 700 000 lagerten noch in den Kisten am Main, dazu 572 Thorarollen. Bencowitz ließ Exlibris und Stempel in den Bänden fotografieren und stellte spezielle Teams zusammen, die sich mit den Fotos auf die Suche in den Kisten machten. Sie identifizierten so täglich bis zu 30 000 Bücher.

Im September 1946 reduzierte der Captain die Zahl der mittlerweile 176 Beschäftigten um die Hälfte. Im März 1947 hatten die Mitarbeiter bereits 1,9 Millionen Bücher zurückgeschickt, etwa 500 000 Bände blieben zurück. Die Besitzer ließen sich nicht ermitteln, oder sie lebten nicht mehr. Diese Bücher wurden an verschiedene Universitäten der USA geschickt. In der Bibliothek der Universität von Chicago liegt heute auch die „Offenbach Archival Depot Collection". Sie enthält die alten Abbildungen der Exlibris, Stempel und Mono-

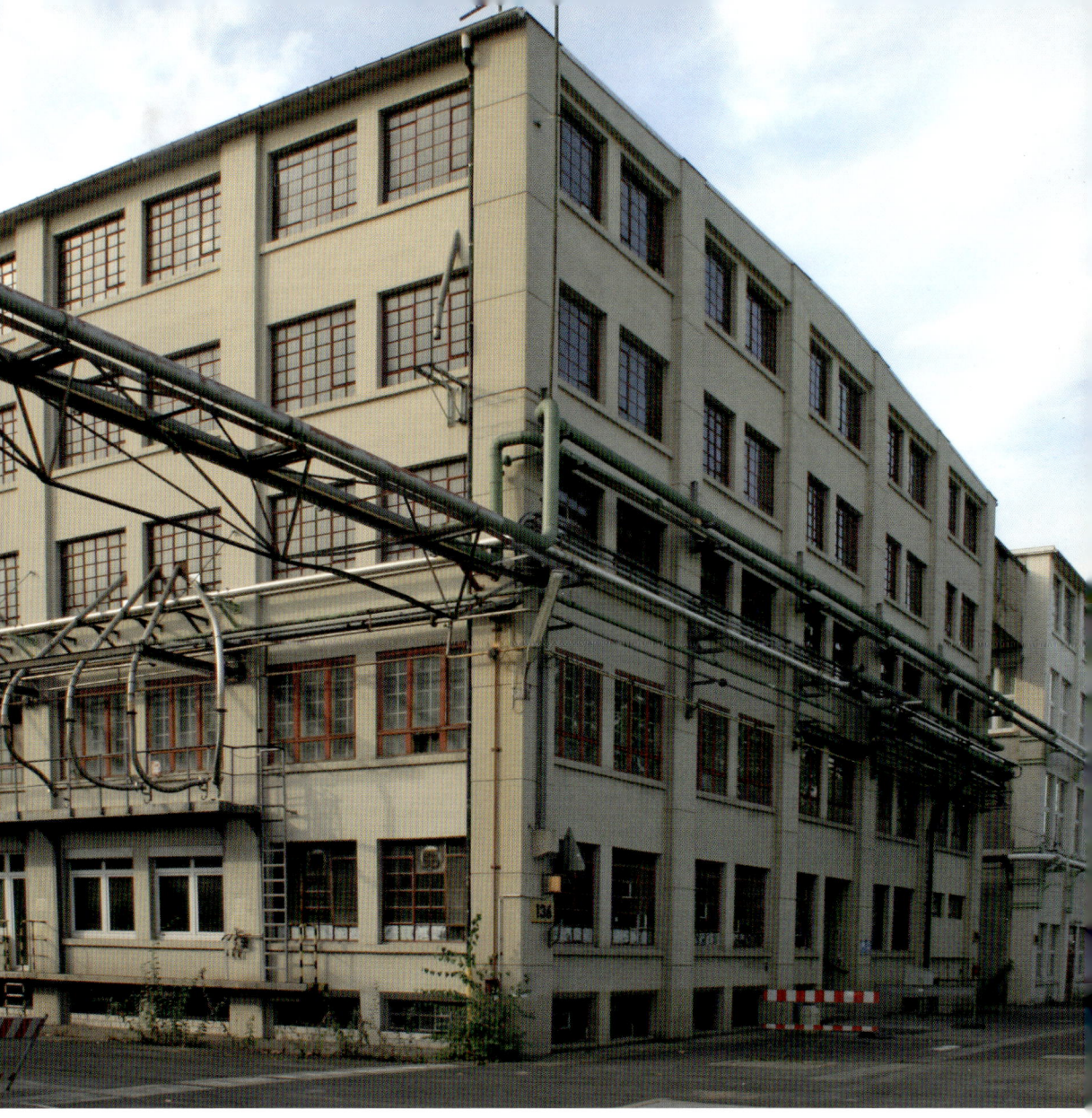

gramme, mit denen die Teams in den Kisten suchten. Die Spuren des monströsen Bücherraubs liegen nun in Bibliotheken, darunter in der berühmten Kongressbibliothek in Washington. Rund fünf Millionen gestohlene Bücher haben das Offenbach Archival Depot bis zu seiner Schließung im Juni 1949 durchlaufen. Danach geriet es fast in Vergessenheit. Das heute leer stehende Gebäude 136 wird spätestens 2014 abgerissen. Doch das OAD hat eine Botschaft hinterlassen. Gut, dass wir uns erinnert haben.

SCHLOSSERS GARTEN, KIRCHGASSE 19
MUSIK, THEATER UND RAUSCHENDE BÄLLE

Die Kirchgasse ist eine ruhige Innenstadtstraße nahe dem Main. Im Häuserblock der Nachkriegszeit, der an die Herrnstraße grenzt, befinden sich Kneipen und Restaurants, gegenüber liegen ein Copyshop und ein Versicherungsbüro. Richtung Isenburger Schloss erhebt sich die Turmruine der Schlosskirche. Zum Main hin durchschneidet ein Fußweg die Hecken und Büsche des Orville-Parks, auf dem eingezäunten Fußballfeld kicken Kinder.

An dieser Stelle stand von 1791 bis 1907 der kulturelle und gesellschaftliche Mittelpunkt Offenbachs: das Theater. Die Idee, eine Bühne in der Stadt zu eröffnen, stammte vom Schnupftabak-Fabrikanten Peter Bernard, der im heutigen Büsing-Palais produzieren ließ und dort großzügig wohnte. Bernard liebte Musik und Theater, finanzierte ein eigenes Orchester, ließ auf seiner Privatbühne aufführen und korrespondierte mit Goethe. Auch zu der Idee eines Theaters in Offenbach holte er den Rat des Dichterfürsten ein, der zu dieser Zeit die Bühne in Weimar leitete. Bernard und seine wohlhabenden Freunde ließen Fürst Wolfgang Ernst II. zu Isenburg und Büdingen einen Brief mit der Bitte überbringen, ein Theater im Schlosshof errichten zu dürfen. Das lehnte der Fürst zwar ab – auch wegen des Hochwassers, das oft den Hof überschwemmte –, doch auf dem Grundstück einer Fayencefabrik nebenan in der Kirchgasse durfte Bernard kostenfrei bauen. Im November 1791 ließen er und seine Aktionäre dort aus Holz das „Fürstlich Ysenburgische Komödienhaus" errichten: Es war 31 Meter lang, 15 Meter breit und sechs Meter hoch. Bald wurden darin die ersten Stücke aufgeführt. Ausstattung und Requisiten hatte Bernard aus seinem Privattheater ins Komödienhaus schaffen lassen. Es gab Konzerte, Theateraufführungen fahrender Ensembles und Maskenbälle, die auch die Frankfurter Bürger anzogen. Vor allem die rauschenden Bälle machten das Komödienhaus berühmt. Doch das hölzerne Gebäude brauchte viele Reparaturen, das Dach sackte weg, Wände mussten gestützt werden.

Für die Aktionäre wurde das Vergnügen immer teurer. 1798 verkauften sie das Theater daher für 5000 Gulden an Fürst Wolfgang Ernst. Er rettete das Komödienhaus, indem er es von Grund auf sanieren und verschönern ließ. Der bekannte Geiger und Musikdirektor Ferdinand Fränzl sagte als Pächter zu. Das Theater erlebte wechselvolle Zeiten, während Fränzl auf Tournee ging und in Russland berühmt wurde. Der nächste Pächter kam. Acht Bälle fanden in dieser Zeit pro Jahr statt, etwa 40 Theateraufführungen, dazu geschlossene Gesellschaften und Glücksspiel.

1810 übernahm Johann Heinrich Schlosser das Schauspielhaus. Er war der Hofuhrmacher der fürstlichen Familie und hatte schon den Gemüsegarten des Schlosses in eine bewunderte botanische Pracht verwandelt. 1817 eröffnete er auf dem Areal eine Badeanstalt mit großer Gartenwirtschaft – der Maindamm war noch nicht gebaut, und so lag die Kirchgasse nahe am Flussufer. Der Main, prächtige Gärten, Badeplatz, Promenade, Biergarten, Theater und kulturelle Darbietungen im Freien zogen die Besucher in Scharen an. Der Musiker Wilhelm Speyer hatte ein auf hohem Niveau musizierendes Orchester zusammengestellt. 1831 stand etwa der legendäre Geiger Niccolo Paganini am Dirigentenpult. Schlossers Garten war eine Attraktion. 1870 wurde das Theater saniert, mit Logen sowie Balkon ausgestattet – und mit einer hässlichen Ausstellungshalle erweitert, die zuvor den Frankfurtern vor ihrem Hauptbahnhof im Wege gestanden hatte. Dazu mussten die neuen Betreiber den schönsten Teil ihres „Stadtgartens" opfern. 1902 wurde die Stadt zum letzten Besitzer. Die Bürger konnten die Räume des Theaters nun für eigene Zwecke mieten. Nach politischen und persönlichen Intrigen wurde das einstige Komödienhaus am 1. April 1907 geschlossen. Der Biergarten blieb noch bis 1936 geöffnet. Danach riss man das Gebäude ab. Die Bomben des Zweiten Weltkriegs ließen schließlich die einst bewunderte Anlage an der Kirchgasse verschwinden.

OFFENBACHER STADTHALLE
DER HAMMELSPRUNG ZU DEN GRÜNEN

Die Stadthalle gehört zu Offenbach. Zehntausende Rock- und Popfans haben sich in den vergangenen Jahrzehnten vor der Halle in Tempelsee die Beine in den Bauch gestanden, um drinnen die ganz großen Acts erleben zu dürfen. Das Alphabet der Künstler, die hier aufgetreten sind, reicht von AC/DC bis ZZ Top und spiegelt die Rockgeschichte: Jimi Hendrix war ebenso in der Stadthalle wie Nena, Robbie Williams oder der Wu Tang Clan. Doch die Stadthalle hat nicht nur die Popgeschichte mitgeschrieben, sondern auch die deutsche Geschichte.

Wo sich sonst Bands bejubeln lassen, beschloss am 3. und 4. November 1979 ein bunter Zusammenschluss ökologischer, linker und alternativer Gruppen die Gründung einer Partei: Die Grünen. Das klingt glatt, organisiert und eindeutig. Doch so war es nicht. In der Stadthalle hatte die „SPV – Die Grünen" zu einem Bundeskongress geladen. Das Kürzel stand für „Sonstige politische Vereinigung", denn eine Partei war der erst im März 1979 entstandene Zusammenschluss alternativer und ökologischer Listen noch nicht. Doch es waren bewegte Zeiten: Die regierende SPD unter Bundeskanzler Helmut Schmidt verlor an Zustimmung. Der Widerstand gegen den NATO-Doppelbeschluss und den Plan, in Gorleben eine Aufbereitungsanlage für atomare Brennstäbe zu errichten, ließ die ökologische Bewegung entstehen. Politisch stammten die Akteure aus entgegengesetzten Lagern: Stramm linke Genossen stritten trotz ähnlicher Ziele heftig mit konservativen, teils rechts-national gesinnten Akteuren. An diesem Novemberwochenende ging es in der Stadthalle um eine Grundsatzfrage: Sollten sich die lose vernetzten, teils verfeindeten Bündnisse zu einer Partei mit Delegierten, Programm und fester Struktur organisieren? Bei der Europawahl hatte die SPV überraschend 3,2 Prozent geholt, und nun war die Bundestagswahl nicht mehr weit. Die Vordenker der grünen Bewegung kamen daher nach Offenbach, um eine Richtung zu finden: Petra Kelly redete, der erst

kurz zuvor aus DDR-Haft entlassene Rudolf Bahro und Rudi Dutschke, die Ikone der 68er-Bewegung. Es ging zur Sache. Die Debatten waren engagiert bis giftig, emotional bis gehässig, amüsant bis langweilig, visionär bis kleinkariert.

Doch das bundesdeutsche Wahlrecht ließ sich nicht wegdiskutieren: Einen Erfolg gegen Helmut Schmidts NATO- und Atompolitik konnte es bei der Bundestagswahl nur mit einer Partei geben. Rudi Dutschkes Rede ließ „die Stadthalle noch einmal von Beifall und Pfiffen, Jubel und Protest erzittern", notierte der Beobachter der Wochenzeitung „Die Zeit".

Beim Hammelsprung zur Abstimmung über Punkt acht der Tagesordnung ist das Ergebnis eindeutig: 344 stimmen für den Antrag, im Januar eine bundesweite Partei zu gründen. Auch über den Namen wird abgestimmt: Die Partei soll „Die Grünen" heißen. Am Sonntag setzt sich auch der Antrag durch, Delegierte der Kreis- und Landesverbände zu einer Gründungsversammlung zu entsenden – das basisdemokratische Prinzip muss hinter der Effektivität zurückstehen. Lange, erbittert und heftig diskutieren die Teilnehmer über den Antrag, Doppelmitgliedschaften in der neuen Partei und etwa einer K-Gruppe auszuschließen. Er scheitert knapp. So bleiben der neuen Partei die linken und die konservativen Stränge erhalten. Bei einer Zustimmung hätten sich wahrscheinlich zwei Parteien gebildet – eine links-ökologische und eine konservative. Die Fünf-Prozent-Hürde wäre damit kaum zu überwinden gewesen. Doch mit dem Offenbacher Ergebnis stand die deutsche Ökologie- und Alternativbewegung vor der einfachen Frage: mitmachen oder aussteigen? Überall in Deutschland entstanden nun Kreisverbände und Initiativen zur Vorbereitung der Parteigründung. Am 12. und 13. Januar 1980 trafen sich rund 1000 SPV-Delegierte zur offiziellen Gründung der Partei „Die Grünen" in Karlsruhe. Dem Antrag stimmten 90 Prozent von ihnen zu. Die Offenbacher Stadthalle hat Zeitgeschichte geschrieben.

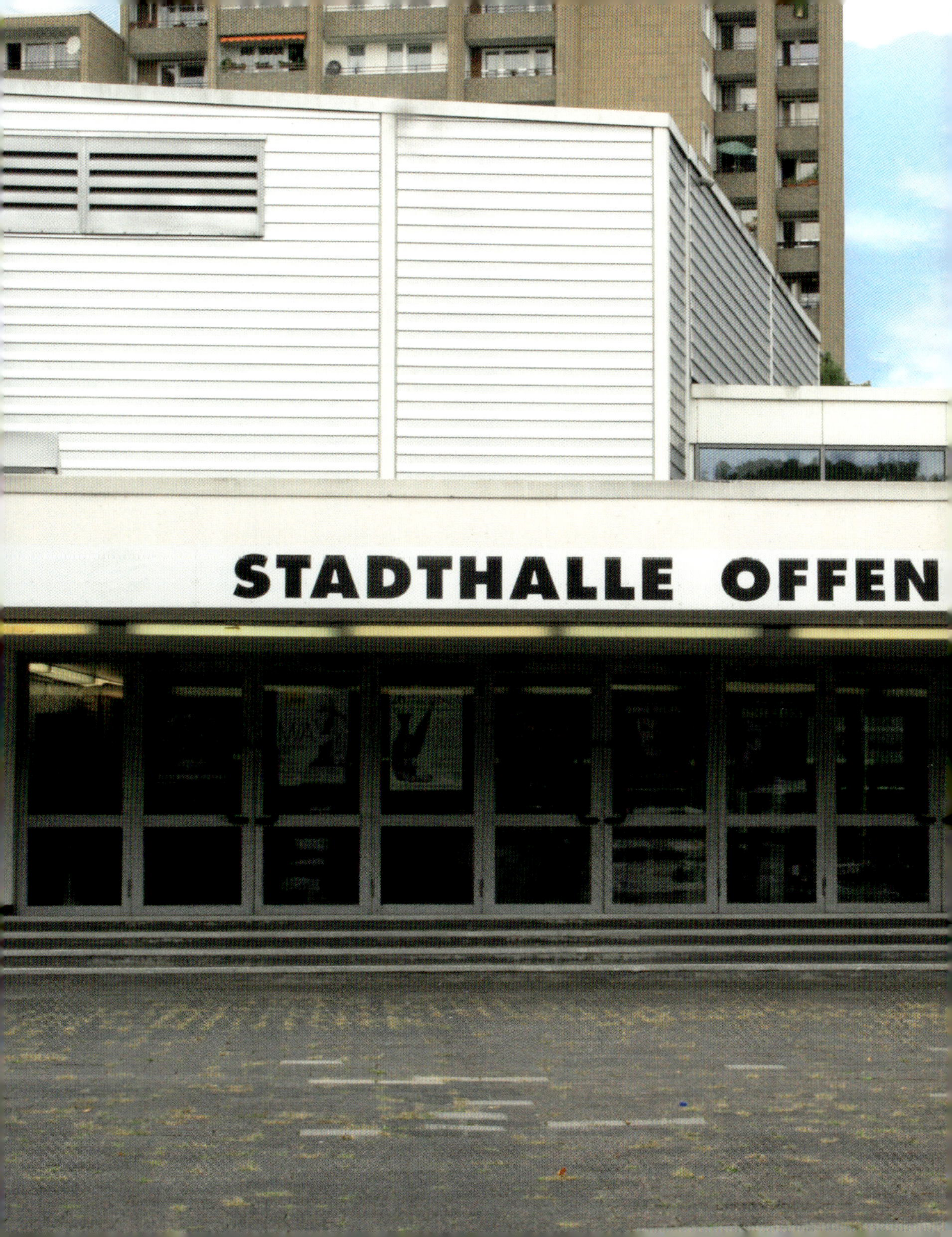
STADTHALLE OFFEN

MATO-FABRIK, BIEBERER STRASSE 215
WAS KUNST, STAHL UND ZEMENT MITEINANDER ZU TUN HABEN

Die Arbeit bildender Künstler in alten Industriehallen wird vom Publikum auf die selbe Weise betrachtet wie das Bild „Der arme Poet" des Malers Carl Spitzweg. In der winzigen Dachkammer mit undichten Fenstern liegt der Dichter mit Decke im Bett, um sich ein wenig zu wärmen. Es regnet durchs Dach, der Ofen ist kalt, obwohl es draußen schneit. Zum Heizen hat er kein Geld. Das Bild zeigt, wie und unter welchen Bedingungen ein erfolgloser Künstler Mitte des 19. Jahrhunderts arbeitete. Wenn heute Künstler sich Raum zum Arbeiten erobern, entsteht dieselbe Eigendynamik wie bei Spitzweg. Das Publikum staunt, wenn Kunst in riesigen, rostigen Hallen auf rohem Zementboden gezeigt wird.

Hinter dem Art-Deco-Tor an der Bieberer Straße ragen die Backstein-Hallen eines Industriekomplexes aus dem Jahr 1923 auf. Hier stellte die Firma Mato des Inhabers Curt Matthaei zunächst Metallriemenverbindungen für Transmissionsteile her, später wurden Förderanlagen, Transportgeräte, Zangen und Fettpressen gefertigt. 1988 zog das Unternehmen nach Dietesheim, und seit Anfang der 90er-Jahre entsteht in den alten Produktionshallen neue Kunst. Durch die Stahltür geht es eine abgewetzte, graue Treppe hinauf ins Gebäude. Der Putz bröckelt, die Farben changieren zwischen Grau und Rostbraun. Es riecht kühl nach Eisen und Staub. An den Wänden kleben Blätter und Aufkleber, die zu den Ateliers weisen. Rund 40 Künstler arbeiten in den Maschinenhallen, und 15 von ihnen haben sich zum Verein „Kunst Raum Mato" zusammengeschlossen. Es geht einen dunklen Gang entlang, in dem sich Gemälde stapeln. Er endet in einem Raum mit großen Fenstern, zwei alten Sofas, eingepackten Bildern, einem Motorroller, einer Kaffeemaschine und einem Klavier.

Die Ateliers der Künstler Jos Diegel, Eva Moll und Ruth Luxenhöfer befinden sich in den umliegenden, offenen Räumen. „Wir mieten uns nur die Quadratmeter, die wir zum Arbeiten brauchen. Es gibt keinen Anspruch auf Abgeschlossenheit", erklärt die Malerin und Performance-Künstlerin Eva Moll, die Vorsitzende des Vereins. Im Winter wird es empfindlich kalt. „Die Dampfheizung stammt noch aus den 20er-Jahren. Sie läuft nur zu festen Zeiten. Wenn es im Atelier unter 14 Grad kalt wird, rufe ich den Hausmeister an, der früher in der Fabrik gearbeitet hat. Nur er kann die Heizung bedienen", erzählt die Malerin Ruth Luxenhöfer.

Die Räume inszenieren ihre Arbeit, das ist den Künstlern bewusst. „Für uns ist es normal, hier zu arbeiten. Große Augen kriegen nur die Besucher", sagt Jos Diegel, der malt, installiert, filmt und konzeptionell arbeitet. „Ich habe lange in New York City gearbeitet. Die Mato-Fabrik ist wie Brooklyn", sagt Eva Moll, die seit 2007 hier ist. Als Ort der Kunst hat sich die Fabrik längst etabliert. Das Vereinskonzept hat aber nichts von den Strukturen eines herkömmlichen Kunstvereins: „Kunst entsteht um ihrer selbst willen. Der Verein gibt uns Rückhalt, den Austausch mit Leuten, die so ticken wie ich. Wir fördern uns eben gegenseitig", sagt der Bildhauer Rainer Böhm. Ruth Luxenhöfer setzt sich derweil ans Klavier und spielt virtuos ein paar Takte. Die Zeiten für freie Künstler sind schwierig, denn unabhängig arbeiten kann nur, wer am Kunstmarkt entdeckt wird. Und das schaffen ein Prozent. Um auf die prekäre Situation freier Künstler aufmerksam zu machen, stifteten Moll, Luxenhöfer und zwei weitere Künstlerinnen ein „Schrankstipendium". „Die Bedingungen sind komplett absurd", erklärt Luxenhöfer. So heißt es in der Ausschreibung: „Das Artist-in-Residence-Stipendium beinhaltet einen mietfreien, zweiwöchigen Arbeitsaufenthalt im Schrank von Ruth Luxenhöfer. Anschließend ist eine Einzelausstellung im Schrank geplant." Für sie steht aber eine wichtige Frage dahinter: „Wie ist Kunst heute lebbar?" Die Antwort hat mit der Mato-Fabrik zu tun. Sie bietet viel Platz für günstige Miete. Eine künstlerische Idee lässt sich realisieren, auch wenn sie sich mal nicht verkaufen lässt. Was für ein Luxus.

GALERIE DER MODERNE, HERRNSTRASSE 61
ERICH MARTIN UND DIE VERGESSENE KUNST

„So vieles, was sich mit Pinsel und Farbe auf der Leinwand sagen lässt, verliert an Substanz, wenn wir es in Worte kleiden wollen." Gesagt hat das der fast vergessene Offenbacher Maler Erich Martin (1905–1977). Zu lesen ist der Satz im Bernardbau, Aufgang B, zweiter Stock rechts. Er begegnet dem Besucher auf dem Weg zu Martins Werk, das seit Anfang 2011 hier eine neue alte Heimat gefunden hat. Auf 80 Quadratmetern mit grau-glänzendem Fußboden sind die durchdachten, akribisch komponierten Arbeiten des Malers in der eigens dazu eröffneten „Sammlung der Moderne" zu besichtigen. Sie gehören zur Klassischen Moderne, doch in den Kunstführern fehlen sie. Wer die rund 25 ausgestellten Bilder betrachtet, fragt sich: Warum nur? Eine Antwort liefert der Satz am Eingang.

Der 1905 in Büdingen geborene und in Offenbach aufgewachsene Erich Martin lebte ein ruhiges, zurückgezogenes Künstlerleben. Die große Bühne, auf der etwa Pablo Picasso oder Salvador Dali tanzten, war ihm fremd. Er zeigte seine Bilder in Ausstellungen, und so verkaufte er sie. Das genügte. Bereits 1920 – mit nur 15 Jahren – begann er, abstrakt zu malen. Später studierte Martin, dessen Ausnahmetalent die Ausstellung mit einigen Kinder- und Jugendzeichnungen auf Papier dokumentiert, an der damaligen Werkkunstschule beim renommierten Maler und Designer Prof. Richard Throll. 1927 bezog er eine Atelierwohnung in der Künstlerkolonie Bachstraße und komponierte Werke mit einem Stil und Ausdruck, die sie mit denen Lyonel Feiningers, Paul Klees und Wassily Kandinskys vergleichen lassen. In einigen Ausstellungen hingen Martins Arbeiten neben den heute ganz Großen der Moderne. Er ging hoch sensibel mit Farbe um; Pflanzen, Bäume und Gegenstände waren für ihn Wesen mit Seele. 1929 heiratete er Eva Magdalena Richter; sie bekamen drei Kinder. Martin malte nun auch, um eine Familie zu ernähren.

Als die Nazis an die Macht kamen, blieb er in Offenbach, floh aber in die innere Emigration. Er mal-te gegenständlich, aber überzog bis ins Lächerliche. Auch das zeigt eine Zeichnung. Dennoch jubelte die „Offenbacher Monatsrundschau" im Kriegsjahr 1939: „Martin ist ein Lyriker der Farbe und des Motivs." Das stimmte – doch seine Bilder zeigten es nicht mehr.

Martin hatte seine „entarteten", abstrakt-kubistischen Arbeiten 1933 verbrannt, um die Familie nicht zu gefährden. Nur zwei Bilder, die in der Sammlung ausgestellt sind, stammen aus dieser Zeit. Erich Martin schlug sich als Dekorationsmaler durch, um Frau und Kinder zu ernähren. 1936 und 1937 verarbeitete er seine Ängste in einem düsteren, apokalyptischen Zyklus, der das Dritte Reich überstand und nach dem Krieg von einem Kritiker den Titel „Spanien-Zyklus" erhielt. Erich Martin hatte ihn zunächst unverfänglich „Über den Tod" genannt. Heute gehören die Bilder zu seinen Hauptwerken. Nach dem Zweiten Weltkrieg knüpfte Martin an die abstrakte Malerei an und stellte seine Bilder in der Region aus. Diese Arbeiten sind von einem individuellen Stil geprägt, der sich mit dem deutscher Expressionisten wie Emil Nolde vergleichen lässt.

Insgesamt 300 Werke aus Erich Martins Nachlass haben ihren Platz in der Sammlung der Moderne gefunden. Sie sind eine Dauerleihgabe seines Sohns Peter Martin und sollen im Lauf der Zeit gezeigt werden. All diesen Bildern ist eines gemein: Kompromisse machen konnte Erich Martin nicht. Er schielte nicht nach Trends, verkaufte sich nicht. Martin war Künstler. Das verhinderte seinen Durchbruch – nicht die Qualität seiner Arbeit. In einem Fernsehporträt des Hessischen Rundfunks, das den Titel „Gescheiterte Künstler – dargestellt am Beispiel Erich Martin" trug, sagt der Maler trocken: „Wenn ihr mit meinem Werk nichts anzufangen wisst, dann werft's halt in den Main." Der Satz am Eingang ist also eine Aufforderung: Nicht drüber reden. Betrachten.

21

EHEMALIGE KÜNSTLERKOLONIE, BACHSTRASSE 13-15
KLEIN-PARIS AM STADTRAND

In den 20er-Jahren lag „Klaa Paris" noch im Grünen. Kurz hinter dem Bahndamm war die Stadt zu Ende, was einige Straßennamen klar dokumentieren: etwa Feldstraße, Wiesenstraße, Bachstraße. 1927 baute die Stadt dort einige mehrstöckige Wohnhäuser, denn Raum zum Bauen gab es ja genug. Bald zogen in den Miethäusern der Bachstraße 13–15 die Künstler ein. Die Offenbacher nannten das Karree der Maler und Bildhauer um Bach- und Friedensstraße bald bewundernd, manchmal abfällig „Klaa Paris". Die erste Künstlerkolonie Offenbachs formierte sich, als zwölf Kunstschaffende die Ateliers und Wohnungen bezogen hatten, die die Stadt ihnen im Dachgeschoss der neuen Häuser zur Verfügung stellte. Hier lebten und arbeiteten beispielsweise der überregional bekannte Künstler Erich Martin, der spätere Büchnerpreisträger Adolf Bode und ab 1933 Ludwig Plaueln, aber auch hoch talentierte Maler, die auf den Durchbruch warteten. Für manche kam er nie.

Die Idee entstand, als einer der Offenbacher Künstler – wer, ist nicht überliefert – den damaligen Oberbürgermeister Max Grazin auf die extrem schwierigen Bedingungen aufmerksam machte, unter denen sie Mitte der 20er-Jahre arbeiten mussten, und um Hilfe bat. Kaum jemand gab Geld aus, um Kunst zu kaufen. Ausstellungen wurden nur wenige organisiert, aber das Leben war teuer. Viele lebten am Rand des Existenzminimums von Illustrationen in Zeitungen, Plakaten, Wandmalereien, vom Unterrichten oder von seltenen Auftragsarbeiten. Doch das Schlimmste – die Weltwirtschaftskrise von 1929 – stand ihnen noch bevor.

Als die Wohnsiedlung in der Bachstraße entstand, entschied Grazin, die Dachgeschosse als Wohnraum und Ateliers für eine monatliche Miete von fünf Mark den Offenbacher Künstlern zu überlassen – umgerechnet wären das heute etwa 15 Euro. Die meisten kannten sich gut, etwa vom gemeinsamen Studium an der Offenbacher Kunstgewerbeschule – der heutigen Hochschule für Gestaltung – oder von der Arbeit im Bund Offenbacher Künstler (BOK), in dem die meisten Mitglied waren. So waren die günstigen Wohn-Ateliers im Nu vermietet. Befreundet, beargwöhnt, zerstritten und versöhnt lebten hier auch Philipp Klöter, der Wandmalereien im Bad Nauheimer Kurhaus schuf, und Gottfried Richter, der von der renommierten Berliner Galerie Flechtheim und Kahnweiler vertreten wurde, die auch Grosz, Picasso, Léger und Beckmann ausstellte. Zu den hier wohnenden Künstlern gehörte auch Richard Martin Werner, der für das olympische Komitee ein Porträt des modernen Olympia-Begründers Pierre de Coubertin fertigte und nach dem Krieg die pflanzende Frau auf der Rückseite des 50-Pfennig-Stücks entwarf. Sie diskutierten, feierten, trafen sich und begutachteten gegenseitig die Arbeiten. Mit einem „Malerpfiff" kündigten sie von der Straße aus ihre Besuche an. Eine freie, künstlerisch geprägte Lebensform hielt in die Siedlung Einzug.

Das Dritte Reich und der Krieg setzten dem Künstlerleben ein Ende: Die Nazis erhöhten die Miete der Wohnateliers um das Fünffache auf 25 Mark, viele Bewohner wurden zum Militär eingezogen. Die Kolonie wurde zwar nicht aufgelöst, aber die Nazis verlangten von den Künstlern die Anpassung an die Rassen-Ideologie. Die zogen sich zurück, arbeiteten an unverfänglichen Sujets und verloren so den Anschluss an die sich neu entwickelnde Moderne. Nach dem Krieg verdingten sich manche der ehemaligen Bewohner als Schildermaler, Weißbinder, Plakatmaler oder Lehrer, andere suchten sich eine neue Unterkunft. Nur sehr wenige kehrten in die Bachstraße zurück.

GRAFFITI, MARIENSTRASSE 80
KUNST OHNE GRENZEN

In der Marienstraße hinter der Post ist die Kunst grenzenlos. Das steht jedenfalls so da. An der einst verwitterten, verschmierten und bemoosten Mauer steht auf der Länge von 50 Metern ein bunter Schriftzug: „Kunst kennt keine Grenzen" ist zu lesen, wenn man auf der anderen Straßenseite steht und hinter die Reihe der Autos blickt. Parkplätze sind rar in dieser Gegend. Wer die Mauer entlanggeht und sich den großen Buchstaben nähert, erkennt, dass jeder aus anderen Farben, Mustern und Strukturen besteht. Weiße Blumen auf Blau ergeben das G, puzzleteilartige Muster in verschiedenen Farben das N, afrikanisch anmutende, kreisförmige Ornamente schmücken das braune Z. Jeder Buchstabe ist ein Kosmos aus Farbe und Struktur, und daraus ergibt sich die Feststellung, dass die Kunst an sich und an der Mauer im Senefelder-Quartier grenzenlos ist. Es ist, wie die Stadt selbst, ein Hingucker auf den zweiten Blick.

Ausgedacht und an die Wand gesprüht hat den Satz der Offenbacher Graffiti-Künstler Marcus Dörr mit seinem Team. Unter dem Namen Artmos4 erschaffen sie auf nackten, grauen Wänden bunte Welten. Seine Agentur sprayt für Popstars wie James Morrison und die Beatsteaks, für Unternehmen wie die Deutsche Telekom, Sixt, Coca Cola, die Deutsche Bahn und viele mehr. Dörr gehört zu den wenigen Graffiti-Sprayern, die ihre Leidenschaft zum Beruf machen konnten. 1997 gründete er die Agentur, und mittlerweile tragen viele bunte Wände in Offenbach, Frankfurt und anderen Städten sein Signet. Die 50 Meter lange und fast 2,50 Meter hohe Mauer an der Marienstraße, einer gesichtslosen Durchfahrtstraße am Bahndamm hinter der Post, war für ihn „eine spannende Aufgabe", wie er erzählt. Das Konzept, das gemeinsam mit dem städtischen Aktionsbüro „Besser leben in Offenbach" und dem Stadtplanungsamt entstand, lautete nicht nur, die Wand bunt zu färben, sondern, eine Identifikation der Bewohner mit der Arbeit zu erreichen, einen Hingucker zu schaffen und zudem Offenbach abzubilden.

Dörr und seine Leute machten sich an die Arbeit. „Wir wollten keinesfalls etwas Abstraktes machen. So arbeiten wir nicht. Unsere Werke hinterlassen keine tausend Fragezeichen", betont er. Schrift lässt sich lesen, und Schriftkultur gehört zu Offenbach. Das passte. Nach vielen Ideen blieb ein Satz hängen, den Werbeleute „Claim" nennen – eine Botschaft: „Kunst kennt keine Grenzen." Das gefiel. Denn das Grenzüberschreitende weist direkt auf die verschiedenen Kulturen, die in Offenbach zu Hause sind. „So entstand der Ansatz, die Ornamente aus allen Kulturkreisen der Welt zu entleihen und so jedem Buchstaben einen individuellen Ausdruck zu verleihen", erklärt Dörr. Manche Muster wirken, als würden sie von der Wand springen, die Grenzen sprengen. Die gereinigte Wand wurde zunächst grau gestrichen. „Das sollte nicht zu perfekt aussehen, sondern ruhig ein bisschen trashy wirken." Dörr fertigte nun mit seinem Team auf 400 Metern Folie die Schablonen für die Buchstaben, deren Design zunächst am Rechner entstand. Die Folien platzierte er auf den vorher ausgerechneten Positionen an der Wand – und packte die Spraydosen aus. „Wir machen Kunst zugänglich", betont er. Wer vorbeigeht, guckt. Auf den Satz, auf die Ornamente. Parkende Autos? Egal. Kunst kennt schließlich keine Grenzen.

MUSEUM TALBERG, LUDWIGSTRASSE 151
DIE SCHREINEREI EINER ANDEREN WIRKLICHKEIT

Hinter dem Wohnblock der 60er-Jahre in der Ludwig-straße öffnet sich die „permanent autonome Zone" der Kunst und des Diskurses. Fast idyllisch liegt im Hof das geduckte Backsteingebäude, das früher eine Schreinerei war. Im Hof wachsen Oleander und Oliven in großen Töpfen, üppig blüht Lavendel im Beet neben Büschen und Bäumen. Die Treppe hoch und hinein in die Zone. Die Sonne beleuchtet den grauen Fußboden, die rohen Beton- und Backsteinwände. An ihnen hängen große, eigenwillige, collagenartige Bilder, die den Blick anziehen und dennoch Rätsel aufgeben. Geschaffen hat sie der deutsch-israelische Künstler Ruben Talberg, der sich mit dem TAMU Talberg Museum sein Atelier und seinen Ausstellungsraum eingerichtet hat. Für ihn sind der große Raum und die Bildergalerie im ehemaligen Lager nebenan aber viel mehr als nur Ausstellungsfläche.

Ruben Talberg versteht seine Arbeit als Möglichkeit, sich mit Hilfe der Kunst als Ausdrucksform über Dinge zu verständigen, über die es unmöglich ist, zu sprechen. Sie mache es ihm möglich, „zur Sache zu kommen". Als Beispiel nennt er die Finanzkrise mit den Milliardensubventionen, Bankenskandalen und Zockereien der Händler. Banker und Unternehmer seien heute in der Gesellschaft bestimmend, der Künstler dagegen ein Außenseiter. „Ich kann nur protestieren oder Kunst schaffen", erklärt er. Das Museum sei ein Ort, in dem Dialog durch Kunst gesucht werde.

Talberg ist Multimedia-Künstler, er arbeitet mit Film, Fotografie, schafft Skulpturen und Bilder. Auf den sorgsam komponierten, zugleich wild und roh wirkenden Arbeiten an der Wand finden sich aufgeklebte Buchseiten, Zahlen, Symbole und Slogans. „Destroy the museums" ist auf einem Bild im Museum zu lesen. „Diese Gegenstände, Wörter und Zahlen sind Splitter meiner Reflexion, sie sind sehr konkret, aber sie schaffen eine andere Wirklichkeit. Sie werfen Fragen in den Raum, die die Besucher aufgreifen können – oder eben nicht."

Die jüdische Tradition und ihre Mystik der Kabbala sind ein wichtiger Teil der Arbeit. Von 1984 bis 1986 lebte der in Heidelberg geborene Künstler in Tel Aviv und studierte Philosophie und Kunst an der Hebrew University in Jerusalem. Danach zog er nach Frankfurt; seit 2005 lebt er in Offenbach und ist Mitglied der Jüdischen Gemeinde. Seine Arbeiten wurden in Paris, New York, London und Berlin gezeigt. „Von der Kunst lebe ich seit meinem Studium", sagt Talberg. Geprägt hat seine Arbeit die intensive Auseinandersetzung mit dem Deutschen Anselm Kiefer, dem Spanier Antoni Tàpies – einem der berühmtesten zeitgenössischen Künstler – und dem mit 28 Jahren verstorbenen New Yorker Jean-Michel Basquiat, dessen Arbeiten oft als „Graffitikunst" missverstanden wurden. Allen gemeinsam ist die Arbeit mit Symbolen, die für Talberg gedankliche Kraft und Tiefe erzeugen. Er nutzt etwa ein Alphabet eigener Symbole, deren Bedeutung er der Alchemie und der jüdischen Mystik entleiht. Für einen Bilderzyklus schuf er die Werke auf der Rückseite der Gemälde. Damit nutzt Ruben Talberg das alchemistische Prinzip der „Conversio Oppositorum", der Umwandlung der Gegensätze. Seine Bilder sprengen das Zweidimensionale des Gemäldes. Er bringt Holz, Wachs, Teer, Papier und sogar Sand auf die Leinwand, die zum Anfassen auffordern. Die aufgeklebten, bedruckten Seiten – eine Partitur von Arnold Schönberg, Seiten eines alten anatomischen Lehrbuchs – wirken wie Fossilien, die das Bild umgreifen und konservieren.

Die Bilder im weiß gestrichenen Lagerraum nebenan sehen aus, als stammten sie von Basquiat. Sie sind aber von Ruben Talberg. Er hat in vielen Details seine eigenen Statements und Zeichen hinterlassen. Sieht man nur einen Moment genau hin, erkennt man den Unterschied. Es ist seine Auseinandersetzung mit der oberflächlichen Medienwelt und ihren dummen, aber wirkungsvollen Reiz-Reflex-Mustern. Es geht ihm um Tiefe, um Auseinandersetzung. Wir kommen zur Sache.

MÖBELDESIGNER SEBASTIAN HERKNER
GELEITSSTRASSE 92
ERST DIE LÖSUNG IST DIE LÖSUNG

Ein Stuhl hat vier Beine, eine Sitzfläche und eine Lehne. Ohne sie ist es ein Hocker. Alles ganz einfach. Doch für einen Möbeldesigner ist nichts einfach. Der Designer ist heute der Inbegriff des Kreativen. Er erfindet Neues, ersinnt Kultobjekte wie coole Smartphones und lässige Autos. Doch ein Stuhl ist ein Stuhl und Kreativität kein Selbstzweck. Der Stuhl ist allein in den vergangenen 50 Jahren Zehntausende Male neu erfunden worden. Ein Ende ist nicht in Sicht, denn das Leben ist in Bewegung. Sebastian Herkners Beruf ist das Gestalten von alltäglichen Objekten. Er ist Produktgestalter oder, ganz lässig, Möbeldesigner. 2001 begann er an der Hochschule für Gestaltung sein Studium, und heute ist er einer der gefragtesten und vielleicht besten jungen deutschen Designer. Er begann seine Ausbildung ohne Karriereplan, nur mit einem Gefühl im Bauch: „Nach meinem Zivildienst in Bad Mergentheim kam ich zum Studium nach Offenbach. Ich hatte keine Ahnung von Gestaltung. Niemand in meiner Familie hat künstlerischen Background, aber ich wollte mich mit Material auseinandersetzen", erzählt er. Für ihn stelle sich bei jedem Entwurf die Frage: „Ist die Grundidee sinnvoll? Ist sie trendy oder ist sie wichtig?"

Herkner arbeitet lieber, als über seine Arbeit zu erzählen. In seiner Wohnung im Hinterhof stehen Modelle, liegen Skizzen, stapelt sich Material vom Pappstreifen bis zu Stahlwinkeln. Doch die Maßstäbe, wann eine Idee seinen Kopf verlassen darf, sind streng. „Das reduziert sich sehr schnell. Funktion, Struktur und Material müssen passen." Die wenigen Möbel, die er für entwicklungsfähig hält, skizziert er auf Papier, „um die Form zu finden". Daraus bastelt Herkner ein Modell aus Pappe, danach macht er am Computer erste Entwürfe. Mit diesen Daten fräst er maßstabgerechte Modelle aus Styropor oder formt sie aus Pappmaché. „Ich verändere so lange, bis alles stimmt." Nun erst entsteht der Prototyp, den er auf Messen zeigt. „Ich habe ein tolles Netzwerk von spezialisierten Handwerkern.

Ohne sie käme ich nicht weit", sagt Herkner. Auf diese Weise entstand auch der außergewöhnliche Beistelltisch „Bell Table", den er für Classicon entwarf. Der Münchner Anbieter führt nur Designmöbel, die bereits als Klassiker gelten – und die „Klassiker von morgen". „Jeder Beistelltisch besteht aus einem Metallrahmen mit Glasplatte drauf. Ich habe das umgekehrt." Nun öffnet sich über dem eleganten Fuß aus farbigem Glas die Tischplatte aus dunklem Metall. „Das irritiert, macht nachdenklich und funktioniert."

2006 gründete er sein Studio in der Geleitstaße, lange bevor er die Abschlussprüfung bestand. „Ich wollte nie in einem Studio irgendwelche Sachen für Möbelfirmen entwerfen, hinter denen ich nicht stehe", sagt der Designer. In der Zusammenarbeit mit der italienischen Nobelmarke Moroso entwirft er superleichte Sofas und Sessel, die dennoch auf glattem Boden nicht rutschen. Er kramt in einer Schublade und zieht eine Kindersocke mit Noppen heraus. „Ich habe lange überlegt. In der Kinderabteilung eines Kaufhauses fand ich die Lösung." Er nahm sie mit nach Italien und legte sie dem Geschäftsführer auf den Tisch. Nun füllt die Unterseite ein Noppenmuster, der Sessel steht sicher. Das Studium habe ihm sehr geholfen, mit Komplexität umzugehen. „Da habe ich das Denken gelernt", sagt er. 2011 hat er den renommierten Deutschen Nachwuchs-Designpreis gewonnen. Er ist die höchste offizielle deutsche Auszeichnung, der „Preis der Preise". Kurz darauf hatte er eine Menge Anrufe auf der Mailbox. Er entwirft nun für die Designlabels Jan Kurtz und Radius, für die Longhi-Espressomaschinen, Brita-Wasserfilter und viele mehr. Auf Vorträgen in New York, Shanghai oder Sofia berichtet er über seine Arbeit und über die Verantwortung für die Umwelt. „Man kann schicke Plastikstühle entwerfen, die irgendwann weggeworfen werden. Oder man gestaltet einen Holzstuhl, der schön altert." Das macht den Unterschied. Cooles Design? Oder lieber gut gestaltet?

EISSNERT-PARK
TANZENDE FONTÄNEN FÜR DIE HYGIENE

In den 60er-Jahren dachten die Stadtplaner vor allem – praktisch. Und so sollte in der Mitte des 1920 eröffneten Volksparks nahe des Bieberer Bergs eine öffentliche Dusche entstehen. Der heutige Leonhard-Eißnert-Park sollte nach den Plänen der Nachkriegsjahre den Kindern viel Auslauf zum Spielen bieten und den Erwachsenen genug Wiese zum Ausruhen, Sonnenbaden und Sporttreiben. Federball kam damals in Mode, Fußball war seit dem WM-Sieg 1954 so populär wie nie, und Körperertüchtigung wurde von den Ärzten wärmstens empfohlen. Die moderne Hygiene gebot, sich nach dem Sport umgehend zu reinigen. Die Erfahrungen des Krieges mit Läusen, Ratten, Mäusen und Infektionen waren in die Köpfe der Bürger gebrannt. So plante man in der Mitte des neuen Parks den Bau öffentlicher Duschen. Doch es kam anders. Statt verchromter Brauseköpfe kam Kunst, die den Park verwandelte. Als die durch den Krieg heruntergekommene und verwilderte Fläche1960 saniert wurde, jubelte die Offenbach Post: „Des Volkes wahrer Himmel" – und stellte ein großes Foto mit den „tanzenden Fontänen" daneben, die der renommierte Offenbacher Bildhauer und Maler Ludwig Plaueln (1910 – 1971) geschaffen hat.

Heute würde man sein wasserspeiendes Objekt ein „interaktives Kunstwerk" nennen – denn der Künstler hatte ausdrücklich „erwünscht, dass Kinder darauf spielen". Es besteht aus vier archaisch gestalteten Sockeln aus sandsteinfarbenem Beton, die auf einer sanft geneigten Plattenfläche stehen. Damit wollte Plaueln den Park „aus seinem Dornröschenschlaf wecken", ist im Artikel zu lesen. Tobende Kin-

der, sonst für Künstler oft ein schwer auszuhaltender Kontrast zur Ernsthaftigkeit ihrer Arbeit, waren für ihn ein wichtiger Teil des Werks: „Die Kinder sollen das tote Material zur lebendigen Plastik erheben. Sie sind in die künstlerische Form ebenso einbezogen wie das sprühende Wasser", präzisierte Plaueln seinen Ansatz. Und wie die Fontänen sprühen: Stündlich schießen aus rund einem Dutzend Düsen 135 Kubikmeter Wasser meterhoch in den Himmel. Der Wassernebel erzeugt im Winkel zur Sonne einen wunderschönen, intensiv bunten Regenbogen. Die Formen der an Baumstümpfe erinnernden Fontänen „sollten einfach und im Einklang mit den umgebenden Bäumen sein", erklärte der Künstler schlicht.

Ach ja: Bruch- und diebstahlsicher ist das Kunstwerk ebenfalls – das hatten schon die Planer so gewollt. Damit nicht genug: Abends wollte man das Wasserspiel mit bunten Scheinwerfern beleuchten. Vom Einbruch der Dunkelheit bis 23 Uhr sollte eine in wechselnden Farben angestrahlte, acht Meter in den Himmel schießende Fontäne den Autofahrern der nahen Straße „einen ersten freundlichen Gruß der Stadt Offenbach entbieten", schrieb die Zeitung. Es blieb eine gute Idee: zu kompliziert zu verwirklichen, zu teuer. Doch an Plauelns Fontänen kühlen sich noch heute Kinder und Junggebliebene in der Sommerhitze. Im Abenteuerpark „Fun Forest" erklimmen nun Wagemutige bis zu 15 Meter hohe Bäume. Auf den Wegen drehen Jogger ihre Runden und schwitzen für die Gesundheit. Doch geduscht wird zuhause. Wie sich die Zeiten ändern.

KUNSTSAMMLUNG KARMINSKY, DOMSTRASSE 77A
DIE KUNST IST DAS LEBEN

Auf seiner Visitenkarte steht „Michael Karminsky – Kunstsammler". Seine Wohnung im Gebäude einer früheren Lederfabrik liegt im Hinterhof der Domstraße, und einige Journalisten seriöser Medien haben „Galerie" oder „Privatgalerie" geschrieben, nachdem sie dort die Gemälde und Objekte angesehen haben. Wohnung, Galerie, Sammlung. Für Karminsky ist es das Gleiche. Es gibt eine Küche, einen modernen Fernseher, ein paar Schränke, zwei Ledersofas und ein Schlafzimmer. Alles andere füllt die Kunst aus. Karminsky sammelt aber nicht das, was die Galeristen auf der Art Basel als nächste Entdeckung anpreisen. Er umgibt sich nur mit Werken, die mit seiner Biografie verbunden sind. Es sind Bilder von russischen Künstlern, die hier nur wenige kennen. Die Bilder hängen dicht an dicht, und manche sind inzwischen sehr teuer.

Michael Karminsky wuchs in der Ukraine auf, als die Sowjetunion noch den Menschen das kommunistische Leben vorschrieb. Als Jugendlicher hörte er heimlich Radiostationen im Westen, die auf ukrainisch sendeten. Er erfuhr von Dissidenten und von Künstlern, die das Regime kritisierten. „Für mich war es spannend zu erfahren, dass es bei uns Menschen gab, die sich gegen die Maschine auflehnen", erzählt er. 1973 wanderte seine Familie nach Israel aus und er besuchte dort die Militärschule. 1974 hörte er im Radio von der „Bulldozer-Ausstellung". Zwei Dutzend kritische Künstler hatten ihre Werke im Moskauer Bitzweski-Park ausgestellt und westliche Journalisten sowie den US-Botschafter eingeladen. Sie mussten zusehen, wie vom KGB organisierte Bulldozer die Ausstellung niederwalzten. Man habe nur lange geplante Sanierungsarbeiten im Park ausgeführt, lautete die schlechte Ausrede.

1981 ging Michael Karminsky von Tel Aviv nach Offenbach. Er betreibt seit einigen Jahren das „Frazer Coffee" in der Frankfurter Innenstadt. Der Zufall ergab, dass Karminsky in Offenbach auf Eduard Gorokhovsky traf. Als er erfuhr, dass der ein russischer Künstler sei, erzählte er von der „Bulldozer-Ausstellung". „Was willst du wissen? Ich habe ausgestellt", habe der geantwortet. Die beiden wurden enge Freunde. Karminsky half dem Maler, der kein Deutsch sprach, bei Behördengängen und Arztbesuchen. „Wir haben uns jeden Tag gesehen", erinnert sich Karminsky. Gemeinsam flogen sie nach Moskau in Gorokhovskys winziges Atelier. Der Künstler schleppte seinen Freund in Museen, auf Ausstellungen und Vernissagen. „Gorokhovsky war mein Lehrer. Ich habe von ihm gelernt, ein Bild zu verstehen, das Unsichtbare zu sehen", sagt Karminsky bewundernd. Der Künstler schenkte ihm ein Bild, ein zweites kaufte er. Immer tiefer tauchte er in die Welt ein, die ihm der Maler eröffnete. Gorokhovsky, der 2004 starb, gehörte zur Gruppe der russischen „Nonkonformisten". Sie lehnten sich gegen den „Sozialistischen Realismus" auf und dachten regimekritisch. „Die meisten lebten davon, Kinderbücher zu illustrieren. Manche landeten in der Psychiatrie", erzählt er.

Diese Bilder hängen heute in Karminskys Wohnung. Er hat etwa 500 Gemälde und Skulpturen von über 40 Künstlern gesammelt. Sie entwickeln die Avantgarde der Jahrhundertwende weiter und spielen mit dem sozialistischen Pathos des Realismus. Etwa 20 Künstler hat er persönlich kennengelernt, mit manchen ist er gut befreundet, etwa mit dem 1978 ausgebürgerten Oskar Rabin, der heute in Paris lebt. Von ihm besitzt er 15 Gemälde. Die Arbeiten einiger dieser Künstler sind mittlerweile gesuchte Werke. Renommierte Museen leihen sie gerne bei Karminsky, darunter das Kölner Museum Ludwig, die Galerie im Berliner Martin-Gropius-Bau oder angesehene Moskauer Häuser. Wohlhabende Kunstfreunde rufen ihn an, um die Bilder zu sehen. Karminsky zeigt sie gerne. Manche deuten auf eines und fragen: Was kostet das? Für den Sammler ist das fast eine Beleidigung: „Jedes Bild ist ein Teil meines Lebens. Ich weiß, wie und warum sie entstanden sind. Würde ich verkaufen, würde ich einen Teil meines Lebens verkaufen."

27

GALERIE GRÜN, HERRNSTRASSE 57A
MIT NADEL UND FADEN IN DIE ZEIT

Nadel und Faden, Geduld und Augenmaß, Farbe und Muster. Ein Stich, den Faden nachziehen, ein Stich, den Faden nachziehen. Wieder und wieder. Die Stunden vergehen, auf dem Stoff deutet sich zaghaft ein Muster an. Sticken ist ein Handwerk und eine Kunstform, die in einem anderen Zeittakt funktioniert als unsere Gegenwart. Kunst als Kontrast zur globalen Hochgeschwindigkeit ist eine eindeutige Position. Vertreten wird sie von der Stickkünstlerin Sabine Perez, der Inhaberin der Galerie Grün in der Herrnstraße.

Fast sieben Jahre lang erlernte sie das Sticken mit Leinen, Gold und Brokat und schloss ihre Ausbildung mit einem Masters Degree an einer renommierten Privatschule ab. Lange arbeitete sie im Atelierhaus B71 in der Bettinastraße an ihren zarten Objekten, deren Komplexität man erst erkennt, wenn man ein zweites Mal hinsieht. Perez hat Kommunikationsdesign in Wiesbaden studiert, sich intensiv mit Gegenwartskunst beschäftigt und in einem Designmöbelladen gearbeitet. Als sie das Sticken durch eine Freundin kennenlernte, ließen sie die Feinheit der Ornamente und die Langsamkeit des Entstehens nicht mehr los. „Das Sticken ist zu mir gekommen. Ich habe das gar nicht recht bemerkt", sagt sie, „aber als ich mich anschaute, fiel mir auf: Meine Schuhe, mein Rock und meine Tasche waren mit Stickereien verziert." Für Perez fing es damit an. „Die Handstickerei interessiert heute niemanden mehr. Eine jahrhundertealte Tradition geht so verloren", betont sie. Die Faszination beschreibt sie so: „Mir geht es um Muster, Ornamente und Farbkombinationen." Sabine Perez lernte eine alte Bäuerin in der nordhessischen Schwalm kennen, die die Tradition des Stickens in ihrer Heimat bewahrt. Sie hat viele uralte Muster abgezeichnet, viele Kleidungsstücke aufbewahrt. Von ihr erhielt sie die Zeichnung eines Musters, das seit 1820 von Frau zu Frau weitergegeben wird. Sie stickte es. Als Perez den letzten Stich setzte, war ein Dreivierteljahr vergangen.

Doch die Reproduktion der Tradition ist nur eine Seite ihrer Arbeit. In weißen Rahmen hängen ein Pappteller, eine Serviette und ein Papiertaschentuch hinter Glas. Mit Mustern aus rotem Faden hat sie die Wegwerf-Ware in etwas Beständiges verwandelt. Dafür erhielt sie 2011 den Hessischen Staatsehrenpreis für das Deutsche Kunsthandwerk in der Kategorie „Förderpreis junge Positionen". Daraufhin wurden die ungewöhnlichen Stickereien auch bei der „Triennale für Form und Inhalte" im Frankfurter Museum für angewandte Kunst gezeigt. „In der Verbindung mit dem gestickten Faden wird der Pappteller assoziativ zu Porzellan, das Papiertaschentuch zu einem hauchdünnen Stoff und die Wegwerfserviette zum Leinentuch. Es entstehen unbrauchbar gewordene Gebrauchsgegenstände, die überraschen und irritieren", heißt es im Ausstellungskatalog. Bald folgten Berichte in vielen Medien, und kurz darauf eröffnete sie die Galerie in der Herrnstraße.

In dem weiß gestrichenen Raum mit dunklem Boden und weißen Möbeln stellt sie eigene Stickereien und die anderer Künstler aus, gibt Kurse und Workshops. An jedem dritten Freitag im Monat lädt sie zum „Jour Fixe". Dann treffen sich etwa ein Dutzend Stickerinnen und zeigen alte und neue Arbeiten. Einmal kam eine 85-jährige Dame, die Stickarbeiten ihrer Mutter aus dem Jahr 1901 mitbrachte. Für Sabine Perez sind solche Momente ein wichtiger Kontrast zu der Hässlichkeit, die das Sticken in Verruf gebracht habe: „Blümchen, Bärchen und Entchen sind einfach grauenhaft", seufzt sie. Dabei hätten bestickte Kleider vor hundert Jahren eine ganz andere Bedeutung gehabt als heute. „Man hat sie jahrzehntelang getragen, die Ornamente haben viel über die Trägerin erzählt", erklärt sie. Sabine Perez greift sich den Stickrahmen, ein beiges Tuch, Nadel und Faden und setzt sich an den Tisch. Innerhalb von Sekunden ist sie in der Welt, in der die Uhr langsamer läuft. Jeder Stich hat eine Bedeutung. Nicht die Minute, nicht die Stunde, nicht der Tag.

SCHNITTPUTZBILDER AM LÄMMERSPIELER WEG
FÜCHSE, REHE UND DIE S-BAHN

Zwei Füchse. Einer blickt scharf zu den zwei Raben im Baum, denn einer trägt Futter im Schnabel. Der andere späht in den Eichenwald. Rehe fliehen mit scheuem Blick vor zwei weiteren Füchsen, die gierig auf die Trauben eines Weinstocks blicken. Große Fische fressen kleine. Ein Hase schlägt Haken, zwei Igel drohen mit gestreckten Stacheln der Schlange zwischen ihnen. Fressen und gefressen werden. Die Bäume sind abstrahiert mit präzise gearbeiteten Formen: ein Eichenblatt und zwei Eicheln. Ein Tannenzweig und zwei Zapfen. In den Wald zwischen Jugendstil und Expressionismus kann man am Lämmerspieler Weg hineinsehen. Wer mit der S-Bahn die Station Offenbach-Ost erreicht, ist ihm ganz nahe. Vom Marktplatz aus ist er kurz vor dem Halt auf der rechten Seite an den Mauern in zartem Braun zu finden, Im Dachgiebel eines Mietshauses entdeckt man hart arbeitende Menschen auf ihren Baustellen: Jeweils zwei Stahlarbeiter und Zimmerleute sind in Hellbraun und Himmelblau am Werk. Ein Stück weiter ragt in der Anmutung des Jugendstils eine blühende Pflanze empor. In großen Buchstaben hat der Künstler sein Werk signiert: „Bode" ist da zu lesen.

Diese Schnittputz-Arbeiten hat der renommierte Offenbacher Künstler Adolf Bode (1904–1970) im Jahr 1950 gefertigt. In ähnlichem Stil verschönerte er auch Häuser im Musikantenviertel, Gebäude von MAN-Roland und das Ledermuseum. Bode war ein Wanderer zwischen Offenbach und Frankfurt. Er hatte an der Offenbacher Kunstgewerbeschule studiert und gehörte 1926 zu den Gründern des „Bundes Offenbacher Künstler" (BOK). 1927 bekam er von der Stadt eine Atelierwohnung in der Künstlerkolonie Bachstraße 31 zur günstigen Miete gestellt. Bode arbeitete aber von 1934 bis 1943 in einem Atelier des Städelschen Kunstinstituts in Frankfurt. Von 1956 bis 1969 wohnte er wieder in der Dachwohnung in der Offenbacher Bachstraße und malte in der Elisabethenstraße.

Adolf Bode war Mitglied der berühmten Künstlergruppe „Darmstädter Sezession", zu der beispielsweise auch Max Beckmann gehörte. An den Ausstellungen beteiligten sich Otto Dix, Paul Klee, Marc Chagall und Wassiliy Kandinsky. Neben seinen Bildern in Öl und Aquarell, die vor allem Landschaften zeigen, entwarf Bode viele öffentlich sichtbare Werke – eines sogar im Pausenraum von MAN. Der Auftrag am Lämmerspieler Weg hing mit dem Wiederaufbau nach den schweren Schäden des Zweiten Weltkriegs zusammen. Große Teile der Stadt waren zerstört worden, die Menschen brauchten dringend Wohnraum. Mit Geld aus dem Marshallplan entstanden zwischen 1950 und 1952 die Wohnblöcke. Bode nannte in seinen Schnittputz-Grafiken auch die Namen der Unternehmen, die sie bauten – etwa Stahlbau-Lavis und H. D und Sohn.

Als Adolf Bode die ersten Aufträge für die Kunst am Bau übernahm, lästerten die Kollegen am Künstlerstammtisch, Bode hätte doch gar keine Ahnung von Schnittputz. Tatsächlich ist die heute fast vergessene Technik nur aufwendig zu realisieren – doch Bode gelang es schließlich. Er fertigte aus seinen Entwürfen zunächst große Zeichnungen im Originalmaßstab und ließ daraus Schnittschablonen herstellen. Beim Schnittputz werden zwei farbige Schichten übereinander auf die Wand aufgetragen – oben die Wandfarbe, darunter eine Schicht in kräftiger Farbe. Mit den Schablonen werden die grafischen Elemente aus der oberen, noch feuchten Putzschicht an der Wand ausgeschnitten, um die Farbe der zweiten Schicht freizulegen. In diesem Kontrast entstehen Bilder, die sich organisch mit der Wand verbinden.

1998 wurden die mittlerweile heruntergekommenen Häuser grundsaniert und gedämmt. Mit Hilfe spezialisierter Handwerker wurden Bodes Kunstwerke gerettet. Nach detailgetreuer Vorlage entstanden sie im Jahr 2000 an derselben Stelle noch einmal neu.

BODE 50

SCHMUCKATELIER UHL,
RUMPENHEIMER SCHLOSSGASSE 4
WIE STEINE ZU SCHMUCK WERDEN

Da liegt ein Kieselstein auf dem Weg. Helles Grau, vom Regen gerundet, langweilig. Ist halt ein Stein, was soll's. Wolfgang Uhl sieht das anders. Für ihn ist das ein Schmuckstück. Denn er macht Schmuck, der anders ist. Steinschmuck. Der Rumpenheimer Künstler lebt und arbeitet im Marstall des ehemaligen Schlosses. In seinem Atelier im Erdgeschoss zeigt er Ketten, Ringe, Armbänder und Ohrringe, die weder Diamant, Saphir noch Rubin brauchen. Er kombiniert natürliche Kristalle, farbenprächtige Mineralien, unbearbeitete Muscheln und Kiesel mit Silber und Zuchtperlen. Jedes Stück ist ein Unikat, Serienproduktion ist für ihn nicht denkbar. Wer sein denkmalgeschütztes Atelier betrit, geht an fünf hölzernen Kästen an der Wand vorbei, jeder mit einer anderen Farbe und Struktur. Dezent beleuchtet, finden sich dort Ketten und Armreifen auf Sockeln und in kleinen Schubladen zum Selberstöbern. Wer auf dem schiefen, historischen Steinboden des ehemaligen Pferdestalls weitergeht, steht vor Uhls Arbeitsplatte. Hinter einem kiloschweren Quarzkristall begrüßt auf dem Präzisionsbohrer ein Froschkönig die Gäste, dahinter eine kleine Schraubzwinge. Jede Menge Werkzeug liegt herum. Seit 1999 ist Rumpenheim Uhls Heimat. Zuvor arbeitete er in einer winzigen Ladenwerkstatt in der Geleitsstraße. „Ich hatte sieben Quadratmeter Werkstatt und 20 Quadratmeter Ausstellungsfläche. Das war hart, aber es ging." Dort produzierte der aus Offenbach stammende Künstler vor allem Keramik, fertigte Teller und Leuchter.

Studiert hat er allerdings Maschinenbau. Es war „eine andere Welt" für ihn. Nicht seine. „Ich wollte immer Erfinder sein, aber mit Maschinenbau konnte ich das nicht werden." Schon während des Studiums produzierte er Keramik, und 1980 begann er, als freischaffender Künstler zu arbeiten. Obwohl es „eigentlich ganz gut" lief, experimentierte er parallel mit Steinschmuck und ließ die Keramik bald ruhen. An den Wänden seines Ateliers finden sich Dutzende Naturerscheinungen, die Uhl mit wenigen Mitteln zum Schmuckstück macht.

„Ich bin ein Naturfreund, ich bin gern draußen, liebe das Meer, ich wandere oft", erzählt er. Die Natur in ihren Formen und Erscheinungen – „sie kann ich wirklich genießen".

Ihr ästhetischer Reiz „ist das, was mich interessiert". Natürliche Kristalle, die er selbst findet oder von Mineralienhändlern bezieht, verwandelt er mit zarten, silbernen Röhren zum Anhänger. Ihre manchmal durchbrochene Struktur, Eleganz und Farbe bringt er auf der Haut der Trägerin zum Leuchten, indem er einen Kontrast setzt. Das geschieht etwa mit zart-mattem Silber, dem Glanz von Perlen, dunklem Hämatit oder kleinen, geschliffenen Bergkristall-Elementen.

Uhl hat in den vergangenen Jahren eigene Techniken entwickelt. So entstand 2006 die Y-Kette, die meist aus zwei verschiedenen Strängen gefertigt ist. Am Dekolleté kommen beide in der Mitte zusammen, doch ein Strang ist länger, ragt nach unten und formt so ein Y. Beim Tragen entsteht so eine besondere Eleganz. Ein ähnlich reduziertes Prinzip wendet er bei Ringen an. Die Steine, Mineralien und Muscheln bringt er versetzt an ebenso unsymmetrisch geformten, meist sich verjüngenden Ringen an. Beim Tragen wirkt der Schmuckstein nun, als schwebe er zwischen den Fingern. Auch hier kombiniert Uhl Materialien, die sich auf den ersten Blick fremd sind: Schlichten Basalt oder unpolierten Bernstein setzt er neben eine weiße Zuchtperle. „Ich habe beobachtet, dass traditionelle Ringe mit genau zentriertem Stein sich im Alltag zur Seite drehen", erklärt Uhl das Konzept, „bei meinen kann das nicht passieren." Sie sitzen und die Steine schweben. Eine collagenartige Ästhetik bietet seine „Pintura"-Technik, in der er Edelsteinsplitter, Sand und Ölfarbenpigmente mit Quarzsplittern kombiniert. „Das sind Steinbilder, die so entstehen", wundert er sich immer noch. Nebenan befindet sich sein Archiv mit Tausenden Objekten, die er teils auf Reisen oder beim Wandern gefunden hat. Sie bleiben, wie sie sind. Er säubert sie nur, mehr nicht. Ihren Reiz entfalten sie bei ihm von selbst.

30

LICHTPOL, HERMANN-STEINHÄUSER-STRASSE 2
NACHTS TANZT DAS WOHNHEIM

Tag und Nacht, Sonne und Schatten, Neon und Kerze: Licht verwandelt. Im Mathildenviertel, an der Hermann-Steinhäuser-Straße, Ecke Karlstraße, kann man nachts sehen, was Licht alles macht. Rot in verschiedenen Schattierungen glänzt ein fast kubisches Gebäude mit weißem Sockel und schwarzen Fenstern zwischen Häusern der Jahrhundertwende und den Hochhausblocks der 70er-Jahre. Früher war es erst weiß, dann grau, später heruntergekommen. Nun mutet es wie ein Kristall an, der auf einem hohen Sockel ausgestellt ist. Das Gebäude wirkt auch deshalb so, weil es nicht parallel zu den gegenüberliegenden Fassaden gebaut wurde, sondern als versetzt liegender Solitär die Blicke auf sich zieht. Was hat das nun mit Licht zu tun? Eine Menge.

Das Gebäude ist ein Boarding House für 66 internationale Studenten der Frankfurt School of Finance and Management, einer privat geführten Universität und Bankakademie. Früher sagte man Studentenwohnheim zu solchen Häusern, aber da gab es schlichte, graue Blöcke der 60er- und 70er-Jahre, die nicht gerade von zeitgemäßem Design geprägt waren. Doch der Solitär im Mathildenviertel strahlt. Vor allem bei Nacht. Sobald es

dunkel ist, verwandeln 10 000 in die Fassade integrierte LED-Leuchten das selbstbewusst aus der Umgebung herausstechende Gebäude. Schmale, lange Röhren aus hellweißem Licht bilden an der Fassade Muster, wechseln den Rhythmus, verschwinden und entstehen neu. Sie leuchten, blitzen auf, erhellen und verdunkeln die rote Fassade in steter Veränderung und Bewegung.

Der Lichtdesigner Professor Stephan Horn hat die Lichtinstallation gemeinsam mit Studenten der TU Darmstadt und dem Komponisten Patrik Bishay entwickelt. Die Aufgabe lautete, „einem geometrischen Grundkörper, der tagsüber als hochwertiger kristallartiger roter Kubus wahrgenommen wird, durch Lichtinstallationen auch in der Nacht eine dynamische Fassade zu verleihen." Neun Inszenierungen entstanden, die beispielsweise „Evolution", „Selbstfindung" oder „Stadterwachen" heißen.

Nachts machen die pulsierenden, tanzenden und verharrenden Eiszapfen aus Licht die sonst kaum beachtete Kreuzung zu einem Ort, der erzählt. Was, muss man selbst herausfinden. Der Solitär heißt seit Dezember 2010 „Lichtpol". Nachts tanzt er. Jede Nacht. Licht verwandelt.

BUNDESMONOPOLVERWALTUNG FÜR BRANNTWEIN, FRIEDRICHSRING 35
DAS MONOPOL, DER ADLER UND EIN NEUES KAUFHAUS

Wer die Halle durch den gläsernen Eingang betritt, den leuchtet das über zehn Meter hohe Fenster an. Drinnen dreht man sich in Richtung des Lichtes um, das durch die bunte Front die schwebende Wendeltreppe und die Galerien und Türen der vier Geschosse beleuchtet. Ein Adler schwingt sich in die Höhe und wirft hellblaue Schatten in eine abstrakte Landschaft. Abends, wenn die untergehende Sonne im Westen das Fenster erleuchtet, scheinen die Farben der gläsernen Rechtecke zu glühen. Sonst erzeugt das vom renommierten Grafiker und Maler Hans Leistikow entworfene Fenster aus Kathedralglas ein helles, indirektes Licht. Es beleuchtet selbst im Winter die aufs Wesentliche reduzierte Inneneinrichtung, wirft nirgends einen dunklen Schatten. Das Gebäude der Bundesmonopolverwaltung für Branntwein (BfB) im Friedrichsring 35 ist eines der seltenen Beispiele für gelungene Architektur der 50er-Jahre. Zu seiner Eröffnung am 5. April 1954 galt der Bau, der 2,2 Millionen Mark kostete, als eines der „schönsten und modernsten Verwaltungsgebäude Deutschlands", lobte etwa die Neue Presse. Den Bau in Form eines E entwarf der damalige Stadtbaurat Adolf Bayer im Stil der „demokratischen Architektur". Nichts sollte mehr protzen und beeindrucken wie die gewaltigen Bauten im kruden Historismus des Dritten Reiches. Leichtigkeit und Helligkeit aus Stahl und Glas sowie die auf die Funktion reduzierte Form waren die Antwort darauf. Für die bis zum Dach reichende Glasfront in der Halle beauftragte Bayer den renommierten Grafiker Hans Leistikow, der auch die Glasfenster des Frankfurter Doms entworfen hatte. Der vom Heroischen befreite Adler schwingt im Licht der Halle. Das passt harmonisch in das symmetrisch aufgebaute Gebäude mit 520 Fenstern und einer Fassade aus gelbem Klinker und Sandstein – eine Reminiszenz an die Friedrichschule, die an dieser Stelle im Krieg zerbombt worden war.

Zur Eröffnung kam der Bundesfinanzminister Fritz Schäffer zum Festessen nach Offenbach. Im großen Besprechungsraum mit Büchergalerie und zwei Stockwerke hoher Fensterfront in den Park, Zimmernummer 111, gab es glasierte Rehmedaillons, Waldorfsalat, Ochsenschwanzsuppe mit Sherry und Kalbssteak, als Nachtisch Eis-Charlotte „Princess Alice" und gekühlte Früchte mit Curacao, dazu Mosel-Riesling und 1949er Chateauneuf-du-Pape sowie – zur Behördenaufgabe passend – Hölscher Korn, Asbach Privat, Boonekamp und Zwetschgenbrand.

Das Gebäude nannten die Offenbacher bald den „Schnapspalast", weil die dem Bundesfinanzministerium unterstellte Behörde von hier aus die Produktion und den Vertrieb von reinem Alkohol steuert. Seit Jahrzehnten erzeugt sie aufgrund des im Jahr 1922 erlassenen Monopols als Einzige in Deutschland reinen Alkohol, der zur Herstellung von Spirituosen und Kosmetik, in der Pharmazie sowie von Ärzten und Apothekern verwendet wird. Doch das Monopol ist am Ende. Die Verwaltung agierte bislang als Staatsbetrieb, der den rohen Alkohol von Brennereien zum Monopolpreis aufkauft, in eigenen Anlagen veredelt und in der Flasche ab einem halben Liter bis zur Lieferung im Tankwaggon verkauft. Nach der Öffnung des europäischen Binnenmarktes 1976 konnte sie sich auch gegen den Import durch große Hersteller in Europa und Übersee durchsetzen, die nun auch in Deutschland verkaufen durften. Präsident Eberhard Haake erreichte eine Ausnahmeregelung der Europäischen Kommission, die 2016 endgültig ausläuft.

Doch die etwa 200 Mitarbeiter – nur ein Dutzend unter ihnen sind Beamte – bleiben im dem lichten 50er-Jahre-Gebäude, das seit 2012 unter Denkmalschutz steht. Sie wechseln in die Zollverwaltung, die in Offenbach ein „Kaufhaus des Bundes" aufgebaut hat. Vom Friedrichsring aus läuft die zentrale Beschaffung für alles, was der Zoll braucht. Mit einer Ausschreibungsplattform im Internet ordern sie nun Uniformen, Waffen, Elektronikgeräte – bis zum Zollschiff. Der Adler wird sich also auch künftig in Richtung Sonne schwingen.

GOTHAER-HAUS, BERLINER STRASSE 175
EIN HOCHHAUS, AUS DER ZEIT GEFALLEN

Das Haus scheint aus der Zeit gefallen. In der kantigen Fassade spiegeln sich die Wolken und die Häuser der Berliner Straße, der obere Teil des Ensembles mit seinen schräg abgewinkelten Balkonen, den abgestuften Etagen und dem Obergeschoss mit schrägem Dach und eigenwilligen Glasdurchbrüchen vermittelt den Eindruck von Science-Fiction der 70er-Jahre. Das „Gothaer-Haus" genannte Ensemble besteht aus einem gestreckten Beton-Flachbau mit einem fünf- und einem zehnstöckigen Turm darüber. 1977 wurde das Gebäude von der Gothaer Versicherung eröffnet, die über kein eigenes Haus für ihren Offenbacher Standort verfügte. Die Darmstädter Architekten Martin Müller und Peter Opitz entwarfen das Hochhaus zwischen der erst sechs Jahre zuvor als Hauptverkehrsachse fertiggestellten Berliner Straße und der Domstraße kurz hinter der Kreuzung zur Kaiserstraße. Sie ernteten damit viel Lob von Experten und Bürgern. Die Frankfurter Rundschau schrieb zur Eröffnung: „Offenbach kann sich freuen über dieses Schmuckstück." Andere schrieben vom „Glaspalast ohne Monotonie" und über „Offenbachs interessantesten Neubau".

Tatsächlich hatte sich die Versicherung nicht nur Büros geschaffen, sondern Arbeiten, Wohnen und Einkaufen verbunden. Das Erdgeschoss ist bis heute an Läden und Gastronomie vermietet, hinter den verspiegelten Glasfronten der darüberliegenden Stockwerke beider Türme wird gearbeitet. Die oberen fünf Geschosse des hohen Turms sowie zwei Penthäuser im flacheren Teil reservierten die Architekten für an-spruchsvolles Wohnen mit Tiefgarage. „Keine Wohnung ist wie die andere geschnitten, in unterschiedlichen Richtungen kommen Balkons und Terrassen dem wechselnden Licht entgegen", warb das Prospekt zum Kauf. Das zehnte Geschoss bietet den Bewohnern eine Wellness-Etage mit atemberaubendem Rundblick über die Stadt: Hier befinden sich ein neun auf vierzehn Meter großes Schwimmbad, eine Sauna und ein Solarium. Auf dem begrünten Dach gibt es Sonne satt und für Kinder einen Spielplatz zum Toben.

Das Gebäude sei die „Abkehr von der zunehmend kritisierten schablonenhaften Scheiben- und Würfelarchitektur der letzten Jahrzehnte", postulierten die Architekten. Hochhäuser galten als modern und zukunftsgerichtet. In diesen Jahren entwickelte Karl Heinz Reese, der später in Konkurs gegangene „Baulöwe von Offenbach", die damals so modernen Projekte, die bis heute die Innenstadt prägen: etwa das Hochhaus in der Berliner Straße 60, in dem sich von 1977 bis 2002 die Verwaltung des Kreises Offenbach befand und heute viele Behörden der Stadt ihren Sitz haben.

Doch das Gothaer-Haus war ein Luxus-Hochhaus: Wohnungen mit Komfort, Terrassen, Schwimmbad, Dachgarten und Tiefgarage gibt es auch heute nicht überall in der Stadt. Die Farbe der Betonteile war damals ein hochmodisches Dunkelbraun. Erst 2002 wurde es bei der Fassadensanierung mit hellem Beige überstrichen. Doch das Lebensgefühl der 70er-Jahre transportiert dieses Gebäude noch immer – wie kein anderes in Offenbach.

EIERMANN-ATRIUMHÄUSER, JOHANN-STRAUSS-WEG 7–13
WARUM EIN STARARCHITEKT IN LAUTERBORN BAUTE

Wer durch den Stadtteil Lauterborn geht, denkt zunächst nicht an Entwürfe eines Stararchitekten. Doch die Architektur der Nachkriegszeit mit klaren Linien, rechten Winkeln, von Grün umgebenen Hochhäusern und der Trennung von Arbeiten und Wohnen, die Lauterborn prägt, hat auch Egon Eiermann berühmt gemacht. Er gilt als der bedeutendste Architekt der Nachkriegs-Moderne. In Lauterborn hat er Spuren hinterlassen.

Eiermann hatte beim Bauhaus-Lehrer Hans Poelzig studiert und schuf beispielsweise das Abgeordnetenhochhaus „Langer Eugen" des Deutschen Bundestages in Bonn, den Neubau der Kaiser-Wilhelm-Gedächtniskirche in Berlin, die Hauptverwaltung von IBM in Stuttgart-Vaihingen und die Olivetti-Zentrale in Frankfurt-Niederrad, deren Häuser wie auf Stelzen stehen.

Im Johann-Strauss-Weg 7–13 hat der renommierte Architekt vier Atriumbungalows von schlichter Eleganz gebaut: rechte Winkel, Flachdach, Glasbausteine, große Fenster. Die Räume der zart wirkenden Flachbauten gruppieren sich um einen offenen Innenhof. Wohn- und Esszimmer sind in eine große, helle Fläche integriert. Der damals berühmte Architekt hatte sie für die 1963 gegründete Neckermann Eigenheim GmbH entworfen, die Fertighäuser per Katalog anbot.

Am 27.11.1965 wurden die Bungalows im Neubaugebiet Lauterborn zur Besichtigung freigegeben. Die schicke Mustereinrichtung hatte die Ehefrau des Architekten, die Innenarchitektin Charlotte Eiermann, entworfen.

Mit den Musterhäusern wollte Neckermann in den boomenden Fertighausmarkt einsteigen, in dem Konkurrent Quelle bereits aktiv war. Doch zunächst wollten die Verantwortlichen herausfinden, ob es Käufer für den modernen und außergewöhnlichen Haustyp geben würde. Man war optimistisch: In den Plänen des neuen Stadtviertels waren gleich mehrere Reihen Atriumbungalows links der August-Bebel-Schule eingezeichnet. Doch gebaut wurden sie nie. Denn zu Eiermanns Bedauern hatte Neckermann den Preis knapp kalkuliert – doch für größere Stückzahlen erwiesen sich die Baukosten letztlich als zu hoch. Neckermann hatte zunächst geplant, den Haustyp in Serie gehen zu lassen und per Katalog in ganz Deutschland anzubieten. Die Lauterborner Bungalows blieben die einzigen.

Dass ein so berühmter Architekt wie Eiermann ausgerechnet für einen Fertighaus-Verkäufer arbeitete, hatte einen einfachen Grund: Er hatte 1960 die damals hoch gelobte Zentrale des Neckermann Versands an der Hanauer Landstraße gebaut und gehörte zu den engsten Freunden des Versandhauskönigs.

34

PFAUENHAUS, LUISENSTRASSE 5
WURZELN, BÖGEN UND EIN SCHÖNER PFAU

Offenbach ist eine Stadt des Jugendstils. Was? Wie? Offenbach ist eine Lederstadt, eine Industriestadt, eine Designstadt. Aber wieso Jugendstil? Da sind die berühmte Mathildenhöhe in Darmstadt mit ihrem Hochzeitsturm, die Kuranlage in Bad Nauheim, die wunderschönen Bauten in Wien, Paris und Nancy. Aber Offenbach? Ab in die Stadt und Augen auf! Der elegante Baustil des „Art Nouveau" hat in Offenbach viele sichtbare Spuren hinterlassen. Um die Wende vom 19. zum 20. Jahrhundert suchten Künstler und Architekten nach einem modernen Stil, der die Zeit und das Leben zum Ausdruck bringen sollte. Leisten konnten sich das nur finanzkräftige Bauherren, und von denen gab es in dieser Zeit genug in der Stadt. Die Fabriken florierten, viele verdienten prächtig. Man konnte sich den eleganten, modernen Jugendstil leisten.

Überall sind an den alten Gebäuden, die den Krieg überstanden haben, Elemente der Kunstrichtung zu finden, die erst kurz vor der Jahrhundertwende sichtbar wurde und bereits ab 1907 von neuen Tendenzen abgelöst wurde. Doch der alte Historismus, das Neobarocke und der neue Stil vermengten sich. Die Gebäude sollten prächtig sein. Es ging nicht um das Pure des Stils, sondern um das, was die Bauherren für Schönheit hielten. Doch es gibt einige ausdrucksvolle Gebäude, und drei zeigen Jugendstil in fast reiner Form: Einer der frühesten privaten Offenbacher Aufträge an einen Künstler von der Mathildenhöhe war das öffentlich nicht zugängliche Treppenhaus in der Tulpenhofstraße 52. Es ist heute eines der letzten großen Raumensembles des frühen Darmstädter Jugendstils. Entworfen hat es der Möbeldesigner und Innenarchitekt Patriz Huber, der 1900 an die Darmstädter Künstlerkolonie berufen wurde. Wunderschönen Jugendstil zeigt auch die Lutherkirche, die an anderer Stelle beschrieben ist. Der Darmstädter Jugendstil kam auf unterschiedliche Weise in die Stadt. Der Ortsverein des Hessischen Landesgewerbevereins und die Kunstgewerbeschule pflegten etwa engen Kontakt zur „Großherzoglichen Centralstelle für das Gewerbe" in Darmstadt, die als eine der deutschen Jugendstil-Hochburgen gilt. Einige berühmte Jugendstil-Künstler entwarfen zudem Schriften für die Schriftgießerei Klingspor.

Besonders eindrucksvoll ist das „Pfauenhaus" in der Luisenstraße 5, ein „Wohnhaus mit für Offenbach einzigartiger Baudekoration", jubelt die Landesdenkmalpflege Hessen. Gebaut hat es keiner der üblichen Verdächtigen – kein Bankier, kein Fabrikant, kein Kaufmann. Das viergeschossige Gebäude ließ 1902 der Weißbindermeister Karl Roosen vom Architekten Karl Steuerwald erbauen. In Offenbach hat der ansonsten wenig bekannte Architekt einige eindrucksvolle Spuren hinterlassen, die allerdings mit Jugendstil wenig zu tun haben. 1896 erbaute er das Haus Mainstraße 129 mit historisierenden Elementen und 1897 eine Villa in der Tulpenhofstraße 42 im französischen Renaissancestil. Sein „Pfauenhaus" hat er konsequent dem Jugendstil verschrieben. Selbst das eiserne Tor ist verziert. Zwischen den Fenstern erheben sich als Relief gestaltete Bäume, deren fein verzweigte Wurzeln über dem ersten Stock beginnen. Jeweils zwei dieser Bäume vereinigen sich über dem zweiten Stock. Über ihnen thront ein Pfau, der vor einer Blumenreihe sein Federkleid zeigt. Passend zu den geschwungenen Linien der gelb-weißen Fassade sind auch die Fensterrahmen gestaltet. Selbst das Dach ist aufwendig gearbeitet, mit geschwungenen Gauben und ovalen Fenstern. Ihr Glas ist bunt und mit Blattmotiven verziert. An einigen Fenstersimsen sind Eisen in fließender Lilienform angebracht, die Gauben sind mit ziselierten Blumenmustern gestaltet. Es ist ein Gesamtkunstwerk, das „überregionale Bedeutung" habe, loben die Denkmalpfleger. Was ist? Erstaunt? Ja, die „Belle Epoque" ist in Offenbach. Etwa 25 Gebäude mit den typischen Ornamenten und Schwüngen dieser Zeit lassen sich entdecken. Es waren keine schönen Zeiten. Aber es wurde schön gebaut.

35

SCHLOSSPARK RUMPENHEIM
SPAZIERGANG IN EINER GEMALTEN LANDSCHAFT

Wo ein Schloss steht, ist der Park nicht weit. Der Garten rahmt das herrschaftliche Gebäude ein, lässt seine Bedeutung strahlen und verbindet es mit der unadligen Landschaft. Wer durch einen Schlosspark spaziert, verlangsamt seinen Schritt. Die erhabene Geisteshaltung aus vergangener Zeit wirkt bis heute auf die bürgerlichen Besucher. Der Park des Rumpenheimer Schlosses am Mainufer strahlt so eine Wirkung aus. Wer die Anlage hinterm Schloss durch das Tor betritt, kann die Bedeutung spüren, die hier Flanierende in früheren Zeiten verspürten. Denn das Schloss ist erst seit den 60er-Jahren für jedermann zu betreten, zuvor wurde es von der „Hessischen Hausstiftung" der landgräflichen Familie verwaltet. Ihr gehört auch das Luxushotel „Hessischer Hof" an der Frankfurter Messe und das „Schloßhotel Kronberg".

Dies wird nicht wegen eines billigen Promibonus' erwähnt. Die Landgrafen von Hessen und ihre Geschichte lassen sich nicht von der Geschichte des Schlosses und des Parks trennen. Also von vorne. 1768 kaufte Prinz Karl von Hessen in Rumpenheim das Herrenhaus, das Philipp Reinhardt von Edelsheim erbauen ließ. Es war ihm allerdings zu klein. Zwei Jahre später ließ der Prinz das Herrenhaus durch seitliche Anbauten und ein Dachgeschoss auf der Mainseite vergrößern. Seine Mutter, Landgräfin Maria von Hessen-Kassel, stattete das Anwesen komplett aus. Es war eine standesgemäße Aufgabe für die erst 47-jährige Herrscherin aus hohem Hause. Vor der Hochzeit mit dem Grafen hieß sie Maria von Großbritannien, Irland und Hannover. Ihr Vater war der britische König George II. Es gefiel ihr gut in Rumpenheim und sie machte das Schloss zu ihrem Sommersitz, doch bereits 1772 starb sie. Prinz Karl verkaufte das Anwesen für immerhin 70 000 Gulden an seinen Bruder, den Prinzen Friedrich von Hessen-Kassel. Der richtete sich häuslich ein, baute das Schloss von 1787 bis 1805 zur dreiflügeligen Anlage aus und ließ den Park als englischen Garten neu anlegen. Die kunstvollen Formen des Barock galten nun als zu

starr, lieber inszenierte man das Wachstum der Natur. So wirkt der Park beim Rundgang wie ein Wäldchen, doch jeder Blickwinkel ist geplant. An einer Lichtung mit Blick in Richtung Monopteros und Mausoleum steht die Zarenlinde. Gepflanzt hat sie einer der damals wichtigsten Herrscher der Welt, Zar Nikolaus I. von Russland. Seine Lieblingtochter Alexandra hatte Landgraf Friedrich Wilhelm von Hessen-Kassel zu Rumpenheim geheiratet und war nach nur wenigen Monaten Ehe mit 19 Jahren an Tuberkulose verstorben. Zar Nikolaus setzte aus Schmerz über ihren Tod beim Besuch der Hessen in Rumpenheim die Linde. Nur ein paar Schritte sind es bis zum Monopteros, der innen unter der Kuppel ein interessantes Wappen zeigt. Es ist das Allianzwappen des Hauses Hessen mit dem britischen Königshaus, das den hessischen Löwen ebenso zeigt wie die drei britischen. Es zeigt fast beiläufig, wie eng die Familien bis heute verwoben sind.

Landgraf Friedrich hatte in seinem Testament verfügt, dass das Schloss von allen Kindern gemeinsam genutzt werden sollte. Zum von nun an alle zwei Jahre stattfindenden Familientreffen reiste die Verwandtschaft aus ganz Europa an den Main. Zu ihr gehörten Queen Mary, die Großmutter von Königin Elisabeth II., der russische Zar Alexander III., der österreichische Kaiser Franz Joseph I. und Otto von Bismarck. Seit 1855 steht auch der türkische Pavillon auf einer Anhöhe im Park. Die Nachkommen Friedrichs kauften die filigrane Konstruktion bei einem Besuch der Pariser Weltausstellung. Zu dem märchenhaft-orientalischen Tempel schlängelt sich ein kleiner Fußweg, und er passt als „Staffagebau" ganz wunderbar in den englischen Landschaftspark. Hier können die Gedanken schweifen, lassen sich neue Perspektiven zwischen den Bäumen entdecken. Wenn die Sonne sich durch die Blätter schiebt, die Lichtungen hell sind und der Blick weit reicht, wirkt der Park wie ein Landschaftsgemälde, in das man heiter hineinschreitet.

KULTURWAGGON AM MAINUFER
KULTUR AUF DEM GLEIS IN RICHTUNG WOLKEN

Die Schienen schrauben sich in die Wolken, ein Schiff fährt stromaufwärts vorbei. Der Güterwaggon steht allein auf dem Gleis, die Schiebetür ist offen, und elektronische Musik erfüllt das Mainufer. Auf dem alten Gleisbett wächst Gras, hier fährt schon lange kein Zug mehr. Von 1902 bis 2004 rumpelten die Güterzüge der Industriebahn vom Hafen am Nordring zum Ostbahnhof und zurück. Das Gleis ist Beeten, Büschen und Bänken gewichen. Nur am Schloss liegen noch 300 Meter Schotter und Schienen, die sich am Ende der Strecke als Doppel-Helix in den Himmel drehen. Das Kunstwerk symbolisiert den Wandel der Stadt, in der die Fabriken längst geschlossen sind. Es ist Abend, und im Waggon ist es voll. Frauen und Männer um die 30 mit Cargohosen, Tattoos und Kapuzenpullis sitzen drinnen und auf der hölzernen Plattform am Waggon, trinken Bier und Milchkaffee, schauen den Schiffen am Main hinterher, lesen und reden. Das alles ist Kunst. Die Helix verkörpert die Zukunft, der Waggon die Gegenwart. Hier gibt es Lesungen, Jamsessions, DJ-Sets, Filme, Kunstausstellungen und Auftritte von Bands aus aller Welt.

Seit 2006 steht der Waggon als Reminiszenz an die alte Hafenbahn auf den Gleisen. Professor Manfred Stumpf von der Hochschule für Gestaltung hatte die Idee, gemeinsam mit den Studenten ein „Gesamtkunstwerk" entstehen zu lassen, „welches das Gelände mit Verweis auf die einstige Nutzung in einen neuen Kontext stellen wird", wie es im Semesterprogramm hieß. Zunächst sollte im Waggon eine Art Suppenküche mit Kulturprogramm für Studenten entstehen, doch es habe sich anders entwickelt, erzählt der Künstler Georg Klein, der an der HfG studiert hat. Gemeinsam mit dem Comiczeichner, Künstler und Musiker Torsten Kauke betreibt er den Waggon, den die beiden zum kleinsten und vielleicht besten Klub Deutschlands gemacht haben. „Hier am Mainufer kommt ganz Offenbach im Guten wie im Schlechten zusammen", erzählt Klein, „und das ist oft anstrengend. Wir müssen uns

intensiv mit den Dingen auseinandersetzen. Ich habe keine Ahnung, wie viele Tonnen Müll wir schon weggeschafft haben. Aber der Waggon ist ein offener Ort. Unsere Freunde helfen uns sehr. Es ist schon irre, wie viel hier einfach klappt." Getragen wird das Projekt von den etwa 30 Mitgliedern des Vereins „Soziale Plastik", der sich in der Tradition des Künstlers Joseph Beuys versteht: Dessen Gedanke lautete, Kunst sei nicht auf Objekte im Museum oder in der Galerie beschränkt. Sie müsse in der Gesellschaft einen Platz finden, um veraltete Lebensformen durch neue zu ersetzen.

Etwa 50 Besucher passen in den Waggon, noch ein Dutzend auf die Plattform, und das war's. Trotzdem kommen Künstler aus den USA, aus Kanada, Israel, Polen, Frankreich, Italien zu Auftritten vorbei. Doch Georg Klein betont: „Wir machen keine Geschäfte. Alle helfen mit, damit es ein guter Ort bleibt." Der Eintritt ist kostenlos. Wer die Künstler mag, wirft ein bisschen was für ihre Gage in die Box am Tresen. „Mehr als 100 Euro sind aber selten drin", sagt Klein. Den Künstlern sei das egal. Sie kommen wegen der Atmosphäre am Ufer. Seit 2008 organisieren Klein und Kauke an den Wochenenden ein regelmäßiges Musik- und Kulturprogramm, das auch Experimentellem, Kunst und Free Jazz einen Raum gibt. Zudem stehen sie am Tresen, reparieren, organisieren Auftritte, machen Öffentlichkeitsarbeit, streichen und bauen um. Doch leben können sie davon nicht. Klein arbeitet halbtags als Behindertenbetreuer und kommt mit der Arbeit im Waggon auf eine 70-Stunden-Woche. Als er sein Pensum aufzählt, muss er lachen. „Hey, ich mache das richtig gerne!" Auch im Winter öffnet der Waggon, es gibt Tee, ein paar Heizlüfter und die Schiebetür bleibt zu. Doch der Boden ist nicht isoliert. „Ab minus zehn Grad kriegt man eiskalte Füße, obwohl man drinnen nur ein T-Shirt braucht." Georg Klein verabschiedet sich, er muss schnell noch Bierkisten heranschaffen. Der DJ verabschiedet die Sonne mit treibenden Beats. Das ist Underground. Auf höchstem Niveau.

TONSTUDIO BIEBER, ASCHAFFENBURGER STRASSE 68
OLI, SASHA UND DER MAGISCHE MOMENT

Man kann sich gar nicht vorstellen, dass Stars durch diese Tür hindurchgehen. Es sind nur ein paar Meter zur Aschaffenburger Straße in Bieber. Das kleine Haus liegt geduckt in einem winzigen Hof. „Tonstudio Bieber" steht über der alten Holztür mit matten Scheiben, auf denen bunte Sticker kleben. Drinnen steht man in einem Foyer mit dunklem Holzboden, in dem keine Empfangsdame zum Telefonhörer greift. Oli Rüger, der Besitzer des Studios, öffnet selbst. Manche der Musiker, für die er Songs schreibt, produziert und arrangiert, kennen das anders. Doch hier ist Olis Welt. Durch die Tür kamen etwa Max Mutzke, der 2004 Deutschland beim Eurovision Song Contest vertrat, der Schauspieler Uwe Ochsenknecht, dessen Sohn Wilson Gonzalez mit Band und Popstar Sasha. Dazu kamen Dutzende Indie-Künstler und regionale Größen wie „Flatsch".

Rüger trägt Sweatshirt, Dreiviertelhosen und Chucks-Turnschuhe. Er öffnet eine gepolsterte Tür, und schon stehen wir im Aufnahmeraum. Es ist ziemlich dunkel. Auf dem abgewetzten Holzfußboden stehen ein Schlagzeug und ein Dutzend Gitarren- und Bassverstärker. Jede Menge legendäre Gitarren-Modelle und Bässe warten in Ständern aufs Anzählen. An den Wänden klebt Kork, es riecht nach Rock'n'Roll. Im Regieraum dahinter erhellen zwei Lampen die beiden großen Mischpulte. Computermonitore leuchten, Kabel, Effektgeräte, Kaffeetassen, Getränkedosen und CDs stehen da, wo sie eben stehen.

2002 übernahm der Gitarrist, Komponist und Produzent die Räume, die bereits früher einmal ein Studio gewesen waren. „Der Boney-M.-Produzent Frank Farian betrieb in den 70er-Jahren einige hundert Meter weiter sein ‚Europa Sound Studio'. Das war allerdings winzig, und so wurden viele Tracks von Welthits wie ‚Rivers of Babylon' und „Ma Baker' hier produziert", erzählt Rüger. In den 80er-Jahren wurde das Tonstudio Bieber zum Lager. Bis Rüger kam. „Ich hab durch die Tür geguckt und wusste – wow, das ist es", erinnert er sich. Der Aufnahmeraum ist seit den Boney-M.-Zeiten

unverändert. „Ich wollte das alles so lassen, dieses abgerockte Flair mit den Spuren, Ecken und Kanten", erzählt er auf dem Ledersofa, das im hellen Aufenthaltsraum im Obergeschoss steht.

Wen er produziert, kann er sich seit den Erfolgen mit Max Mutzke und Sasha aussuchen. Jahrelang arbeitete er als Rettungsassistent, um seine Musik zu finanzieren. Das muss er nicht mehr. Für Sasha schrieb er 2009 den Ohrwurm „Please, please, please", der bis heute im Radio läuft. Er ist mit dem blonden Sänger aus Soest als Gitarrist auf Tour und einer seiner Produzenten. Den ersten Job für Sasha erledigte Rüger mit der Gitarre in dessen Studio in Soest. „Abends fragte er mich plötzlich, ob ich in seiner Band spielen will. Ich habe ganz cool geantwortet: ‚Ich weiß nicht, ob das eine gute Idee ist.'" Am nächsten Tag stieg er ein. „Den späteren Hit ‚Please, please, please' habe ich hier in 20 Minuten geschrieben und aufgenommen", erzählt er. Sasha schrieb den Text und sang. Der Titel blieb vier Monate in den Charts. Sasha kommt seitdem öfter nach Bieber, um an Songs zu arbeiten.

Mit Charts hat Rüger bereits Erfahrung: Mit der Hanauer Band „Seesaw" landete er 1999 einen Top-Ten-Hit in Belgien. Darauf folgten harte Zeiten: touren, touren, touren. „Ich habe 250 Tage im Jahr im Mercedes Sprinter verbracht", sagt er und verdreht die Augen, „das brauche ich nicht mehr." Muss er auch nicht: Er gilt in der deutschen Indie-Szene als feste Größe und unterrichtet an Pop-Akademien. Rüger arbeitet, wenn er fertig werden muss, wenn Ideen ihn drängen oder wenn ihn ein Künstler inspiriert. Also fast immer. „Lange schlafen kann ich, wenn ich in Rente bin", grinst er. Nur sonntags hat er einen Termin: Wenn die Kickers spielen, steht er im Fanblock. Seit Jahren. Und wenn er eine Band produziert, muss sie mit ins Stadion. „Für mich ist das Urlaub im Kopf." Es ist spät geworden. Rüger blickt auf die Uhr. Ein Mix muss noch fertig werden. Er blickt entspannt übers Mischpult. Die Nacht ist ja noch jung.

FILMCLUB, BERNARDSTRASSE 17
EIN BESONDERES STUDIO AUS LIEBE ZUM FILM

Das sanfte Licht aus den Kugellampen an der Wand verlöscht, der goldene Vorhang öffnet sich. Musik ertönt, der Film beginnt. Hinter der Glasscheibe am Kopfende des Raumes justiert der Filmvorführer einige Regler. Im Zuschauerrraum des Studios ist es still, die Zuschauer blicken konzentriert auf die große Leinwand. Doch hier laufen weder Actionstreifen noch Schmachtfetzen aus Hollywood, sondern selbst gedrehte Filme. Gezeigt werden sie im Studio des Filmclubs Offenbach im Hinterhof der Bernardstraße 17. 1980 haben sich die Mitglieder des Vereins ein eigenes Kino im Lagerraum einer Schreinerei gebaut, und seit damals ist alles unverändert geblieben. Nur die Technik entwickelte sich schnell. Der perfekt verlegte, braungemusterte Teppichboden an den Wänden sieht aus, als sei er erst gestern wegen der guten Schalldämmung angebracht worden.

Hier laufen Eigenproduktionen. Reportagen, Naturfilme, Reiseberichte aus der weiten Welt und Filme, die Menschen aus der Nachbarschaft vorstellen. Vor einigen Jahren waren es sogar Spiel- und Zeichentrickfilme. Die Vereinsmitglieder produzieren alles selbst, suchen die Themen, recherchieren, basteln am Skript, wenn nötig am Drehbuch, drehen, schneiden und vertonen. Und sie zeigen den fertigen Film den anderen Vereinsmitgliedern im Studio. Bei den Klubabenden wird intensiv diskutiert und bewertet: Passt die Musik? Sind die Schnitte gut gesetzt? Trägt der Spannungsbogen?

„Hier liefen immer nur die selbst produzierten Filme einer verschworenen Gemeinschaft. Das ist bis heute so geblieben", sagt der Vereinsvorsitzende Thomas Kempf, dessen Arbeiten bei vielen Wettbewerben mit Gold ausgezeichnet wurden und sogar beim Festival des Amateurfilm-Weltverbandes in Südkorea zu sehen waren. Er hat beispielsweise das Porträt eines schwerbehinderten Fliegers produziert oder einen Film über „Gerdas kleine Weltbühne" in Mühlheim. Sie alle waren zuerst im Studio zu sehen.

1958 gründeten drei Filmfans in Bürgel den „Schmalfilm-Club Offenbach". Die Filmer drehten auf Doppelacht, bis sich Super Acht durchsetzte. Sie improvisierten mit Licht, Ton und Objektiven, tricksten und probierten, bis die Idee auf Zelluloid gebannt war. 1980 wurde der Verein heimatlos, als er den Saal des Bürgeler Hotels Lindenhof nicht mehr nutzen konnte. Der Schreinereibesitzer Arno Planker stellte einen großen Lagerraum zur Verfügung. Der mühevolle Umbau im Hinterhof begann. Das Klubstudio mit etwa 50 Plätzen, einer Bühne, Kinobeleuchtung, Vorführraum und viel Technik entstand. Der Verein organisiert auch Festivals – etwa das jährliche Hessische Amateurfilmfestival in Seligenstadt. Wenn aber andere Clubs und Vereine zu Besuch kommen, staunen die Mitglieder. Denn das Studio in der Bernardstraße ist in ganz Deutschland außergewöhnlich. Es hat schon einige Kinogenerationen vom Zelluloid bis zur 3D-Digitaltechnik kommen sehen. Und wieder gehen. Film ab!

PHILIPP-MAINLÄNDER-DENKMAL, DREIEICHPARK
DER STEIN DES GROSSEN PESSIMISTEN

Der Felsbrocken ist mannshoch, tonnenschwer und eingebettet von hohen, alten Bäumen. Der Sommertag wirft an dieser einsamen Stelle des Dreieichparks einen düsteren Schatten. Efeu und Gebüsch strecken und winden sich ins Licht. In der Mitte des Felsens befindet sich eine Platte, an der die Zeit mit grobem Pinsel arbeitet. Darauf nur eine schlichte Zeile zu lesen: „Dem Andenken des Philosophen Philipp Mainländer – 1841–1876". Verehrer seiner Arbeit haben den Stein dort 1912 errichten lassen.

Der Philosoph hieß eigentlich Philipp Batz und hatte niemals studiert. Sein Hauptwerk „Die Philosophie der Erlösung" entwickelt den pessimistischen Gedanken, das menschliche Dasein sei leidgeprägt, ihm sei kein höherer Sinn zu verleihen. Daher sei „das Nichtsein dem Sein vorzuziehen". Der Offenbacher Fabrikantensohn kam als „Kind ehelicher Notzucht" zur Welt und wuchs in wohl schwierigen Familienverhältnissen auf – neben ihm begingen noch zwei seiner fünf Geschwister Selbstmord. Auf Anweisung des Vaters absolvierte Batz im Jahr 1856 eine kaufmännische Ausbildung an der Handelsschule in Dresden. Zwei Jahre später nahm er eine Stelle in einem Handelshaus in Neapel an. Mit 19 Jahren entdeckte er dort Arthur Schopenhauers großes Werk „Die Welt als Wille und Vorstellung". Dies schilderte er später als den „bedeutungsvollsten Tag" seines Lebens.

Bei der Rückkehr nach Offenbach 1863 verstand er sich als Schopenhauer-Schüler. Schon bald zog er nach Berlin und wurde Angestellter einer Bank. Dort legte er seinen Familiennamen ab und nahm den Namen Mainländer an. In seiner Freizeit las er philosophische Werke und schrieb Gedichte und Novellen. 1874 zog es Mainländer fast magnetisch in die Armee, um „einmal unbedingt einem anderen in allem unterworfen zu sein, die niedrigste Arbeit zu tun, blind gehorchen zu müssen", schrieb er. Im April erhielt er den Bescheid, Ende September als Freiwilliger für drei Jahre bei den Kürassieren in Halberstadt einzurücken. Der nahe Termin ließ seine Arbeit förmlich explodieren. In wenigen Wochen entstand sein Hauptwerk: „Vollständig klar, konsequent und in sich abgerundet lag mein System in meinem Geiste, und ein Schaffensrausch belebte mich, der die Peitsche des Gedankens nicht nötig hatte, daß ich am 28. September fertig sein müsse."

Das Manuskript übergab er seiner Schwester und bat sie, einen Verlag zu finden. Doch eine schwere Depression zeichnete sich ab: Schon im November 1875 bat er um die Entlassung aus der Armee. Er sei „verbraucht, worked out, (...) unaussprechlich müde". Als er nach Offenbach zurückkehrte, arbeitete er aber wie im Rausch. Innerhalb von nur zwei Monaten korrigierte er die Druckbögen seiner „Philosophie der Erlösung", schrieb einen zweiten, 650 Seiten starken Band, verfasste zudem seine Memoiren und eine Novelle. Kurz darauf verfiel er der Depression und dem Größenwahn. Am 1. April 1876 erhängte sich Mainländer an seinem Bücherschrank. Dazu bestieg er einen Stapel druckfrischer Bücher seiner „Philosophie der Erlösung". Der Verlag hatte sie am Tag zuvor geschickt.

Fast hundert Jahre war sein Werk vergessen. 1996 ist es neu erschienen, mittlerweile beschäftigt sich die Mainländer-Gesellschaft intensiv mit seinem Werk. „Das vielleicht radikalste System des Pessimismus, das die philosophische Literatur kennt", so der Philosoph Theodor Lessing. Dem menschlichen Dasein wohnt laut Mainländer „kein Wert inne". Daraus folgt für ihn die Erkenntnis, „daß Nichtsein besser ist als Sein". Der davon „entzündete Wille" sei „das oberste Prinzip aller Moral". Das passt perfekt in unsere Gegenwart.

Dem Andenken
des Philosophen
Philipp Mainländer
1841–1876

THEATER T-RAUM, WILHELMSTRASSE 13
EIN TRAUM UND DER STRICH DAZWISCHEN

Der Raum ist ein Traum. Bevor es kitschig wird, fügen wir einen Bindestrich hinzu, der alles verwandelt. Der macht den Traum zum t-raum. Beides ist andererseits auch das Gleiche, aber das ist eine lange Geschichte. In der Wilhelmstraße 13 geht's durch den Torbogen in einen großen Hof. An der Stahltür auf der Rückseite des Hauses wird auf angeklebtem Papier gebeten, den Einlasswunsch mit Klopfen zu übermitteln. Eine Klingel gibt es nicht. Schauspieler und Publikum sind geöffnete Türen gewohnt – niemand klingelt, um ein Stück zu spielen oder zu sehen. Insofern wäre der Knopf überflüssig, und Überflüssiges hat in einem Theater mit 38 Sitzplätzen sowieso keinen Platz.

Der t-raum ist mit einem Bühnenraum von 40 Quadratmetern eines der kleinsten Theater Deutschlands. Sarah C. Baumann und Frank Geisler haben sich damit ihren Traum erfüllt, was das Wortspiel teilweise erklärt. Es war nicht ihr Traum, in einem winzigen Haus zu inszenieren und zu spielen, und doch ist es das, was sie erfüllt. Sarah C. Baumann stammt aus einer Schauspielerfamilie und lernte das Handwerk im „Theater in der Westentasche" in Ulm, einer kleinen Bühne, die viel auf Tournee unterwegs ist. Zu ihrer Ausbildung gehörten Singen, Sprechen, Fechten, Regie, Dramaturgie und Bühnenbild. Zudem spielte sie am Staatstheater in Karlsruhe. Der Germanist Frank Geisler arbeitete als Buchhändler, entdeckte das Theater durch eine Rolle in Friedrich Dürrenmatts Komödie „Die Wiedertäufer" und lernte neben dem Job die Kunst des Spielens am Stadttheater Gießen.

In der Buchhandlung am Markt lernten sich die beiden kennen. Es ist ein schöner Plot: Sie suchte ein Buch, er beriet sie kundig, und vor einigen Jahren heirateten sie auf Kuba. Vor der Gründung des t-raum im Jahr 2005 hatte Baumann keine Lust mehr auf den „Fleischmarkt" der Gastspiel- und Tournee-Besetzungen, und Geisler hatte die Nase voll davon, einen raren und schlecht bezahlten Job im Kulturmanagement irgendwo im Hinterzimmer von Deutschland zu

ergattern. „Wir wollten ein gemeinsam betriebenes Kulturzentrum gründen", erzählt Baumann, „aber das sollte in der Stadt sein, in der wir lebten." Also in Offenbach. Von Sponsoren oder Subventionen wollten sie sich aber nicht abhängig machen. „Da haben wir unsere Ideen auf die einfache Frage runtergebrochen: Was ist realistisch machbar?" Sie fanden ein 100 Quadratmeter großes Büro in der Wilhelmstraße. „Ich dachte: Das ist doch viel zu klein. Aber Frank forderte mich auf: Spiel mal was an! Und, na ja, da sahen wir: Es könnte gehen", erzählt Baumann im Büro, das bei Vorstellungen zum Schminkraum wird. In den Pausen sitzen hier die Zuschauer beim Wein. In den hohen Wandschränken lagern hier auch sämtliche Requisiten des Theaters. Der Flur ist zugleich das Foyer für die Besucher samt Bar, die Raucherlounge ist der Hof. Nur die Treppe runter.

Die beiden schreiben und inszenieren ihre Stücke gemeinsam. Ihre Ideen müssen in dem kleinen Raum funktionieren – und das macht den Unterschied. „Wir mussten lernen, ganz sensibel mit uns und dem Publikum umzugehen. Jede noch so kleine Geste ist für alle sichtbar. Wir müssen jeden Millimeter Platz anspielen und sind physisch ganz nah beim Publikum. Wir inszenieren Nähe und Intimität, ohne zu verletzen", erklärt Geisler den Anspruch – und den Reiz – des t-raums. Die beiden lieben die Komödie und integrieren Kabarett, Literatur, Musik, Tanz und gelegentlich Abstraktion. „Unsere Stücke müssen mit wenig Aufwand funktionieren. Ganz klein, ganz schlicht, auf den Menschen reduziert. Wir wollen intelligente Unterhaltung bieten, mit der wir die Menschen berühren", ergänzt Sarah Baumann. Doch vom Theater heute ohne staatliche Bühnenfürsorge zu leben, ist fast unmöglich. Und so nutzen sie den t-raum nicht nur für Theater, sondern auch als Treffpunkt – man kann den Saal mieten – sowie für Training und Therapie. Das löst nun das Rätsel mit dem „t". Sie erinnern sich? Der Traum. Er ist Wirklichkeit geworden. Mit Bindestrich.

41

EHEMALIGES CAFÉ WEISKER, FRANKFURTER STRASSE 31
DIE JUKEBOX KAM AUS OFFENBACH

Wo die Geldautomaten der Offenbacher Sparkasse summen und die Kontoauszugsdrucker hektisch rattern, stand viele Jahrzehnte die gute Stube der Stadt: das „Café Weisker" in der Frankfurter Straße 39. Das geräumige Café, heute an der Ecke zum Stadthof gegenüber der Löwenapotheke, wurde 1914 eröffnet und 1927 auf einen 220 Quadratmeter großen Gastraum erweitert. Von Beginn an bot das Café seinen Gästen Speiseeis an – damals ein Luxus, der in Deutschland nur selten zu bekommen war. Tout Offenbach traf sich in dem schönen Café, dessen Innenraum zwei große Skulpturen schmückten. 1954 lautete sein selbstbewusster Werbespruch: „Seit 40 Jahren ein Begriff für Offenbach". Am Samstag war das Weisker bis 4 Uhr früh geöffnet, eine Kapelle spielte regelmäßig zum Tanz.

Am 10. Februar 1953 kamen Journalisten, Vertreter der Schallplattenindustrie, Händler und Fachleute aus ganz Deutschland ins Café, um eine aufsehenerregende Neuheit zu begutachten: einen der ersten Musikautomaten aus Deutschland. Die junge Offenbacher Firma Tonomat ließ aus ihrem Prototyp V102 ein „Wunschkonzert aus der Konserve" ertönen, wie die Offenbach Post schrieb. Die drei Firmengründer Norbert Acker, Walter Triefenbach und Alfred Diefenhardt wagten sich damit auf einen Markt, den amerikanische „Jukebox"-Hersteller wie Wurlitzer und Rock-Ola in der Hand hatten. Der Offenbacher Automat verfehlte den Titel der „ersten deutschen Musikbox" nur knapp. Der Berliner Verkaufsautomaten-Hersteller Georg Wiegandt und Söhne stellte zur Herbstmesse 1952 das erste Gerät vor, das aber nur 20 Schellackplatten fasste und damit 40 Titel zur Auswahl bot. Der Tonomat V102 konnte dagegen bereits 51 Schallplatten und 102 Lieder bieten. Acker, Triefenbach und Diefenhardt hatten das Gerät nach Feierabend zu Hause konstruiert. Die Vorführung im Café Weisker versetzte die ange-

reisten Fachleute in Staunen: „Während die ausländischen Fabrikate mit der Mechanik einer mittleren Belagerungsmaschine ausgestattet sind, birgt das Offenbacher Fabrikat echten Erfindergeist", schrieb die Zeitung. Und er funktionierte. „Dem heimlichen Erwarten der versammelten Fachwelt zum Trotz spielte der Apparat stundenlang ohne zu stocken", staunte der Reporter.

Mit ihrer Entwicklung bot sich den drei Offenbachern ein riesiger Markt: 1950 hatten die amerikanischen Hersteller lediglich 22 der unsagbar teuren Jukeboxen nach Deutschland importiert – doch in Cafés, Eisdielen und Kneipen waren sie eine Attraktion. Bereits im August 1953 lieferte Tonomat den ersten Automaten zum günstigen Stückpreis von 3000 Mark aus. Zum Vergleich: Der durchschnittliche Tarifmonatslohn lag im selben Jahr bei 157 Mark.

Tonomat lieferte und lieferte. Bereits 1954 gab es einen Kundendienst in München und eine Generalagentur in Wien, 1956 ging eine Bestellung von 1000 Musikboxen aus England ein. Die Nachfolgemodelle hießen „Telematic", „Tonomatic" und „Panoramic". Tonomat zog in ein Gewerbegebiet der Stadt. Doch schon 1959 war der Hype vorüber. Der Umsatz der Geräte ging zurück, denn die Jugendlichen besaßen nun eigene Plattenspieler und Radios. Dennoch wurde den Tonomat-Gründern ein gutes Angebot aus den USA gemacht. Nach zähen Verhandlungen verkauften sie das Unternehmen im August 1959 für vier Millionen Mark an einen Konkurrenten. Tonomat firmiert von nun an als Canteen Automatenbau GmbH. Doch auch das rettete die Firma nicht. 1963 wurde die Produktion von Musikboxen in Offenbach eingestellt. Doch wer noch ein gut erhaltenes Gerät im Keller hat, besitzt eine teure Rarität: Sammler zahlen für eine gut erhaltene Jukebox aus Offenbach bis zu 30 000 Euro.

HERMANN-HESSE-ARCHIV, FRIEDRICHSTRASSE 16
WELTLITERATUR AUS DER BACKSTUBE

Vom Wochenmarkt zur Weltliteratur sind es nur ein paar Schritte. Eine alte Bäckerei in der Friedrichstraße versteckt sich hinterm Holztor eines Gründerzeithauses. Im Garten wächst ein knorriger Pflaumenbaum, in der früheren Backstube riecht es nach Papier und Büchern. Volker Michels, langjähriger Lektor des Suhrkamp-Verlages, öffnet die Tür und bittet in seine Welt und in die des Schriftstellers Hermann Hesse. Jeder Zentimeter der Regale ist gefüllt mit Ordnern, Akten, Büchern, Kladden und Kartons. Hesse ist einer der erfolgreichsten und wichtigsten Schriftsteller deutscher Sprache. Die Weltauflage seiner in über 70 Sprachen übersetzten Bücher liegt bei 150 Millionen verkauften Exemplaren. Große Teile seines Nachlasses befinden sich in der Backstube. Michels hat sie in jahrzehntelanger Arbeit recherchiert, gesammelt und aufbereitet. Er erzählt ohne Überlegen entlegene Details aus dem Leben des Schriftstellers, als habe Hesse sie ihm eben selbst erzählt. Rund 130 Bücher hat Michels über den Autor herausgegeben und zudem ein gewaltiges editorisches Werk: Der Lektor hat in der Backstube vier Jahre lang Hesses vollständige Werkausgabe mit 21 Bänden und 14 000 Seiten erarbeitet. 2005 ist sie erschienen.

Michels nimmt in der Küche einen Schluck Kaffee aus dem Becher und erzählt druckreif über seine besondere Beziehung zu dem Autor. „Als literaturbegeisterter Jugendlicher bekam ich zu Weihnachten Hesses Roman ‚Unterm Rad‘ geschenkt. Ich war völlig fasziniert." Er schrieb dem Autor, und Hesse antwortete „kurz, aber sehr freundlich". Bis zum Tod des Autors 1962 blieben die beiden in brieflicher Verbindung. Der Autor beantwortete persönlich alle 40 000 Briefe, die er zeit seines Lebens erhielt, erzählt Michels. Etwa 18 000 davon hat Michels zusammengetragen. 1973 begannen er und seine Frau, das Hesse-Material, mit dem er bei Suhrkamp arbeitete, in der Backstube ihrer Familie zu archivieren. „Lektoren hatten im Verlag kaum Platz. Ein Schreibtisch, ein paar Regale – mehr

ging nicht. Die Backstube konnten wir mietfrei nutzen. Ohne diesen Umstand wäre das Archiv nie entstanden." In den wandfüllenden Regalen lagern nun die vielen Briefe, Originalmanuskripte, etwa 3000 Rezensionen, die Hesse verfasste, und rund 300 Gemälde. Der Literaturnobelpreisträger war auch ein ambitionierter Maler. Michels braucht das Archiv für seine Arbeit. Daher hat er es so geordnet, dass das Recherchieren effizient funktioniert. „Das Deutsche Literaturarchiv in Marbach ist zu Hesse umfangreicher, meines ist funktionaler."

Michels‘ Liebe zu Hesses Werk half ihm, den legendären Suhrkamp-Verleger Siegfried Unseld zu überzeugen, ihm 1969 eine Volontärsstelle anzubieten. Denn Hesse erscheint seit der Verlagsgründung 1950 bei Suhrkamp. Michels‘ Hesse-Ausgaben bescherten Suhrkamp blendenden Umsatz, und das erleichterte seine Arbeitsbeziehung zum schwierigen Verleger. In seiner Forschungs- und Editionsarbeit wurde er zum vielleicht wichtigsten Hesse-Experten. „Ich kann aufs Jahrzehnt sagen, von wann ein Brief stammt, wenn ich die Schrift sehe."

An Hesse hat sich die Literaturkritik polarisiert wie nur bei wenigen großen Autoren. Thomas Mann forderte seit 1931, Hesse den Literaturnobelpreis zu verleihen, Marcel Reich-Ranicki schrieb dagegen, Hesses Werke seien bieder, sentimental und weltfremd. Michels‘ Stimme wird lauter. In den Verrissen fehle die „zeitkritische Dimension". „Man darf die genaue und sinnliche Sprache ebensowenig unterschlagen wie die Komplexität der Arbeiten." Aber man könne Hesses Romane mit Spaß lesen, obwohl „100 Jahre Kulturgeschichte darin verarbeitet" seien. Durch Romane wie „Siddhartha" werde er immer zum Gutmenschen stilisiert. Ganz falsch, sagt Michels. „Hesse konnte verletzend, grob und ziemlich rabiat sein." Nach fast 40 Jahren Editionsarbeit ist Michels noch immer auf der Suche. „Mit jeder Frage, die ich beantworten konnte, haben sich zwei neue ergeben." Michels und Hesse – sie haben noch viel miteinander vor.

43

KOSTÜMWERKSTATT MONIKA SEIDL, GOETHESTRASSE 23
DER STOFF, AUS DEM DIE TRÄUME SIND

Sie erträgt es einfach nicht. Das Theater ist ihr Leben. Doch raus auf die Bühne, vor die vielen Leute, das ist für Monika Seidl eine Qual. Das Lampenfieber. Nun arbeitet sie mit Fingerspitzengefühl, voller Ideen und gutem Gefühl für den Stoff des Regisseurs und der Schauspieler. Sie ist Kostümbildnerin. Ihr Atelier in der Goethestraße ist voller Stahlregale mit Stoffrollen aus Seide, Brokat, Baumwolle und Leinen, bunt, gemustert, verrückt und schlicht. Die dicken Kleiderstangen biegen sich mit bunten Kostümen. Hier barocke Herrenröcke mit Kniehose, dort Biedermeierkleider, Soldatenuniformen, im Regal Dutzende Dreispitze, Borsalinos und Filzhüte. An den Tischen nähen Schneiderinnen nach Seidls Zeichnungen. Ein Kostüm muss vieles aushalten, vor allem, wenn getanzt, gesteppt oder akrobatisch gesprungen wird. „Schmuck machen wir selbst, es gibt gute Vorlagen aus allen Epochen, das ist nicht schwer", erzählt sie im einzigen Raum, in dem keine Stahlregale stehen, sondern ein Sofa. Afrikanische und asiatische Figuren an den Wänden blicken grimmig herab.

Die auf Hawaii geborene Seidl ist in der Welt herumgekommen. Ihr Vater Hugo Seidl ging nach dem Zweiten Weltkrieg in die USA und arbeitete als Eröffnungsdirektor einer renommierten Hotelkette. So lebte sie in New York, in Südamerika, in Bangkok und in Hongkong. Mit zehn Jahren kam sie nach Frankfurt, als der Vater eine Stelle als Wirtschaftsdirektor im feinen Frankfurter Hof annahm. Als Kind hatte sie lange Ballettunterricht, doch die Tütüs, die ihre Mutter für sie nähte, interessierten sie viel mehr als das Ballett. Das Lampenfieber.

Monika Seidl studierte in den 80er-Jahren in Hannover Modedesign. Sie schneiderte die Lederklamotten vieler Hardrock-Bands, so auch für zwei Musiker der weltberühmten „Scorpions". Für ihre Abschlussarbeit entwarf sie Mode für moderne Hexen, gewann damit einen Preis und bewarb sich bei 300 deutschen Theatern als Kostümbildnerin. Sie bekam nur eine

Antwort. Der Regisseur nahm sie zwar nicht, empfahl sie aber an die Landesbühne Rheinland-Pfalz in Neuwied. Mit 25 Jahren wurde sie dort Kostümbildnerin, Gewandmeisterin und Leiterin der Kostümabteilung. 1991 wechselte sie zur 800-köpfigen Crew des Circus Roncalli. Seidl schneiderte, reparierte und reinigte die Kostüme der Artisten auf einer Tischtennisplatte in einem düsteren Zirkuswagen, in dem das Löwenfutter tiefgekühlt wurde. Die 16-stündigen Arbeitstage in Sieben-Tage-Wochen ohne Urlaub waren aber selbst für das Energiebündel zu hart. Monika Seidl kündigte und machte sich in Wehrheim am Taunus selbstständig.

Ihre ersten Kunden waren Zirkusartisten, und bald stattete sie auch Videoclips für MTV aus. Irgendwann war das Atelier im Taunus zu weit weg. Nach langer Suche betrat sie 2004 die große Wohnung in der Goethestraße und entdeckte, dass im Fußabtreter eine Nähnadel steckte. „Da wusste ich: Das sind meine Räume." Hier stattet sie Musicals, Varietés, Theaterstücke, Werbespots, Kinofilme, Kleinkunst und Galas aus. „Ich muss das Stück und die Weltsicht des Regisseurs verstehen, die Feinheiten visualisieren und die Geschichte glaubwürdig machen", beschreibt sie das Geheimnis guter Kostümbildner. Dazu braucht man exzellente Planung und gutes Timing. „Eine Premiere lässt sich nicht verschieben, weil Kostüme nicht fertig sind. Das muss man hinbekommen", sagt Seidl ohne Betonung. Sie liest das Drehbuch, macht Skizzen und zeichnet die farbigen Entwürfe. Die stellt sie dem Regisseur und den Schauspielern vor. „Zeichnen können viele, aber der Entwurf muss sich schneidern lassen", sagt sie. Brauchen Schauspieler einen Bauch, einen Trizeps, eine Schauspielerin mehr Oberweite oder breite Hüften? All das bezieht Seidl in ihre Entwürfe ein. Wenn sie mal nicht organisiert, diskutiert oder entwirft, zieht sie über die Flohmärkte der Region. So manches ausgefallene Stück ist auf diese Weise ins Atelier gekommen. Wer weiß, wozu man es braucht.

KINOPALAST UND ALTE SYNAGOGE, GROSSE MARKTSTRASSE 12
GROSSES KINO IN DER GROSSEN MARKTSTRASSE

Der Kasten ist grau. Er ist frisch hellgrau gestrichen, die Wände um die gläsernen Eingangstüren tragen Blaugrau. Er steht in seltsam schrägem Winkel an der Großen Marktstraße, vorne leuchtet das rote Namensschild einer Drogeriemarktkette. An der hinteren Seite erhebt sich ein ebenso grauer Kasten, der das vordere Ensemble fast um das Doppelte überragt. Der geräumige, aufgeräumte Drogeriemarkt und das kantige Gebäude verbindet nichts außer der großen Verkaufsfläche im Inneren. Wo die Regale mit Gesundheitstees, Shampoos, Haarpflegeprodukten und Cremes gefüllt sind, saßen 80 Jahre lang erwartungsvolle Menschen in langen Sitzreihen. Draußen an der Wand des vorderen Kastens prangte der elegant geschwungene Schriftzug „Palast".

In den 20er-Jahren war das 520 Zuschauer fassende Palast-Theater beliebt und oft ausverkauft. Die Menschen liebten Cinema: 1920 gab es in der rund 77 000 Einwohner zählenden Stadt bereits fünf Kinos – das Asta-Nielsen-Theater in der Kaiserstraße, das Union-Theater in der Mathildenstraße, die Vereinigten Offenbacher Lichtspiele in der Frankfurter Straße, das Kinematographen-Theater in der Herrnstraße – und die Palast-Lichtspiele in der Großen Marktstraße 12. Der Film „Der König der Manege" mit Stummfilmstar Luciano Albertini in der Hauptrolle zog die Besucher wie ein Magnet in die Vorstellungen – denn der Publikumsliebling, der Affe „Kapitän Jack II" war persönlich bei den Vorstellungen anwesend und zeigte „sich den Besuchern von der Bühne herab in drolliger Weise", schrieb die Fachzeitschrift „Der Kinematograph".

Als die „Palast-Lichtspiele" 1920 eröffneten, endete eine andere Geschichte – die fast 200-jährige jüdische Tradition dieser Adresse. Die Große Marktstraße hieß bis 1822 „Judengasse". Hier wohnten und arbeiteten viele Juden. 1721 wurde in einem einfachen Holzhaus die erste Synagoge der Jüdischen Gemeinde in Offenbach errichtet. 1915 stand hier, umfriedet von einer Mauer, ein großes Gebäude mit vorgelagertem Turm, hohen bunten Fenstern und Schrägdach. Es bot Platz für etwa 250 Gottesdienst-Besucher. Daran anschließend, in der Hintergasse, lag das Gemeindehaus mit Schule und Frauenbad.

1916 zog die Gemeinde um in das neu errichtete Kuppelgebäude an der Kaiserstraße, Ecke Goethestraße – das heutige „Capitol". Die Kino-Ära in der Großen Marktstraße begann.

In den Nachkriegsjahren gab es für das Offenbacher Publikum bis zu 15 Kinos. Das 1870 spielende Antikriegs-Liebesdrama „Es kommt ein Tag" mit Maria Schell, Dieter Borsche, Lil Dagover und Gustav Knuth zog beispielsweise 1951 in zehn Tagen 15 000 Besucher ins Palast-Theater. Aufgrund des großen Andrangs erweiterte die damalige Eigentümerin Lena Ruttmann den Saal auf 1200 Plätze und ließ eine große Bühne für Veranstaltungen einbauen. Bis 1966 blieb das Palast-Theater ein einzelnes, großes Kino. 1967 zogen das Gloria und das Rex ein, 1972 kam das Lux hinzu – der große Balkon des Palast-Theaters wurde dazu als Zuschauersaal umgebaut. 1991 erweiterten die Betreiber das Kinocenter für zwei Millionen Mark zum modernsten Kino des gesamten Rhein-Main-Gebietes. Doch das Video-Zeitalter machte ihnen das Leben schwer. 1999 eröffnete das Kinocenter Cinemaxx mit sieben Sälen und 1650 Plätzen. Diesem Wettbewerb hielten die Kinos in der Großen Marktstraße nicht mehr stand. Sie verloren zu viel Publikum. Im Juli 2000 gingen zum letzten Mal die Lichter aus.

45

TÜPO, KAISERSTRASSE 9
WAS BUCHSTABEN ALLES KÖNNEN

Mehrere Buchstaben formen ein Wort. Mehrere von ihnen reihen sich zum Satz. Aus mehreren Sätzen wird ein Absatz. Mit unseren Augen folgen wir diesen Buchstabenketten, aus denen sich im Kopf Informationen, Handlungen, Aufforderungen, Geschichten und Stimmungen formen. Doch wenn der Buchstabe i ein Apple-Handy schützt? Auf dem g ein Glas steht? Am M ein Satz Schlüssel hängt? Buchstaben können nicht nur Botschaften übermitteln. Sie können Mittel zu einem ganz anderen Zweck sein. Doch Buchstabe bleibt Buchstabe. Beruhigend.

Kaiserstraße, fast am Bahnhof. Durch den Torbogen des hohen Altbaus geht's um die Ecke zum Hinterhaus, das vor über 100 Jahren zu einer Fabrik gehörte. Die Treppe hinab ins Souterrain, und dort stehen die Buchstaben nicht in Büchern, Flyern, Zeitungen und Zeitschriften, sondern hübsch dekoriert im Regal. Hier betreiben die Designerin Tanja Huckenbeck und ihr Kollege Peter Reichard das Design- und Grafikstudio Typosition. Die beiden sitzen am Schreibtisch ihres hellen, knapp unter der Erde liegenden Büros und blicken konzentriert auf den Bildschirm. Vorne, neben dem bequemen Sofa am Fenster, liegen bunte, weiche Buchstaben ohne mentalen Verarbeitungsreflex. Dazu sind sie zu hübsch, zu schick, zu bequem. Denn die gelernte Schriftsetzerin und Typografie-Expertin Tanja Huckenbeck hat mit ihrer „tüpo"-Idee dem Alphabet ein zweites Universum geschaffen. Aus Buchstaben werden bei ihr schön gestaltete, nützliche Dinge: Schlüsselanhänger, Portemonnaies, Topflappen, Buchzeichen, Untersetzer, Handyhüllen, Handtaschen, ja sogar Kissen, Hocker und Sofas.

Seit zehn Jahren lebt die gebürtige Siegerländerin in Offenbach, seit sieben Jahren arbeitet sie mit Typosition in der Kaiserstraße für renommierte Kunden. Huckenbeck hat ihren Beruf noch traditionell mit Bleisatz gelernt, hat noch in rasendem Tempo die Bleilettern aus großen Kästen gezogen und damit die Wörter geformt, die man am nächsten Morgen in der Zeitung las. Seit dieser Zeit hat die Schrift sie nicht mehr losgelassen. 2008 kuratierte sie die Ausstellung „Schrift in Form" im Klingspor-Museum und erhielt dazu von einem Künstler das Ampersand-Zeichen, das &, als massigen Buchrücken. Die Idee, Buchstaben zum Produkt zu machen, war geboren. „Einen Buchstaben fest in der Hand zu halten" – damit probierte sie über ein Jahr herum, bis die ersten Produkte geboren waren. „Ich habe mit einem Kissen begonnen", erinnert sie sich. Die Gedanken bekamen Gestalt und eine Offenbacher Lösung. Huckenbeck und Reichard beschlossen, einen Teil ihres Büros zum Laden zu machen. Dort bieten sie ihre Designs an, Peter Reichard hat zudem unter dem Label „Genussverstärker" guten Whisky und Wein in die Regale geräumt. Zweimal pro Woche ist offiziell geöffnet, aber wenn die beiden im Büro sind, werden auch Kunden bedient. Kommt keine Kundschaft, sitzen sie am Schreibtisch und arbeiten für die Kunden von Typosition.

Papierwaren wie Schreibhefte aus altmodisch-dickem Papier schneidet Tanja Huckenbeck mit Schere und Stanze selbst, sie sägt, näht und gießt Beton. Den braucht sie für ihr neues „t-Licht", in das ein Teelicht passt. Ihre Handtaschen – etwa ein a, t, g oder v – lässt sie aus Ökofilz von einer Näherin herstellen, der bequeme f-Hocker wird von einer Werkstatt in Frankfurt gefertigt. Lange suchte sie nach Schriften, die sich auch als Tasche und Lesezeichen eignen. Sie entschied sich für drei breite niederländische Schriftsätze, die wie mit dem Pinsel gezeichnet wirken und nun in Wollfilz, Schiefer und Beton oft als sehr persönliche Geschenke gekauft werden. Der erste Buchstabe lässt nach dem Auspacken sofort den Rest des Namens denken. Schon ist die Verbindung hergestellt. Einer reicht, den Rest macht der Kopf. So funktioniert das mit den Buchstaben.

SCHRIFTGIESSEREI KLINGSPOR, LUDWIGSTRASSE 136
KÜNSTLER, JUGENDSTIL UND
VIEL GUTER GESCHMACK

Das Nordend ist ein urbanes Wohngebiet, in dem an vielen Stellen seine Vergangenheit als Industrieviertel mit Fabriken, Schornsteinen, Hallen und Höfen zu erkennen ist. Die Ludwigstraße ist so eine Straße. Zwischen Bettina- und Goethestraße etwa sind die mehrstöckigen Wohnhäuser zwischen Jugendstil und Trümmerbeseitigung durch ein weites Areal unterbrochen, in dem heute eine Werbeagentur, die Behindertenhilfe und viele kleine Unternehmen ihren Platz gefunden haben. Autos parken im Hof vor den renovierten, weiß gestrichenen Gebäuden. Hier befand sich eine Schriftgießerei, die in Offenbach tiefe Spuren hinterlassen hat. Im grafischen Gewerbe waren ihre Schriften und die Qualität der Buchgestaltung weltweit bekannt: die Schriftgießerei Klingspor.

Die Geschichte des Unternehmens in der Ludwigstraße begann 1892, als der Zigarrenfabrikant Carl Klingspor die Rudharsche Gießerei übernahm. Nachdem sein Sohn Karl zuvor in Vaters Unternehmen eine kaufmännische Ausbildung absolviert hatte, erhielt er mit 24 Jahren die Verantwortung für die Gießerei. Sein Bruder Wilhelm übernahm 1895 die kaufmännische Leitung. 1897 zog man in das große Areal an der Ludwigstraße. Karl Klingspor kümmerte sich nun um die technischen und künstlerischen Fragen. Er knüpfte viele Kontakte zu Künstlern, die sich mit Schriften und grafischen Schmuckelementen beschäftigten. Zu ihnen gehörte auch der Jugendstilkünstler, Maler, Grafiker und Architekt Heinrich Vogeler, der zu dieser Zeit in der Künstlerkolonie Worpswede lebte. Für Klingspor entwarf Vogeler einige Elemente für Buchschmuck. 1901 schafften die Brüder Klingspor den Durchbruch mit einer Schrift des Berliner Malers und Typografen Otto Eckmann, der bereits das Logo des S. Fischer-Verlags geschaffen hatte. Die nach ihm benannte Druckschrift

wurde beachtet, bewundert und bestellt. Sie wurde zur meistverwendeten Schrift des Jugendstils.

Nach diesem Erfolg suchte Karl Klingspor neue Kontakte. So lernte er in der Darmstädter Künstlerkolonie den Architekten und Grafiker Peter Behrens kennen. Dieser gilt als Prototyp des Industriedesigners und war Mitbegründer des Deutschen Werkbundes. In seinem Architekturbüro arbeiteten Mies van der Rohe, Le Corbusier und Walter Gropius. Behrens schuf 1901 für die Rudharsche Gießerei die „Behrens-Schrift", die „Behrens Antiqua", die „Behrens Mediäval" sowie Schmuckelemente.

1906 benannte die Familie die renommierte Gießerei in „Brüder Klingspor" um. Immer mehr angesehene Künstler arbeiteten für das Haus – darunter Rudolf Koch, der die bekannten, vom Bauhaus beeinflussten Schriften „Kabel", „Zeppelin" und „Prisma" entwarf und ab 1921 an der Hochschule für Gestaltung lehrte. Der „Klingspor-Kalender" sowie die sorgfältig und hochwertig hergestellten Produkte aus der eigenen Druckerei setzten in Deutschland die künstlerischen Trends und Impulse der Buchgestaltung. Karl Klingspor war zum weltweit anerkannten Fachmann für Schrift- und Buchkunst avanciert, dessen Urteil großen Einfluss hatte.

Nach Kriegsende lagen große Teile des Nordends in Trümmern. Auch die Schriftgießerei Klingspor wurde teilweise zerstört und wieder aufgebaut. Sie goss aber keine Schriften mehr, die Familie machte einen grafischen Betrieb daraus, der nur noch schleppend lief. 1950 starb Karl Klingspor im Alter von 81 Jahren. Seine Erben vermachten die wertvolle Privatsammlung der Stadt Offenbach, die 1953 damit das heute weltbekannte Klingspor-Museum eröffnete. 1956 kaufte die Frankfurter Firma D. Stempel den Betrieb. Doch es half nichts: Das Traditionsunternehmen musste schließen.

WORLD MEDIA GROUP, SPRENDLINGER LANDSTRASSE 107-109
TÜRKISCHER BLICK AUF DIE DEUTSCHE HEIMAT

Sie sind deutsch und sind es doch nicht. Sie sind türkisch und sind es nicht mehr. Für viele Migranten, die seit den 60er-Jahren aus der Türkei nach Deutschland gekommen sind, ist Heimat kein Ort. Heimat ist eine Geschichte. Etwa 2,6 Millionen Türken sowie Deutsche mit türkischen Wurzeln leben hier. Sie sind hier zu Hause, viele sind hier geboren, doch sie haben einen anderen Blick auf das Land als die anderen. Jede Kultur prägt eine eigene Sicht auf die Welt, auf die Heimat und das Leben. Doch Kultur ist singulär. Wer in zweien lebt, sortiert sich daraus eine neue. Eine eigene.

Die Schranke am Pförtnerhaus öffnet sich zum großen Parkplatz hinterm Zaun an der Sprendlinger Landstraße. Hinter dem geschwungenen Empfang in poliertem Weiß steht in großen Logos, was die World Media Group AG publiziert. Hier entsteht die Tageszeitung „Zaman", zu deutsch „Zeit", mit 30 000 verkauften Exemplaren in Deutschland und 58 000 in Europa die größte türkische Tageszeitung in Europa. Die Auflage der türkischen Ausgabe liegt bei 800 000, dort ist das Blatt die Nummer eins. Der türkischsprachige Privatsender Samanyolu TV Avrupa sendet von hier aus großen Studios, ebenso der erst 2011 gestartete Satellitenkanal Ebru TV, der in Deutsch und Englisch ausgestrahlt wird. Zudem erscheint in dem Gebäudekomplex der früheren Polaroid-Werke das online publizierte „Deutsch-Türkische Journal".

Mustafa Alta, der stellvertretende Vorstandsvorsitzende der Gruppe, lässt nicht bitten. Er holt den Gast schnell persönlich ab und bittet ihn in sein großes Büro, in dem riesige Ledersessel warten. In einer Glasvitrine steht feinstes Porzellan. Er schenkt Kaffee ein und sagt: „Für uns bedeutet publizistische Macht eine große Verantwortung und eine Verpflichtung. Wir wollen unseren Beitrag für das friedliche Miteinander leisten. Besonders wichtig sind dabei seriöse journalistische Information und Bildung." Über 130 Mitarbeiter sind im Haus beschäftigt, davon arbeitet die Hälfte für die beiden TV-Kanäle. Nach der Pleite von Polaroid im Jahr 2004 zogen Zaman und Samanyolu TV von Mörfelden-Walldorf nach Offenbach. „Die früheren Fotostudios haben wir für die TV-Produktion nur umbauen müssen, wir haben Platz für Redaktion, Vermarktung und Verwaltung, für einen großen Saal und die Druckerei", berichtet er. Seit 2006 arbeitete der Stuttgarter Jurist als Syndikus für das Medienunternehmen, bis er im Januar 2011 zum stellvertretenden Vorstandsvorsitzenden der Gruppe berufen wurde.

Während „Zaman" eine hochwertige Tageszeitung ist, setzt Samanyolu TV auf Serien, Soaps, Kochsendungen und Unterhaltung. In den riesigen Fernsehstudios des Senders ist viel Platz für leuchtende Kulissen und Publikum. Bei den Live-Sendungen wird vor über 150 Zuschauern gespielt, geraten und gelacht. Die 15-minütigen Nachrichten des Kanals werden an der Sprendlinger Landstraße produziert und jeden Abend aus dem Studio gesendet. „Wir wollen mit unserem Blick auf Deutschland erzählen", erklärt Alta den Blickwinkel, „wir nehmen Menschen und Ereignisse anders wahr. Krawall- und Sensationsjournalismus brauche ich nicht", betont er. Lieber redet er über das große Vertrauen, das der deutsche Rechtsstaat bei den türkischen Migranten genießt. „Dieser Aspekt des Zusammenlebens spielt bei den deutschen Medien fast keine Rolle, bei uns ist das ein wichtiges Thema", sagt er. In den Redaktionen arbeiten türkische und deutsche Journalisten in modernen Büros mit flexiblen, bunten Trennwänden eng zusammen. Sie arbeiten an der Erweiterung ihrer Zielgruppe: „Die türkischsprechenden Menschen werden in Deutschland nicht wesentlich zunehmen. Daher möchten wir auch die deutsche Gesellschaft mit neuen Medien in deutscher Sprache aus unserem Blickwinkel ansprechen. Das geht nur mit Authentizität, Offenheit und Austausch", sagt er. „Mitten in Berlin" heißt denn auch passend eine Talkshow von Ebru TV. Offenbach ist daher für ihn der richtige Ort für die World Media Group AG: „Die Stadt ist ein kleines Deutschland."

48

ARTEFAKT OFFENBACH, SPRENDLINGER LANDSTRASSE 3
SCHÖNE DINGE STATT GUTER LAGE

Bahndamm, Postzentrum, Billigkleiderladen, Shisha-Bar, Dönergrill und reichlich regennasser Asphalt. Die Sprendlinger Landstraße ist kein Ort der schönen Dinge. Doch Autofahrer blicken täglich auf der Fahrt zum Arbeitsplatz gleich hinter der Unterführung ins Schaufenster eines hell eingerichteten Eckladens. Hier gibt es sie: die schönen Dinge. „Artefakt Offenbach" ist über dem Fenster zu lesen. Anja Bamberger und Jürgen Blümmel haben ihren Laden im Jahr 2011 eröffnet und bieten dort in durchdacht-zurückgenommener Präsentation Taschen, Accessoires und Schmuck an. Das klingt nicht neu und ist es dennoch. Denn mit einem Fußgängerzonengeschäft und Laufkundschaft hat Artefakt so gar nichts zu tun. Nur mit den beiden Inhabern.

Bamberger und Blümmel betreiben seit 1993 ein Büro zur Gestaltung, Planung und Montage von Messeständen und „temporärer Architektur". Sie arbeiten für renommierte Kunden mit anspruchsvollen Aufträgen. Dem Frankfurter Partymacher Hans Romanov bauten sie beispielsweise eine temporäre Bar für seinen „Yachtclub Romanov" am Osthafen. Lange arbeiteten sie in der Mylflam-Fabrik in der Fichtestraße, bis es sie wieder in die Nähe des Stadtzentrums zog. Das Büro und der Laden sind kombiniert, sie wohnen um die Ecke.

Nach schwerer Krankheit beschloss Anja Bamberger, neue Wege zu gehen, ohne die alten zu verlassen. Es entstand das Konzept eines ungewöhnlichen Ladens. Er ist einerseits Showroom für Messe- und Präsentationssysteme, die ihr Büro vertreibt. Andererseits bietet der Shop Produkte, die eine enge Verbindung zu Anja Bamberger haben. Sie hat Architektur studiert, und eine Tasche lässt sich nach ihrer Ansicht nach denselben Kriterien gestalten, betrachten und aussuchen wie ein Haus: Funktion, Form, Kontext und Umgebung spielen die gleiche Rolle. Dieser Zusammenhang hat ihr Sortiment geprägt. „Ach, das hat sich einfach ergeben", sagt sie leise.

Das erste von etwa 20 Labels, die Artefakt derzeit führt, haben zwei Darmstädter Studenten gegründet, mit denen die beiden schon lange eng befreundet sind: „Lockstoff" von Heiko Müller und Florian Craciun, die seit 2007 unter ihrem Markennamen „zwei" entwerfen. Die Designer gestalten elegant-lässige Taschen aus Leder und Nylon, die sich als Gefährten im Unterwegs-Alltag des modernen Großstädters bewähren. „Die ‚Lockstoff'-Taschen waren die ersten, die wir in die Präsentationsmodule geräumt haben, um auszuprobieren, ob unsere Idee funktioniert", erinnert sich Anja Bamberger. Zudem führt sie Taschen der „Affentor Manufaktur", eines Betriebs der Werkstatt Frankfurt. Von Envirosax stammen schick-bunte Beutel, die Plastiktüten überflüssig machen. Aus Südafrika kommen die Laptop-Taschen der Designerin Wendren Setzer, die sie in einer kleinen Manufaktur aus ungebrauchten Papiersäcken der „Pretoria Portland Cement" fertigt. Zudem gibt es flotte Einkaufswagen mit Design-Auszeichnung, ungewöhnlichen Schmuck aus Muranoglas und elastische Ringe aus Silikon der Weseler Schmuckwerkstatt „Erste Sahne" in Form eines Baisers, dazu Lakritzschneckenketten und Spaghetti-Ketten aus Baumwolle.

Es ließe sich noch mehr über diese schönen und durchdachten Dinge erzählen. Anja Bamberger tut es gerne, wenn die Kunden fragen. Sie kennt die Konzepte und Ansätze ihrer Designer, die Geschichten der Entstehung und die ihr wichtigen Aspekte von Ökologie und Nachhaltigkeit. Jürgen Blümmel blickt auf den Asphalt, den der Regen silbrig schwarz gefärbt hat. „Viele Kunden haben beim Vorbeifahren zehnmal ins Schaufenster geguckt. Dann sind sie reingekommen." Schöne Dinge finden Kunden, die sie mögen. Auch an der Sprendlinger Landstraße.

OFFENBACHER STRASSEN
EINE SCHRIFT FÄHRT DURCH DEUTSCHLAND

Ein besonderer Ort Offenbachs ist überall im Stadtgebiet zu finden. Wer nur einen Moment hinsieht, entdeckt überall in der Stadt etwas aus Offenbach, das sich in ganz Deutschland in der kleinsten Straße findet und viel mit der Tradition der Stadt zu tun hat: das Autokennzeichen. In Deutschland tragen Fahrzeuge, die auf einer öffentlichen Straße fahren, ein Kennzeichen. Es besteht aus Zahlen und Buchstaben, die aus Offenbach stammen. Der renommierte Schriftdesigner Karlgeorg Hoefer (1914–2000) entwarf 1978 im Auftrag der Bundesanstalt für Straßenwesen eine „FE-Schrift", die besonders fälschungssicher sein sollte. Die Abkürzung steht für „fälschungserschwerend". Denn die Buchstaben und Zahlen der DIN-Schrift, die zuvor für die Nummernschilder verwendet wurden, ließen sich mit einem breiten Filzstift einfach verändern und fälschen.

Der Herbst 1977 ist als „deutscher Herbst" in die Zeitgeschichte eingegangen: Die RAF entführt den damaligen Arbeitgeberpräsidenten Hanns Martin Schleyer und kapert die Lufthansa-Maschine „Landshut". Die GSG 9 stürmt die Maschine, Schleyer wird erschossen, die inhaftierten Terroristen Andreas Baader, Gudrun Ensslin und Jan-Carl Raspe begehen in Stammheim Selbstmord. Unter dem Eindruck dieser Ereignisse will das Bundesamt das Fälschen von Autokennzeichen möglichst verhindern. Eine neue Schrift soll her.

Der Schriftdesigner Karlgeorg Hoefer lehrte seit 1946 die Anwendung von Schrift an der heutigen Hochschule für Gestaltung, 1979 wurde er zum Professor ernannt. Er zeichnete elegante Schriften, die ihre Zeit spiegelten und von renommierten Herstellern wie Linotype und Berthold herausgebracht wurden. So entwarf er beispielsweise Schriften für das griechische Telefonbuch, für die Auslandsschulfibel von Diesterweg oder für die in deutschen Grundschulen populäre Schreiblern-Fibel des Schulbuchverlages Klett.

Die Kfz-Schrift stellte ihn vor große Herausforderungen: Sie musste klar und gut lesbar sein und dennoch so komplex, dass Fälschungen auffallen würden. Er arbeitete dabei mit dem Schilderhersteller Dambach-Templin zusammen. Die Form der „FE-Schrift" gestaltete er eigenwillig – doch von Weitem hervorragend lesbar – und zugleich so, dass es sehr schwer war, sie mit schwarzer Farbe zu verändern. 1978 wurden die ersten Schilder mit der neuen Schrift an die Autos geschraubt. Doch immer wieder ließ das Amt die Schrift testen und veränderte sie, bis von Hoefers Entwurf nur noch wenig übrig blieb. Als Deutschland eine neue Bundesregierung wählte, verschwand seine Schrift im Archiv. Doch als im Jahr 1994 in Deutschland die EU-Kennzeichen eingeführt wurden, erinnerten sich die Verantwortlichen des Schilderherstellers Utesch an Hoefers Entwurf. Er setzte sich in drei Varianten durch: Die Mittelschrift ist Standard für die meisten Kennzeichen, die verkleinerte Mittelschrift eignet sich für Motorroller und Oldtimer und die Engschrift für Nummernschilder mit acht Zeichen. Die FE-Schrift des Offenbacher Schriftdesigners Karlgeorg Hoefer ist damit zur wohl populärsten Schrift in Deutschland geworden.

KÄSEFABRIK L'ABBATE, BIEBERER STRASSE 23
DIE LIEBE, DER KÄSE UND EINE SCHLANGE

„Buon giorno! Wir freuen uns auf Ihren Besuch. Und das ist uns einen Espresso wert. Prego", steht auf dem Schild über der Kaffeemaschine im Büro. An diesem sonnigen Samstag steht die schwarze Maschine auf einem Bistrotisch im Hof. Vito Giuseppe gießt den italienischen Muntermacher in kleine Becher und verteilt sie mit charmantem Lächeln an seine Kunden, die in der Warteschlange vor der kleinen Käsefabrik stehen: „Prego, Senora, zucchero oder ohne?" Während Giuseppe der Kundschaft draußen die Wartezeit versüßt, steht Ehefrau Andrea drinnen hinter dem Tresen des kleinen Ladenraums, in dem nur etwa ein halbes Dutzend Leute Platz finden. Heute ist der Andrang im Hinterhof der Bieberer Straße 23 mal wieder besonders groß. Einen besonderen Anlass gibt es nicht. Keine bevorstehenden Feiertage, nur ein ganz normales Wochenende. Die Leute wissen: Das Warten lohnt. Schließlich erwartet sie nussig-herzhafter Parmiggiano Reggiano, Käse in Barolotrester-Hülle aus dem Piemont, cremig-sahnige Burrata aus der Emilia-Romagna und die italienischen Frischkäse aus eigener Produktion: geräucherter Scamorza oder solcher mit Trüffeln, handgeschöpfter Ricotta, natur oder „in fornata" mit der goldbraunen Kruste; aromatischer Mozzarella, handtellergroß oder in Kügelchen, in Zopfform oder mild geräuchert. Schon beim Duft im winzigen Verkaufsladen geraten Feinschmecker ins Schwärmen. Und die kommen nicht nur aus Offenbach. Seit ihrem Auftritt in „Lecker (h)essen", dem Kochduell des hr-Fernsehens, haben Andrea L'Abbate und die Spezialitäten ihrer Käsefabrik treue Fans aus dem ganzen Rhein-Main-Gebiet.

Die Rolle als kulinarische Botschafterin ihrer Heimatstadt trägt sie mit Selbstbewusstsein: „Du kannst dich als kleiner Produzent nur am Markt behaupten, wenn du etwas Besonderes zu bieten hast." Als Giuseppe die vom Vater aufgebaute Käserei Ende der 70er-Jahre übernahm, bestand das Sortiment überwiegend aus Mozzarella. Mit der immer größeren Produktion und der Erweiterung des Sortiments konnte er auch Restaurants in der Umgebung als Stammkunden gewinnen. Giuseppes Vater kam in den 60er-Jahren mit seiner jungen Familie als einer der ersten italienischen Gastarbeiter nach Offenbach, „nur mit ein paar Pfennigen in der Tasche und ohne Deutsch zu sprechen". Der Ingenieur hatte eine Idee: seine Landsleute mit Lebensmitteln aus der Heimat zu versorgen. „Mein Vater war Feinschmecker, er vermisste seine Lieblingskäse. Er versuchte, sie selbst herzustellen, denn kaufen konnte man sie ja nirgends", erzählt der Sohn von den Anfängen der Käserei. Während der Vater sich 1968 in die Herstellung von Mozzarella und Ricotta einarbeitete, unterrichtete die Mutter als erste Offenbacher Italienischlehrerin der Nachkriegszeit. 1977 starb der Patron mit nur 49 Jahren. Der 18-jährige Giuseppe, der älteste von vier Brüdern, musste in seine Fußstapfen treten. Da hatten sich die Wege von Giuseppe und Andrea, die sich schon aus Schultagen kannten, längst gekreuzt. Als Paar fanden sie aber erst während eines Urlaubs mit Freunden in Giuseppes apulischer Heimat zusammen, erinnert sich Andrea. „Was hängen da für komische Käse?", fragte sie sich, als sie das erste Mal bei L'Abbates zu Besuch war.

Inzwischen hat die zweifache Mutter und Geschäftsfrau die italienische Esskultur längst übernommen, parliert in fließendem Italienisch und dem Temperament einer Donna. Neben der cucina italiana ist Tanzen Andreas große Leidenschaft. Giuseppe hebt die buschigen Augenbrauen und blinzelt aus mokkabraunen Augen seiner Frau zu: „Tango tanzt sie am liebsten." Sie lächelt. „Eigentlich ist er deutscher als ich, so präzise, pünktlich, ruhig und ordentlich", beschreibt sie ihren Ehemann. Und wenn sich vor dem Laden ihrer kleinen Fabrik mal wieder eine Warteschlange bildet, wird er zur Stelle sein. Doch einen Wegweiser ins Käseparadies wird es nach wie vor nicht geben. „Die Leute würden in Scharen einfallen und mit der italienischen Gemütlichkeit wäre es vorbei."

51

RÖSTEREI LAIER, BIEBERER STRASSE 12
GEFÜHL, INTUITION UND DUNKLE AROMEN

Am Anfang ihrer Arbeit steht die Farbe Grün. Mit geübtem Griff öffnet Annette Laier einen der großen Jutesäcke. Die Säcke, die sich zu Dutzenden im Lager hinter dem Laden stapeln, haben Tausende Kilometer bis nach Offenbach zurückgelegt. Sie kommen aus Äthiopien, Papua-Neuguinea, Tansania, Mexiko, Brasilien und anderen Kaffeeanbauländern. Knapp 20 Minuten dauert es, bis die Kaffee-Expertin behutsam den Bohnen ihr Geheimnis entlockt. „Jede Röstung verhält sich anders, da gibt es kein Patentrezept. Wichtig sind Intuition und Erfahrung", sagt sie, schöpft mit einer Metallschaufel Bohnen aus einem Sack mit der Aufschrift „El Salvador" und gibt sie in eine Waagschale, bis das Display 12 Kilogramm anzeigt. Die Charge kommt in den Trichter des alten, blauen „Probat"-Rösters, der schon zu Mutter Margaretes Zeiten zuverlässig seinen Dienst versehen hat. In einem mit Gas befeuerten Kessel werden die Bohnen durch eine Drehtrommel in Bewegung gehalten.

Temperaturen zwischen 180 und 240 Grad Celsius müssen die Bohnen während des Röstvorgangs in genauer Abfolge erreichen, damit der Kaffee sein Aroma entwickelt. Die Hitze karamellisiert den Fruchtzucker und so entsteht die braune Farbe der Kaffeebohne. „Eine rohe Bohne riecht wie Heu, wenn man sie aufbricht, und sie schmeckt auch so. Erst durch das Rösten wird sie zu dem veredelt, was wir Kaffee nennen", erklärt Annette Laier, die in fünfter Generation eine Offenbacher Familientradition fortsetzt: die Kunst des Kaffeeveredelns. Die erlernte sie von ihrer Mutter Margarete. 1997 übernahm die Tochter das Spezialitätengeschäft am Wilhelmsplatz von ihren Eltern und damit auch die Rösterei. „Am Anfang hatte ich Angst, dass der Kaffee und das ganze Haus in Brand gerät, deshalb waren meine ersten Röstungen zu hell. Danach wollte ich sie dunkler machen, und sie wurden zu dunkel", erinnert sie sich und lacht. Nach zwei, drei Jahren war sie um viele Erfahrungen reicher.

Eine Eieruhr klingelt. Sie signalisiert das Ende der Prozedur, bei der die Bohnen für vier Minuten auf 240 Grad erhitzt werden. Dann purzeln sie zum Abkühlen in das Röstsieb mit dem rotierenden Besenarm. Mit geschultem Blick pickt Annette Laier hier und da eine zu helle Bohne heraus. So hat es schon ihre Mutter gemacht und ihr Großvater Richard, der das Sortiment des 1869 gegründeten „Kolonialwarenladens" um selbst gerösteten Kaffee erweiterte. „Damals war es üblich, dass ein Lebensmittelgeschäft seine eigenen Röstungen verkaufte, heute bin ich die Einzige in Offenbach", erzählt die Enkelin. Das Sortiment aus anfangs drei Sorten hat sie auf 24 erweitert. „Ich hatte immer die Vorstellung, dass ich im eigenen Unternehmen am besten meine Kreativität einsetzen kann", sagt die Industriekauffrau, die nach einer Lehre bei Rowenta als Juniorchefin ins Familiengeschäft einstieg. „Meine Eltern haben mir ihre Kaufmannsehre vererbt. Der Handschlag zählt. Viele Handelskontakte pflege ich heute noch so. Das ist mir wichtig." Während sie erzählt, füllt sie die fertigen Bohnen in blaue Tüten mit dem Aufkleber der Kaffeerösterei, die nun ihren Namen trägt.

Längst hat die Tochter ihre Position zwischen Familientradition und Konsumtrends bezogen. Dazu gehört auch die Café-Bar neben dem Laden, in der man alle Sorten probieren kann. Auch der Anbau des Lager- und Röstraums hinter dem Laden war ihre Idee. Früher mussten die Jutesäcke über eine Holzrutsche in den Keller gewuchtet und wieder heraufgeschleppt werden. Jetzt erledigt ein elektrischer Kran das Bewegen der 70 Kilogramm schweren Säcke. Eine Fuhre hängt schon am Haken. Es ist Montag: Produktionstag. Da bleibt der Laden geschlossen. Der „Probat" brummt, rotiert und rüttelt den ganzen Tag. Annette Laier röstet Kaffee. Dabei lässt sie ihre Bohnen niemals aus den Augen. Sie riecht, fühlt und kontrolliert, bis das helle Grün zur samtigen Kaffeebräune wird. Annette Laier allein entscheidet, wann der richtige Moment gekommen ist. Alles Gefühlssache.

BÄCKEREI KÖDEL, SENEFELDER STRASSE 13
SAUERTEIG, TRADITION UND DIE ALTE FORTUNA

Donnerstag, zwölf Uhr. Der Mann mit der karierten Hose und dem nicht mehr ganz weißen T-Shirt unterdrückt ein Gähnen. Viele seiner Kunden machen um diese Zeit Mittagspause. Für Ludwig Ködel geht der Arbeitstag zu Ende. Der begann um drei Uhr, wie immer werktags. Außer am Samstag, da steht Ködel schon ab neun Uhr abends in seiner Backstube. Als Erstes heizt der Bäckermeister den mannshohen Ofen vor. Dann wiegt er Roggen- und Weizenmehl, Wasser und weitere Zutaten für die Brötchenteige ab, die er in den großen Kessel der Knetmaschine gibt. Mit dem Teig wird „Fortuna" gefüttert: Die alte Brötchenpresse formt mit sonorem Brummen aus der Teigmasse gleichmäßige, kreisrunde Rohlinge. Den Sauerteig für seine Bauernbrote hat Ködel schon am Tag zuvor angesetzt. „Backmischungen? Kommen bei uns nicht in die Tüte, es soll ja schmecken", kommentiert der Bäcker belustigt die Frage. Währenddessen formt er aus dem Sauerteig routiniert gleichförmige Brotlaibe. „Wehe, wenn Fertigware vier oder fünf Stunden zu Hause liegt: Dann merkt man den Unterschied, im Geschmack und im Aussehen", erklärt der Chef, der die Familienbäckerei mit erst 21 Jahren übernehmen musste, nachdem sein Vater plötzlich verstorben war. An jenem Tag im Jahr 1976 begann Ludwigs zweites Leben – der Familientradition verpflichtet.

Die erste Regel lautet daher noch heute: Handarbeit statt Fließband. So kneten Ludwig und seine zwei Gesellen mit flinken Händen Blätter- und Hefeteig, formen Croissants und Hefehörnchen, Quarktaschen und andere süße Teilchen. Wenn Mutter Ellen um halb sieben Uhr den Laden aufschließt, müssen Theke und Brotregal ansehnlich gefüllt sein, darauf legt die 76-jährige Dame mit dem blonden Kurzhaarschnitt und der frisch gebügelten Kittelschürze großen Wert. Seit ihrem 19. Lebensjahr steht sie hinter der Verkaufstheke. An der Wand hängen die Meisterbriefe ihres Mannes Ludwig Adolf und von Schwiegervater Alois, der die Bäckerei im Jahr 1928 eröffnete. An der

Theke führt ein schmaler Gang zum engen Hinterhof. Aus einem Holzverschlag ist Glucksen und Gackern zu hören. Das kommt von Huhn Rita und ihren Artgenossinnen, die sich Mutter Ellen liebevoll hält. Ein paar Schritte weiter befindet sich das Klinkerhäuschen mit der Backstube. Die Ködelsche Bäckerei ist eine der letzten ihrer Art. Gab es in den 50er-Jahren noch 240 Bäckereien in Offenbach, sind es heute nur noch vier.

Eins, zwei und der nächste: Mit einer alten Handmaschine werden die Kreppel gefüllt. Dann geht's ans Saubermachen. Die großen Arbeitsbänke aus Holz, an denen das tägliche Brot entsteht, sind schon blitzblank geschrubbt. Im Ofen liegt das letzte Backwerk des Tages, der Meterkuchen – ein Marmorkuchen in ellenlanger Kastenform. „Du, hier ist noch eine Bestellung!" Eine Verkäuferin drückt Ludwig Ködel das Telefon in die Hand. „Hmmm, ja, das geht noch", antwortet er kurz. Vier Dutzend Partybrötchen für morgen. Der Feierabend muss warten: Ködel muss den Mengenplan für die Zutaten neu berechnen. Früher hätten sich die Vorbestellungen in den Regalen gestapelt, berichtet Ellen. Aber die Zeiten ändern sich, und auch die Kundschaft des ehemaligen Arbeiterviertels. „Früher haben die Leut ihre Wurst beim Metzger und ihr Brot beim Bäcker gekauft, heute ist jeder in Eile und holt alles im Supermarkt", sagt sie. Als das Fernsehen mal bei Ködels gedreht hat, kamen nach der Sendung viele Neugierige aus dem ganzen Rhein-Main-Gebiet in die Senefelderstraße. Einige blieben als Stammkunden. Und die staunen über eine Spezialität, die es nur samstags gibt: „Pasteis de Nata", portugiesische Vanilletörtchen. Das Rezept stammt von Ludwigs Frau Fernanda. Seit 40 Jahren lebt die Portugiesin hier und liebt ihre zweite Heimat am Main. In ihrer Heimat in der Algarve würde Ködel gerne mal richtig Urlaub machen. „Vielleicht in sechs oder sieben Jahren. Wenn ich in Rente gehe, schließt die Bäckerei", sagt Ludwig und macht sich wieder an die Arbeit. Der Mengenplan für morgen wartet.

53

INDISCHER SPEZIALITÄTENLADEN SURIASHNI, BIEBERER STRASSE 33
LITTLE MUMBAI IM MATHILDENVIERTEL

Die junge Frau im grünen Sari betritt den kleinen Laden, legt zum Gruß die Handflächen aneinander, hebt sie in Brusthöhe und senkt leicht ihren Kopf. „Habt ihr frische Mangos?", fragt sie. „Ja, hier drüben, wir haben heute pakistanische Mangos bekommen", antwortet Brijesh Kumar und zeigt auf einen kleinen Pappkarton. Darin liegen längliche, goldgelbe Früchte, die einen zarten, honigsüßen Duft verströmen. „Gut, die nehme ich alle." Der Inder legt die Mangos auf die Waage. Fast zwei Kilo zeigt sie an. Die Kundin greift zielsicher links ins Regal und stellt eine leuchtend blaue Packung mit rotem Herz auf den Tresen. „Tilda-Basmatireis ist eine der besten Basmati-Reissorten, den und die Mangos kaufe ich immer hier", verrät sie.

Das „Hier" ist etwa 20 Quadratmeter groß und bis in den letzten Winkel mit indischen, pakistanischen und afrikanischen Lebensmitteln angefüllt: darunter pfundweise Chapatimehl, Tapioca, Minzsoße, Kichererbsen, Dal-Linsen, Marsala-Gewürze, Chutney-Relishes und im Kühlregal Rubicon-Mangosaft. Für viele seiner Kunden ist das kleine Lädchen im Mathildenviertel ein Stück Heimat, weiß Asha Rani Jhanb. Die Dame im hellblauen Sari hat das „Suriashni" im Jahr 1995 mit ihrem Mann eröffnet. „Damals war die Gegend noch wie ein Dorf und schräg gegenüber ein großer Parkplatz, heute sind wir von breiten Straßen und Stahlfassaden umringt", übersetzt Sohn Brijesh das Hindi seiner Mutter, die aus Neu Delhi an den Main kam. Brijesh und seine Schwester Annu Kapoor sind die zweite Generation hinter der Theke: „Wir haben viele Stammkunden aus verschiedenen Kontinenten und natürlich auch echte Offenbacher", lacht Brijesh. Seine inzwischen 63-jährige Mutter brachte als eine der ersten Geschäftsfrauen Originalzutaten für die indisch-pakistanische Küche nach Offenbach. Damals galt sie als Exotin. Mittlerweile pilgern Teilnehmer von VHS-Kochkursen und der kulinarischen „OFlovesU-Tour" zum „Suriashni": Besucher, die asiatische Zutaten nur aus dem Supermarktregal kennen, kommen aus dem Staunen nicht mehr heraus: Hier gibt es Gemüse und Gewürze in ihrer Urform wie Zimtstangen mit Rinde, grünen Bitterkürbis und afrikanische Yamswurzeln, die wie Kartoffeln zubereitet werden.

„Die Deutschen kaufen meistens die Fertigmischungen", verrät der Juniorchef. Auch immer mehr Gesundheitsbewusste und Vegetarier kaufen im „Suriashni" ein. Zum Beispiel Basmati-Reis, von dem gleich ein halbes Dutzend verschiedene Marken im Regal stehen. „Basmati-Reis ist glutenfreier Reis, der seit Jahrhunderten am Fuße des Himalaya angebaut wird", erzählt er. Seine Landsleute kaufen ihn gleich sackweise ein, wie der Stapel vor der Verkaufstheke zeigt. In der Theke stapeln sich frittiertes Gebäck, indischer Käse, Pakoras, in Teig ausgebackene Gemüsestücke, und Samosas, kleine Teigtaschen aus Kichererbsenmehl, gefüllt mit Kartoffeln und scharfem Gemüse. Die Auslage des Schaufensters ist dekoriert mit ein paar Flaschen Jasminblüten-Haaröl, Aloe-Vera-Creme, ayurvedischer Zahnpasta, indischem Ohrschmuck und DVDs mit Bollywood-Filmen. Der Laden führte anfangs nicht nur indische Lebensmittel und Kosmetika, sondern auch Videos. „Mit mehr als 10 000 Bollywood-Streifen hatte ich den ersten und größten Video-Spezialladen in Hessen", erzählt Brijesh. Heute ist sein Geschäft mit den indischen Liebesfilmen auf ein paar Hundert DVDs geschrumpft, „das Internet hat diesen Markt kaputtgemacht". Doch der junge Mann hat sich längst der Nachfrage angepasst und führt die Kaufmannstradition seiner Eltern fort: Neben dem „Suriashni" in der Bieberer Straße führt er im Frankfurter Bahnhofsviertel den „Bombay Bazaar". Mit indischer Feinkost. Was sonst?

54

WEINBAU GIBBERT, AM PFORTENGRABEN 3
RUMPENHEIMER WEIN VOM WINZER AUS ZELL

Vor den weißen Reihenhäusern und Doppelhaushälften ist es grün. Gärten und Felder strecken sich entlang des Mains, es wachsen Erdbeeren, Weizen, Kartoffeln, Bohnen und Kürbis. Auf dem Bauernhof lagern die ersten Räder aus Stroh des noch jungen Sommers unterm schützenden Stahldach. Hinter dem Zaun gegenüber schneidet Wolfgang Gibbert mit schnellen Schnitten das Laub seiner Reben zurück. Im Herbst keltert er Wein aus den Trauben, die nicht weit vom Schloss in Rumpenheim gedeihen. Es sind die einzigen Rebzeilen in der Stadt. In Rumpenheim stehen genau 198 Stöcke der Sorte Müller-Thurgau, die in vielen Regionen Deutschlands als Rivaner bezeichnet wird.

1998 pachtete Gibbert einen Kleingarten. Der Straßenname ließ ihn aufhorchen: „In den Weingärten". Denn er stammt aus Zell an der Mosel, hatte Heimweh nach seinen Reben, seinem Riesling. Er ist mit Wein aufgewachsen. Die Geschichte des Weinbaus in seiner Familie lässt sich bis ins Jahr 1214 zurückverfolgen. Seine Jugend verbrachte er in den Steillagen der Zeller Moselschleife, die den Winzern härteste Handarbeit abverlangt. Jeder Arbeitsgang in den Rebzeilen ist eine Bergtour. Doch in seinem technischen Beruf fand er in seiner Heimat keine Arbeit, sondern bei Siemens in Offenbach. In Rumpenheim baute er mit seiner Frau ein Haus. Er blieb. Doch ihm fehlte etwas. „Ich konnte nachts oft nicht schlafen, hatte Heimweh ins Moseltal", erinnert er sich. Zur Ablenkung suchte er sich den Garten. Graben, pflanzen und ernten. Als er den Straßennamen entdeckte, fuhr er zum Stadtarchiv. Gab es dort früher etwa Wein? Der damalige Archivleiter Hans Georg Ruppel überbrachte ihm eine Nachricht, die Wolfgang Gibbert elektrisierte: Der uralte Flurname „In den Weingärten" weist auf einen Weinberg, der bereits im Jahr

770 n. Chr. nachgewiesen ist. Dokumentiert ist er im Lorscher Kodex, in dem die Mönche des Klosters ihren Besitz dokumentierten. Darin heißt es: „Ich, Gunthard, mache im Namen Gottes eine Schenkung an den heiligen Märtyrer Nazarius, dessen Leib im Kloster Lorsch ruht ... . Ich schenke im Maingau,und zwar in Rumpenheim, einen Weingarten (...)."

So machte sich Gibbert an die Arbeit, rodete und pflanzte Reben. Wie an der Mosel. Doch die Weinbaugesetze sind in Deutschland streng. Außerhalb amtlich definierter Weinbergsflächen ist Weinbau nicht erlaubt. 99 Stöcke gelten aber als Versuchsanbau. Er und sein erwachsener Sohn durften damit zusammen 198 Stöcke pflanzen. Der Moselwinzer war überrascht, wie gut die Reben wuchsen. Sie stehen auf schwarzem, sandig-lehmigem Boden. Das Klima ist im Herbst warm genug, um den Wein ausreifen zu lassen. Nach der Lese, die Gibbert mithilfe der Rumpenheimer Nachbarschaft organisiert, fährt er die Trauben im Kleintransporter nach Zell in den Keller des familieneigenen Weinguts. Dort verarbeitet er sie schonend, bis ein feiner Wein daraus entsteht. Etwa 400 Flaschen füllt er jedes Jahr.

„Jeder Jahrgang ist anders, und das muss man schmecken", ist sein Anspruch. Auf den Flaschen klebt ein Etikett, das in jedem Jahr eine andere historische Ansicht von Rumpenheim und Offenbach ziert. Wein und der flaschenvergorene Sekt „Schloss Rumpenheim" aus der Moselaner Steillage sowie der Rivaner aus dem Offenbacher Weingarten lassen sich direkt im Wohnhaus der Gibberts kaufen. Es gibt einen Verkostungsraum und ein Schild im Fenster. „Geöffnet" ist dort zu lesen, wenn das Ehepaar zu Hause ist. Das Heimweh hat Wolfgang Gibbert mit den Rumpenheimer Reben besiegt.

STADT-CAFÉ, LINSENBERG
DAS GRÜNE GESCHENK AN DIE STADT

Jenny läuft mit der Speisekarte an den Tisch. „Darf's schon mal was zu trinken sein?" Mit bedächtiger Handbewegung und konzentrierter Miene notiert sie die Bestellung. Wie durch ein unsichtbares „reserviert"-Schildchen ist nur der Tisch nahe dem alten Baum noch frei. Dieser Platz ist an Sommertagen perfekt. Wer den Blick schweifen lässt, sieht nichts als Grün. Mitten in der City. Das Rathaus, der Citytower und die Berliner Straße sind nur wenige Hundert Meter entfernt. Auf der Terrasse spenden weiße, quadratische Sonnenschirme den Tischen reichlich Schatten. Zwei Herren schälen sich aus dem Business-Jackett und rollen die Ärmel ihrer Hemden auf. Sie gönnen sich einen Lunch im Grünen. Die Amseln singen. Die Smartphones bleiben stumm. Am Nebentisch unterhalten sich drei ältere Damen bei Kaffee und Kuchen.

Mit dem großzügigen Rasen, den gepflegten Beeten und alten Bäumen ist der Büsingpark das grüne Herz der Stadt. Er erinnert an die Gartenbegeisterung der wohlhabenden Hausbesitzer im 19. Jahrhundert. Ein Stück zurückgesetzt steht seit 1957 ein schlichter Flachbau mit großen Fenstern und weit herausragendem Dach im Park: das „Frieda-Rudolph-Haus". Die frühere Seniorenbegegnungsstätte verwandelte sich 2009 zum Stadt-Café. Hier treffen sich nun die Offenbacher jedes Alters zum Kaffeeklatsch, zum Mittagessen oder zum Plausch im Park.

In der kleinen Nische links hinter dem Eingang steht eine Büste der streitbaren Namensgeberin: Frieda Rudolph, frühere Stadtverordnete und bekannt als „Engel der Armen". In den 50er-Jahren herrschte Altersarmut. An der Gabelsbergerstraße unterhielt die Stadt eine Baracke als „Wärmehalle", in der sich die bitterarmen Offenbacher im Winter aufwärmen konnten. Als die Wärmehalle einem Schulneubau weichen musste, forderte die Stadtverordnete Frieda Rudolph energisch Ersatz. Gehör fand sie zwar nicht bei der Stadt, aber bei den Bürgern. In der Redaktion der Offenbach-Post trafen Dutzende Umschläge mit Geldspenden ein. Leser schleppten sogar Pakete mit Nägeln heran. Nun musste gehandelt werden: Die Spendenaktion, zu der niemand aufgerufen hatte, brauchte einen Organisator. Der Stadtverordnetenvorsteher Ferdinand Winkel nahm sich der Sache an und gründete einen Bürgerausschuss. Das brachte die Stadt in Zugzwang. Also stellte sie dem Ausschuss einen Lagerplatz des Gartenamtes nahe dem Büsing-Palais zur Verfügung.

Es ging flott voran mit der Wärmehalle. Der Maurerpolier Wilhelm Marschall und vierzig seiner Kollegen aus der Gewerkschaft Bau-Steine-Erden erklärten sich bereit, in ihrer Freizeit kostenlos zu bauen. Der Offenbacher Architekt Heinz Collin stiftete den Entwurf und übernahm auch gleich die Bauleitung. Die Welle der Hilfsbereitschaft riss nicht ab. Stadtverordnete buddelten, das Technische Hilfswerk half, der OFC veranstaltete ein Benefizspiel und der Hessische Innenminister Heinrich Schneider brachte 11.000 Mark vorbei. Schließlich entstand keine Wärmestube, sondern ein komfortabler, moderner Treffpunkt für ältere Menschen.

In den 80er-Jahren kamen immer weniger Alte. Das Haus stand viele Jahre leer, bis es 2009 zum Café in idyllischer Lage verwandelt wurde. Das Stadt-Café gehört den gemeinnützigen Werkstätten Hainbachtal, einem Zweig der Arbeiterwohlfahrt. Mit der Gründung wurden zugleich sechs Arbeitsplätze für Menschen mit Behinderung geschaffen, die sich mit dem Fachpersonal an sechs Tagen in der Woche um die Küche und die Gäste kümmern.

Jenny bringt den drei Damen frischen Kaffee. Sie gehören schon lange zur Stammkundschaft – „auch wegen der freundlichen Bedienung", betonen sie. Jenny kann sich keinen schöneren Arbeitsplatz vorstellen. „Ich habe Praktika in einer Gärtnerei und einer Wäscherei gemacht, aber ich wollte immer gerne in die Gastronomie", erzählt sie und eilt davon, um drinnen abzuräumen. Seit der Eröffnung gehört Jenny zum Stammpersonal. Das ließ ihr Selbstbewusstsein wachsen. Dass sie – wie die meisten ihrer Kollegen – behindert ist, bemerken die Gäste auch in stressigen Zeiten nicht mehr.

KELTEREI LÜHN, HANAUER STRASSE 59
APFELWEIN, DAS PARADIES UND DIE PRESSE

Da draußen ist die Stadt zu Ende. Die letzten Häuser von Bürgel ziehen vorbei, es geht die Hanauer Straße entlang durch Kleingärten, Felder, Obstbäume und Wiesen. Hier betreibt Alexander Lühn eine Apfelwein-Kelterei im Garten des Hauses seiner Familie. Zur Erntezeit im Herbst duftet es schon auf der Straße, auf dem gepflasterten Weg durch den Garten stapeln sich zentnerweise Äpfel in Kisten, Steigen und Säcken. Die Äste eines alten Bohnapfelbaums neigen sich über die vielen Menschen, die den schönen Garten bevölkern. Die einen lassen sich frischen Süßen abfüllen, die anderen liefern Äpfel zum Pressen. Unter dem Dach hinterm umgebauten Gartenhaus surrt die hydraulische Presse – wie an jedem Wochenende in der Saison von früh bis in die Nacht.

Lühns Kelterbetrieb gehört zu den wenigen der Region, die nicht an ein Apfelweinlokal oder einen Großproduzenten gebunden sind. Alexander Lühn, Diplomingenieur bei einem Messtechnikunternehmen, betreibt sein Nebengeschäft seit 1986. Er liefert frischen Süßen an Gasthäuser der Umgebung, und viele Kunden füllen direkt am Zapfhahn vor seiner Presse ab. Im Keller unter der Terrasse des Hauses reift Apfelwein in großen Fässern heran, den Lühn übers Jahr literweise verkauft. Seit 2000 ist die Kelterei ein Partnerbetrieb der Hessischen Apfelwein- und Obstwiesenroute. „Mein Vater, mein Bruder und ich haben aus unseren und den Äpfeln des Nachbarn eigenen Apfelwein gekeltert", erinnert er sich an den Anfang. Die drei fuhren jedes Jahr nach Hanau-Steinheim zum Pressen – bis der Betrieb schloss. So versuchten sie es mit einer handbetriebenen Spindelpresse selbst. „Das war eine Schinderei und die Ausbeute zu niedrig", er-

zählt er. Die drei beschlossen, eine hydraulische Presse zu kaufen und ein kleines Nebengeschäft aufzubauen, um die Investition wieder hereinzubekommen. Bald war Alexander allein dafür verantwortlich. „Ich habe Plakate aufgehängt und bin in die benachbarten Kleingartenanlagen gelaufen, um Werbung zu machen", beschreibt er den Start.

In der Ecke türmt sich der orangebraune Trester, der Kelterabfall, über einen Meter hoch. Die Presse surrt und pumpt. Ein Helfer wäscht die Äpfel in einer alten Badewanne, um sie von Ästen und Laub zu befreien. Fauliges Obst sortiert er aus.

Nun zerkleinert der Häcksler ratternd die Äpfel. Den triefenden Brei schichtet ein weiterer Helfer mit langer Schürze, Handschuhen und Gummistiefeln zwischen Leintücher und Holzbretter. Die Presse senkt sich langsam auf die geschichteten Bretter. Der Druck presst den Saft aus dem Fruchtfleisch in eine Auffangwanne und wird von dort in einen Behälter gepumpt. Viele Apfelfreunde kommen zum „Lohnkeltern", um gegen einen Preis von wenigen Cents pro Liter den Saft der eigenen Äpfel zu bekommen. Lühn macht das ab vier Zentner Äpfel. Ein Anruf zur Terminabstimmung genügt. Wer Äpfel bringt, kann sie Zentner gegen Bares verkaufen oder gegen Süßen tauschen. Alexander Lühn nutzt ein einfaches Gutschein-Prinzip, das viele Kelterer verwenden: Aus dem Gewicht der Lieferung bestimmt er die Saftmenge, die der Kunde zum viel günstigeren Preis erhält und je nach Bedarf holen kann. Familie Lühn verkauft das ganze Jahr über ihren Apfelwein jeweils am Samstag, Dienstag und Donnerstag. Die Regel, um das Bürgeler Apfelwein-Paradies zu betreten: dreimal kurz klingeln.

EHEMALIGE PFEFFERNÜSSE-KONDITOREI, GOETHESTRASSE 84
DAS SÜSSE GEHEIMNIS MIT A UND E

Hinter der rotbraunen Steinfassade, bekritzelt mit ungelenken Filzstift-Botschaften und Graffiti, liegt die Endstation einer langen Offenbacher Erfolgsgeschichte: Im Hinterhof stand Konditormeister Dieter Karl Rehn bis kurz nach der Jahrtausendwende in seiner Backstube und hütete dort ein sehr altes Geheimnis: das Rezept der „Aechten Offenbacher Pfeffernüsse". Die süße Spezialität von Weltruf wurde lange Zeit in einem Atemzug mit den Offenbacher Lederwaren genannt. Bis in die 1980er-Jahre kaufte die Hessische Landesregierung die Pfeffernüsse, um sie bei Auslandsbesuchen als hessische Spezialität zu präsentieren. Über 100 Jahre lang waren sie nur in feinen Hotels und Delikatessengeschäften zu haben. Während der Weltkriege wurden Feldpostpäckchen für Offenbacher Soldaten mit den „Aechten" bestückt. Schon Johann Wolfgang von Goethe ließ sie sich regelmäßig nach Weimar schicken. Die Gebrüder Grimm aus Hanau hingegen warnten ihre Schwester Charlotte im Jahr 1820 in einem Brief: „Von den Pfeffernüssen esse nicht zu viel, sie sollen zu sehr erhitzen ..." Doch anregende Zutaten enthielten sie gar nicht: lediglich Nelken, Zimt, Honig, Mandeln, Nüsse, Orangeat und Zitronat. Fest steht aber, dass sie ohne Überzug aus Zuckerguss genascht wurden und den Offenbachern zur Weihnachtszeit so heilig wie der Kirchgang waren.

Lange Zeit war das Rezept, das 1753 von Zuckerbäcker Johann Fleischmann ersonnen wurde, eines der am besten gehüteten Geheimnisse der Stadt. So soll sich der Fleischmann-Sohn Wilhelm zum Ansetzen des Teiges stets in der Backstube eingeschlossen haben. 25 Jahre, nachdem die ersten Pfeffernüsse gebacken wurden, entstand eine große Produktion in der „Fleischmannschen Fabrik". Im Jahr 1778 zog sie an die Canalstraße, die heute Kaiserstraße heißt. Dort errichtete der Zuckerbäcker ein prachtvolles Wohn- und Produktionsgebäude, das 1905 abgerissen wurde.

Das Originalrezept wurde stets an einen ausgewählten Nachfolger übergeben. Als es 1880 in dritter Generation keinen männlichen Erben gab, wurde die Fabrik geschlossen. Die Rezeptur erwarb der Offenbacher Konditor Heinrich Kurz, der sein Café jedoch in Frankfurt betrieb. Deshalb mietete der findige Meister eigens einen Raum zur Teigherstellung in Offenbach. Der Konditor Josef Schulte machte seine Lehre bei Kurz und verliebte sich in eine von dessen Verkäuferinnen. Als Hochzeitsgeschenk bot der Chef seinem Gesellen die Rezeptur zu einem „erschwinglichen Preis" an. Der griff zu und eröffnete 1911 ein Café in der Kaiserstraße. Später zog er in die Frankfurter Straße 71 – und mit ihm das Geheimrezept, das später an Schultes Sohn Bernhard überging. Der vererbte es im Jahr 1998 an Dieter Karl Rehn, der bei Schulte das Konditorhandwerk erlernt hatte und sich in der Goethestraße 84 niederließ.

Im Laufe der Jahrhunderte gab es viele Nachahmer, die vom Ruhm des Originals profitieren wollten. Doch keine Pfeffernuss reichte an den Geschmack der „Aechten" heran. Das liegt nicht nur an den Zutaten, sondern auch an der Herstellung. „Die ‚aechten' Pfeffernüsse haben oben eine aufgerissene Oberfläche und keine Glasur. Ich verwende nur natürliche Zutaten wie Nüsse, Mandeln, Zimt, Honig, Mehl, Eier, geheime Zutaten und viele exotische Gewürze", sagt Konditormeister Matthias Rehn. Er erbte das Geheimrezept „mit Brief und Siegel" von seinem Vater. Rehn bezieht die Zutaten „nur von ausgewählten Lieferanten: die Eier frisch vom Bauern, das Mehl aus der Mühle im Nachbarort".

Doch der Weltruhm der Pfeffernüsse ist verblasst, auch von anderem Gebäck ließ es sich nur leidlich leben. Deshalb schulte Rehn zum IT-Spezialisten um. „Nur noch als Hobby" begibt er sich ab und zu in die Backstube eines befreundeten Konditors in Rödermark und produziert ein paar Kilo „Aechte Offenbacher Pfeffernüsse" – für sich und Freunde der Familie und, als einzigen Laden in der Stadt, für die Kaffeerösterei Laier am Wilhelmsplatz. Es gibt sie also noch, die „aechten" mit a und e.

CAVUS-BÄCKEREI, SANDGASSE 28
DER DUFT EINES GROSSEN TRAUMS

Die Sandgasse, gleich hinterm „Toys'R'us"-Parkhaus, ist nicht schön. Flachbauten, Parkplätze, ein Abstellplatz für Container. Hier sind die Mevlana-Moschee, zwei Läden, ein Café, ein Jugendzentrum und ein kleines Restaurant zu finden. Ein kleines türkisches Zentrum im Zentrum. Da ist ein Duft. Tief einatmen. Es duftet nach frischen Bröttchen, nach Brot, Sesam, nach Süßem. Er kommt aus den Türen eines Gebäudes, das früher eine Autowerkstatt war. Heute wird hier Mehl vermengt, Teig geknetet, geformt und gebacken. Rund um die Uhr. Der Laden ist nur durch das dezente, rote Schild über dem alten Türrahmen zu erkennen. Und durch den Duft.

Über 30 Bäcker produzieren in der Sandgasse rund um die Uhr feine Backwaren für über 400 Kunden im ganzen Rhein-Main-Gebiet. An sieben Tagen pro Woche. Den Betrieb haben die sechs Brüder der Familie Cavus mit ihrem Vater aufgebaut. 1995 gründete Mehmet Cavus, der in der Türkei als Schneider gearbeitet hatte, seine erste Bäckerei in Dietesheim. Ein deutscher Bäcker hatte aufgegeben, und er übernahm Laden und Backstube. Denn Mehmet Cavus hatte ein Ziel, als er in den 60er-Jahren nach Deutschland kam: Er wollte ein Unternehmen aufbauen, so groß, dass er und seine Söhne gut davon leben könnten. „Papa wollte, dass wir Brüder zusammenbleiben und zusammen arbeiten", erzählt Serdan Cavus, der den Vertrieb leitet. Er sitzt im engen Büro im ersten Stock des Gebäudes, zu dem eine Stahltreppe hinaufführt. Mit drei Söhnen kam der Vater nach Deutschland, die anderen drei kamen hier zur Welt. Sein Traum ist Wirklichkeit geworden. Der Vater ist in Pension gegangen, und seine Söhne leiten den mittelständischen Betrieb, der trotz harter Billigkonkurrenz wächst. Zu seinen Kunden zählt Serdan Cavus beispielsweise die Europäische Zentralbank, den Frankfurter Hof, die meisten anderen 5-Sterne-Hotels in Frankfurt, Opel und Lufthansa. Die Bäckerei beliefert sie mehrmals pro Tag mit frischer Ware. Dazu betreiben sie sechs Filialen in Offenbach.

„Uns ist hohe Qualität und Regionalität sehr wichtig", sagt Serdan Cavus beim Rundgang durch die Backstube. Leistungsstarke Öfen stehen neben großen Gärkammern, in denen der Teig die nötige Ruhe und Wärme bekommt.

Aus dem Schneider Cavus wurde mit einer einfachen Idee der Bäcker Cavus. „Brot braucht man jeden Tag, ob arm oder reich", erzählt sein Sohn. Mehmet Cavus produzierte ein Jahr lang traditionelle türkische Backwaren, dann erweiterte er das Sortiment. „Wir haben deutsche, italienische und persische Spezialitäten dazugenommen." Seine Söhne schickte er zur Ausbildung, damit sie genügend Kenntnisse ins Unternehmen mitbringen könnten. Nur einer wurde Bäckermeister. „Jeder bringt sein Wissen ein und übernimmt Verantwortung", erläutert Cavus die Arbeitsteilung der Brüder. Über neue Produkte entscheiden sie gemeinsam: „Erst, wenn es allen schmeckt und die Qualität stimmt, machen wir es." Als der Begriff „Tiefkühlteig" fällt, verzieht er das Gesicht. „So was geht für uns nicht. Wir fertigen unsere Ware wie früher in der Bäckerei, nur in größeren Mengen", erzählt er. Das macht viel Arbeit. Cavus zuckt mit den Schultern. „Ja. Und?"

Die Brüder backen nicht nur, sie engagieren sich auch. Sie haben in Lauterborn eine Filiale eröffnet, obwohl die Gegend schwierig ist. „Wir haben Drohungen erhalten, haben uns anhören müssen: Was will der Türke hier? Wir haben daran gearbeitet, mit dem Stadtteilbüro diskutiert. Das Projekt ist aufgegangen. Es läuft gut", sagt Cavus. 2011 haben sie in der Hermann-Steinhäuser-Straße die „Schanzen-Bäckerei" eröffnet. Es ist eine gemütliche Bäckerei mit vielen Sitzplätzen geworden, mit moderner Einrichtung und frisch zubereiteten Speisen in einer Gegend, in der sonst kaum jemand investiert. Die Cavus-Brüder hat das wieder nicht abgehalten. „Wir wollten das dort machen. Wir sind mit Offenbach eng verbunden. Deswegen schauen wir, wo es in unserer Stadt Chancen gibt." Verbundenheit kann wunderbar duften.

NATURSCHUTZGEBIET ERLENSTEG, WALDHOFSTRASSE
DIE ORCHIDEEN VON OFFENBACH

Wer Orchideen wachsen sehen will, fährt kurz nach Bieber. Zwischen Mai und Juli wird es intensiv violett auf den feuchten Wiesen am Erlensteg. Es ist die Zeit, in der das Breitblättrige Knabenkraut blüht, eine der letzten Orchideenarten Deutschlands. Sie wird in Deutschland immer weniger, denn sie braucht Sonne und gesunden, ungedüngten Boden, der nicht trockengelegt oder bearbeitet worden ist oder als Viehweide genutzt wird. In vielen Regionen Deutschlands ist diese uralte Orchidee bereits verschwunden. Das Breitblättrige Knabenkraut wurde bereits 1989 vom Arbeitskreis Heimischer Orchideen (AHO) zur „Orchidee des Jahres" gewählt, 1994 erklärte die Loki-Schmidt-Stiftung es zur „Blume des Jahres". Sie findet sich in Offenbach nur noch im Erlensteg. Die ruhige, ebene Landschaft zwischen Wald, Feld und Wiesen ist seit 1996 eines von zwei Naturschutzgebieten in der Offenbacher Gemarkung. Der „Erlensteg in Bieber", wie es offiziell heißt, beschreibt ein fast 73 Hektar großes, gestrecktes Rechteck, das östlich der Bahnstrecke zwischen den Kleingärten und der Autobahn liegt. An seinem südlichen Ende fließt auf einem halben Kilometer die Bieber hindurch. Hier findet der Stadtbewohner Ruhe und kann mit ein wenig Zeit betrachten, was die Natur in dieser feuchten Umgebung mit seinen hohen Erlenbruchwäldern alles geschaffen hat.

Am Abend, wenn die Schatten sich lang über die weiten Wiesenflächen legen und die Kühle aus dem Boden kriecht, lassen sich Habichte und Wachteln beobachten. Wer sich hinsetzt und zuhört, welche Laute die Stille des Abends durchbrechen, wird erstaunt sein. Manchmal pfeift der Wiesenpieper laut und hell. Im Bach plitscht es immer mal, denn im eisklaren Wasser jagen Gründlinge nach Insekten; auf dem Sand

des Grundes ziehen Schmerlen durch den kalten Bach. Auch bis zu 15 Zentimeter große Erdkröten, die aussehen, als seien sie aus dem Märchen vom Froschkönig gefallen, hört man quaken. Mit etwas Glück kann man auch dem hellgelben Schwalbenschwanz einen guten Abend wünschen, einem wunderschön gezeichneten Schmetterling, dessen farbenfrohe, fast fünf Zentimeter lange Raupen sich im Frieden der Landschaft ungestört entwickeln können.

Der Erlenwald zählt zu den wertvollsten Arealen des Naturschutzgebietes, denn hier finden die Tiere einen Rückzugs- und Lebensraum, der vom Menschen nicht berührt wird. Biologen kennen hier höchst seltene Waldgesellschaften, deren Standorte sie nur unter Experten verraten. Die Tiere dort mögen keine Menschen. Auch die feuchten und nassen Wiesen, die üppige Pflanzenwelt mit Sauergräsern am Ufer das Baches bieten kleinen Tieren, Vögeln, Molchen und Raupen den Platz, den sie zum Leben brauchen. Der Mensch, ein nur manchmal schützenswertes Wesen, hat ebenfalls Raum. Man trifft Spaziergänger mit und ohne Hund, mit und ohne Lektüre, mit und ohne Rucksack, dazu Radfahrer und Kinderwagen. Ein schnell wirksames Anti-Schnaken-Mittel dabeizuhaben, ist bei einem Rundgang durch die geschützte Natur ratsam. Stadtbewohner denken oft nicht daran und lernen schnell, dass Natur nicht nur schön und schutzwürdig ist. Mal ist es kalt und feucht, mal sirrend heiß, die Schuhe versinken in klatschnasser Erde, man schlägt nach Mücken und Schnaken – auch das ist der Erlensteg. Denn Natur ist kein Idyll. Eine Wiese voller violett blühender Orchideen ist es schon. Am Erlensteg gibt es nur beides zugleich.

MUSEUM DES VEREINS FÜR NATURKUNDE, HERRNSTRASSE 61
OFFENBACHER MUSCHELN, MEERESFAUNA UND SKELETTE

Am Eingang streckt ein Schädel dem Besucher seine Zähne entgegen, von den Wänden und Schränken scheinen die Vögel zu rufen, zum Flug abzuheben oder sich zu strecken. In den Tischvitrinen liegen Muscheln, Tannenzapfen, seltene Fossilien und interessante Gesteine. All das stammt aus Offenbach und Umgebung. Gesammelt, dokumentiert und ausgestellt hat diese Exponate der Offenbacher Verein für Naturkunde, der in einem großen Raum im Bernardbau sein Museum betreibt. Die Vereinsmitglieder beschäftigen sich mit Botanik, Zoologie, Anthropologie, Paläontologie, Geologie und Mineralogie. Ihre Themen finden sie in der Umgebung. „Die Meeresfauna von Offenbach am Main", heißt etwa eine paläontologische Veröffentlichung des Jahres 1999. In einer Vitrine finden sich große Muscheln, die aus dem Main stammen. Der Laie staunt, doch Hans-Joachim Schablitzki, seit 1982 Vorsitzender des Vereins, nickt wissend. Vor einigen Jahren hätten Vereinsmitglieder sie gefunden und den Fund dokumentiert. Auch der Schädel und die menschlichen Knochen, die in der Vitrine gezeigt werden, stammen aus Gräbern in Bieber, Rumpenheim, Dietzenbach, Langen oder Seligenstadt. Ausgegraben haben sie Vereinsmitglieder. Die Exponate erzählen vom schweren Leben der Menschen im Mittelalter. Sie zeigen Spuren von Arthrose, schlecht verheilten Knochenbrüchen und schweren Verletzungen. „Seit den 70er-Jahren arbeiten wir eng mit der Bodendenkmalpflege zusammen, alle Funde werden wissenschaftlich untersucht", betont Schablitzki.

Der Verein gehört zu den ältesten in Offenbach. Bereits 1859 wurde er von naturwissenschaftlich interessierten Bürgern gegründet. Ihre Arbeit erreichte bald Ansehen, und so erlaubte Fürst Wolfgang Ernst von Isenburg-Birstein, Sammlung und Bibliothek in seinem Schloss unterzubringen. 1868 kamen zwei weitere Räume hinzu, das erste Offenbacher Museum für Naturkunde entstand. Es enthielt „theils ausgebalgte, theils in Spiritus aufbewahrte Säugetiere, Vögel, Reptilien und Fische sowie Vogeleier und Skelette", heißt es im Katalog

aus dem Jahr 1873. Der Verein organisierte Vorträge mit Forschern und Experten, abonnierte wissenschaftliche Zeitschriften und hielt Fragestunden ab. Die Sammlung wuchs, und die Stadt Offenbach wurde der neue Eigentümer des Schlosses. Sie überließ den Naturkundlern das zweite und dritte Stockwerk. Dort richteten sie ein großes Museum mit umfassender Sammlung ein. Der Konservator hatte nun ein eigenes Arbeitszimmer, und zu sehen gab es in den ehrwürdigen Schlossräumen nun Mineralien, Fossilien, Schmetterlinge, Käfer, Insekten, ausgestopfte Säugetiere, Skelette und vieles mehr. Der Festvortrag zur Museumseröffnung von Dr. Karl Grosch vor Gästen aus Bürgertum, Wirtschaft und Politik lautete: „Allgemeine Betrachtungen über die tierischen Parasiten des Menschen".

1943 brannte das Schloss bei einem Bombenangriff aus. „Die Sammlung wurde zu 95 Prozent zerstört", erzählt Hans-Joachim Schablitzki. Doch mittlerweile umfasst die Fachbibliothek im Bernardbau wieder 10 000 Bände, darunter auch die Bücher, die aus den Trümmern gerettet wurden. Die alte, steinerne Ehrentafel der „ewigen Mitglieder" des Vereins prangt wieder über den Vitrinen. In den Schubladen des 2009 bezogenen Museums im Bernardbau lagern noch viele alte Schätze, doch es brauche viel Zeit, sie neu zu sortieren und auszustellen, seufzt der Vorsitzende. Dazu gehören ein großes Herbarium und eine Sammlung von Eiern einst heimischer Vögel. Bald ist die Untersuchung der 20 Meter langen Bohrkerne vom Umbau des Kickers-Stadions am Bieberer Berg an der Reihe, von denen sich die Wissenschaftler des Vereins spannende Erkenntnisse über die Geschichte der Region versprechen.

In Exkursionen, Vorträgen und Führungen teilen sie dieses Wissen mit den Bürgern. Auch das Museum wächst wieder. Aber langsam. Hans-Joachim Schablitzki denkt in naturkundlichen Dimensionen: „Wir wollen unsere Schätze hüten. Dazu braucht es Zeit. Unser Verein ist über 150 Jahre alt. Er wird es überstehen."

61

BIEBERTAL, DIETESHEIMER STRASSE 408
DIE GOLDENE STILLE AM FLUSS

Es ist so still. Ich höre den warmen Sommerwind. Das Gras, die Bäume und das Schilf rauschen, jedes auf seine Weise. Legt sich der Wind, gluckert nur der Bach da vorne. Sanft hebt das vielstimmige Rauschen an, legt sich unter das Platschen, schwingt lange aus und beginnt wieder. Ein Vogel warnt aus dem Wald vor dem Eindringling, der aus dem Schatten der Bäume in die Sonne tritt und sich einen Weg durch die Wiesenkräuter zum Wasser sucht. Ich blicke entlang des Laufs der Bieber in eine Flussaue, die aus einem Gemälde heraus in die Landschaft gefallen zu sein scheint. Wie ein Amphitheater bildet der Wald einen Kreis und umgibt eine weite Ebene mit mannshohem Schilf am Ufer, mit Hecken, Büschen, blühenden Kräutern und wehendem Gras. Da flitzen, flattern, huschen sirren die Protagonisten in diesem Theater der Natur umher. Ich suche die Loge und setze mich ins Gras. Es ist so still. Die Windrichtung ist gut, die Flugzeuge belästigen grade mal andere Menschen. Vögel schwirren über mir, sie zwitschern in den Wald, hören im Stimmengewirr ein Signal und pfeifen zurück. Libellen stürzen sich aufs Wasser, das den Sand in wellenartigem Muster geformt hat. Eine Eidechse huscht in den Schatten.

Das Schauspiel der Natur spielt nahe der Dietesheimer Straße, nur einige hundert Meter entfernt vom Ausflugslokal Käsmühle. Man lässt die Gaststätte rechts liegen, geht geradeaus in den Wald, bis nach einigen hundert Metern eine Weggabelung auftaucht. Hier ist der Eingang in das stille Theater. Man kann nach links am Waldrand entlanggehen und eine große Runde um die Bühne drehen. Ich gehe zur Bieber. Doch Moment, an der Kreuzung gibt es noch etwas zu sehen, was mit den Menschen und ihrer Geschichte zu tun hat. Das hohe Gebüsch verschluckt fast eine Stele aus Plexiglas. Es ist eine Station der städtischen Waldroute, die hier auf einen historischen Ort aufmerksam macht, den man sonst kaum bemerken würde. Hier stehen Hainbuchen und Eichen, die auf eine uralte Grenze hinweisen: die Rodgauer Landwehr. Erstmals

1435 ist sie urkundlich erwähnt und war ein undurchdringlicher Grenzwall, der nur aus Natur bestand. Die Grenzwächter ließen dornige Hecken aus Weiß- und Schwarzdorn sowie weiterem Gehölz wachsen, verflochten sie mit den weiten Ästen der Bäume und schufen so im Lauf der Jahre eine undurchdringliche Mauer. Soldaten, Räuber und Wölfe blieben draußen, und Flüchtigen blieb der Weg versperrt. 1425 verkaufte Gottfried von Eppstein das Amt Steinheim und seine Umgebung an den Erzbischof und Kurfürsten zu Mainz. Das kleine Offenbach gehörte damals Frankfurt, denn der Landesherr Werner III. von Falkenstein, zugleich Erzbischof von Trier, hatte den Ort für 1000 Goldgulden an die Reichsstadt verpfändet. So verlief hier ein hölzerner Vorhang zwischen dem mächtigen Kurmainz und dem einflussreichen Frankfurt.

Am Abend taucht die Sonne das Wiesental in warmes Licht mit langen Schatten. Aus der Landschaft wird wieder ein Gemälde. Bald ist es nicht mehr Tag und noch nicht Nacht. Die Schatten sind verschwunden, der Himmel ist golden und gerahmt in dunkles Blau. Es raschelt. Drei Rehe blicken scheu über die Wiese und grasen. Ein Flugzeug dröhnt heran, sie ignorieren es. Noch zwei Rehe huschen aus dem Wald auf die Bühne und blicken herüber. Ein unachtsamer Schritt, ein Zweig knackt, und mit kühnem Sprung sind sie verschwunden. Das Licht senkt sich, der Wald ist nun schwarz. Ein Wildschwein sucht im Schutz des hohen Grases nach Nahrung, nur für Momente ist es zu sehen. Zeit, zu gehen. Die Nacht schluckt den Blick und die Wege und die Erinnerung an den Weg. Welche ist die richtige Kreuzung? Zweiter Versuch. Dritter Versuch. Wieder hinein in die Dunkelheit. Ein Käuzchen schreit. Da vorne ist Licht! Da steht das Auto. Aus dem Biergarten der Käsmühle ist Gelächter zu hören. Knappe zehn Minuten Autofahrt, und ich stehe an der Ampel in der Innenstadt und blinzle ins grelle Lampenlicht der Stadt. Im Theater der Natur beginnt die Nachtvorstellung.

GOLDOCKERHOF, CLARA-GREIN-STRASSE 400
DAS GLÜCK AUF DEM RÜCKEN

Über die Pferdekoppeln mit ihren weißen Hindernissen reicht der Blick weit bis in den Taunus. Die Boxen stehen in langer Reihe neben der Reithalle. Es riecht nach Pferden, man hört den Gang ihrer Hufe und ab und zu ein Wiehern. Vor dem großen Gebäude sitzen auf der schattigen Terrasse ein paar Restaurantgäste und trinken Kaffee. Aus Orten wie diesem stammt der Stoff für TV-Serien, Liebesfilme und Mädchenträume mit wehenden Mähnen, Strohhüten und warmen Ställen. Es ist ein Offenbacher Idyll. Nicht weit vom Rumpenheimer Schlosspark liegt der Goldockerhof von Familie Schulz. Die Wurzeln des Betriebs reichen zurück ins 16. Jahrhundert.

1982 übernahmen der Ur-Rumpenheimer Erwin Schulz, ein begeisterter Turnierreiter, und seine Frau Ilse den Hof von seinem Vater, der ihn ebenfalls vom Vater bekommen hatte. Um die Jahrhundertwende gehörte ein Fuhrgeschäft dazu, doch mit der Rezession 1928 gab es nichts mehr für die Pferdewagen zu laden. Lange hatte der Betrieb in der Mainkurstraße seine Heimat. 1997 baute das Ehepaar in der Clara-Grein-Straße ein großzügiges, neues Gestüt. Seit einigen Jahren arbeiten hier auch Tochter Ingrid und Sohn Alexander. Sie kümmern sich um 30 bis 50 Pensionspferde, zehn Ausbildungspferde, betreiben eine Zucht, eine Reitschule, einen Reitershop und führen eine Gaststätte. Dazu kommt der nachhaltig angelegte landwirtschaftliche Betrieb mit 80 Hektar Grünland, Rindern, Schweinen, Hühnern, Erdbeeren und Kartoffeln. „Wir produzieren Heu und Pferdefutter selbst. Auch unsere Tiere haben ein artgerechtes Leben. Wir wollen keinen Massenbetrieb, alles bleibt in unserer Hand", betont Ilse Schulz. Ihr Mann und Sohn Alexander stehen mit verschmierten Armen vor den zerlegten Teilen einer Erntemaschine. Es ist Heuernte, und ausgerechnet jetzt ist die Maschine ausgefallen. Sie muss laufen, damit das Heu trocken in den riesigen Schobern hinter der Halle landet. „Unser Leben richtet sich komplett nach dem Wetter", kommentiert Ingrid Schulz den Stress

der Reparatur. Ihr Leben kann man mit einem Wort beschreiben: Pferde. Sie ist Pferdewirtschaftsmeisterin und staatlich geprüfte Reitlehrerin, war Hessenmeisterin im Vielseitigkeitsreiten und trat bei den Deutschen Meisterschaften an.

Der Arbeitstag der Familie beginnt morgens gegen sieben, und oft ist erst um elf Uhr nachts Feierabend. In der Gaststätte, in der Mutter Ilse abends noch am Tresen steht, geben große Scheiben den Blick in die Reithalle frei. Der Parcours ist 62 mal 25 Meter groß, hier finden auch Hallenturniere statt. Jetzt sitzt nur ein blondes Mädchen im rosa T-Shirt mit Reitstiefeln und Helm etwas steif und schüchtern auf dem Pferd, das von der Reitlehrerin geduldig durch den Sand geführt wird. Es ist die erste Reitstunde. „Es braucht Zeit, um Gefühl für die Bewegung des Tieres zu gewinnen", erklärt Ingrid Schulz. An der Wand hängt ein Ölgemälde, das Hengst Bertone zeigt. Mit seinem Kauf begann 1987 der Zuchterfolg. Manche der Nachkommen, die er gezeugt hat, sind in Saudi-Arabien zum Siegerpferd geworden. „Wir bilden die Tiere aus, schauen, was sie interessiert und für was sie sich eignen. Die einen sind sportlich, andere brauchen Ruhe", beschreibt sie ihren Blickwinkel. „Pferde müssen sich entwickeln, sie brauchen positive Erlebnisse", betont die Trainerin. Beim nächsten Blick in die Halle liegt das Mädchen im Sand, die Lehrerin hilft ihm auf die Beine. „Das Pferd hat einen Schritt zur Seite gemacht, da hat sie das Gleichgewicht verloren. Das kann am Anfang passieren", sagt Ingrid Schulz und schaut mitfühlend zu. Zwei schwarze Hunde kommen von draußen und schauen sie erwartungsvoll an. Ingrid Schulz krault sie am Bauch. Ihre Namen? „Wautz" antwortet sie. Und der andere? „Wautz. Die beiden sind immer zusammen, den ganzen Tag. Da genügt ein Name." Die beiden traben hinaus und machen entlang der Koppeln einen Kontrollgang. Alles ist ruhig. Ponys grasen in der Sonne, ein paar Rinder liegen im Schatten. Was für ein Idyll. Wäre es nur nicht so viel Arbeit.

WALDZOO, WALDSTRASSE 275
TIERISCHE OASE IM WALD

Walter ist völlig entspannt. Er blickt durch die Fransen seines dunkelbraunen Ponys zu den Kindern, die aufgeregt zu ihm hinstarren, zu den Eltern rennen und wieder zu ihm hingucken. Aufstehen lohnt sich nicht. Er schaut über die Wiese. Auch da geschieht nichts, was eine Bewegung nötig machen würde. Er könnte ein wenig weiter dösen, doch eine lästige Fliege nervt. Mit einem heftigen Kopfnicken scheucht er sie aus dem dichten Fell am Hals. Walter ist der Größte im Waldzoo. Das schottische Hochlandrind hat ein großes, eigenes Gehege mit Wiese, Stroh und lockerem Erdboden. Ihm geht's gut im einzigen Offenbacher Zoo, der seit 2007 von der Zootierpflegerin Susanne Wollensak betrieben wird. Walter und die rund 300 anderen tierischen Bewohner werden vor allem von Kindern, ihren Eltern und Großeltern bestaunt, gefüttert und gestreichelt. Es ist ein Zoo mit Tieren zum Anfassen.

Vom Parkplatz „Nasses Dreieck" gegenüber der Stadthalle sind es zwei Minuten Fußweg, und man steht am Eingang. Dass sich hinter dem Holzhaus, an dem es Kaffee, Eis und Getränke gibt, ein Zoo befindet, ist nicht zu überhören. Laut grunzt, mäht und zwitschert es. Susanne Wollensak schält mit zwei jungen Frauen eine Schubkarre Bananen für die Shetland-Ponys. Sie ist selbst im Zoo groß geworden, und nun ist es ihrer. 1965 baute der damalige Förster des Reviers die ersten Gehege. Er lebte mit seiner Familie im Forsthaus an der Waldstraße, das an den Zoo grenzt und nun von Susanne Wollensak, ihren vier Hunden und einem Pferd bewohnt wird. „Damals brachten Spaziergänger verletzte Tiere und Vögel zu ihm, die sie fanden. Er pflegte sie, bis sie zurück in die Freiheit konnten. Aber das war, etwa bei Jungtieren, oft nicht mehr möglich. Also bekamen sie hier ihren Platz", erzählt sie. Das sprach sich herum. Er wurde immer öfter informiert, wenn Tiere in Not waren. Der Zoo wurde größer. Als er 1996 in Pension ging, übernahm Ralf Heil den kleinen Zoo und wurde sein Geschäftsführer. Er setzte das

Prinzip des Försters fort: Er kaufte keine Tiere, sondern nahm sie auf. Bis heute hat jedes Tier seine Vergangenheit: Manche entgingen – wie das Hochlandrind Walter – durch einen schönen Platz im Wald dem Schlachthof. Die Kängurus, die durch ein großes Areal federn und dabei von großen Kinderaugen bestaunt werden, züchtete der Besitzer eines australischen Restaurants. Als er das Lokal aufgab, war auch ihr Ende besiegelt. Doch die Dinge fügten sich, und nun machen sie sich über einen großen Korb Gemüse her.

Als sie zwölf Jahre alt war, wurde Heils Zoo zur zweiten Heimat von Susanne Wollensak. Sie wohnte in der Nähe, liebte Tiere und half lange fast täglich, die Tiere zu füttern und zu pflegen. Nach dem Ende der Schulzeit absolvierte sie in Heils Zoo ihre Ausbildung zur Zootierpflegerin. 2005 fand Heil eine neue Berufung als „Pferdeflüsterer". Wollensak kaufte ihm das Forsthaus und den Zoo ab. Mindestens vier Stunden täglich dauert es, bis sie mit den Auszubildenden und Ehrenamtlichen das Füttern und die Pflege der Tiere erledigt hat. Im Lauf der Jahre sind ziemlich viele Rassen bei ihr gestrandet: Die kleinen und großen Besucher bestaunen Shetland-Ponys, Schafe, Maras, Esel, Ziegen, Waschbären, Streifenhörnchen, Frettchen, Kaninchen, Pfauen, Fasane, Unzertrennliche, Stinktiere und Amazonen – um nur ein paar zu nennen. Füttern ist ausdrücklich erlaubt – aber nur das Futter, das es am Eingang in der Tüte und im Eimer zu kaufen gibt. „Die Besucher können ja nicht wissen, was welche Tiere gut vertragen. Uns sind schon Tiere wegen falscher Fütterung durch Besucher gestorben", sagt Wollensak und geht zu einem Gehege mit großer Hütte. „Lucy! Rosi!", ruft sie. Die Antwort von drinnen ist ein lautes Grunzen. Ein kleines Hausschwein und ein großes Hängebauchschwein traben neugierig heraus und tapsen zu Susanne Wollensak. Sie streichelt ihre Schnauzen, die beiden genießen es. Auch sie wären vor einigen Jahren fast im Schlachthof gelandet. Echt Schwein gehabt.

BIEBERER AUSSICHTSTURM
128 STUFEN ZUR SCHÖNHEIT DER WEITE

Wenn man oben steht, schaut man nicht hinunter. Man blickt in die Weite. Der trutzige Turm ist nur 24 Meter hoch, und genau 128 Stufen führen vorbei an kleinen Fenstern nach oben auf die Zinnen. Er liegt ein wenig versteckt zwischen Bäumen, obwohl sogar eine Straße nach ihm benannt ist. Der Bieberer Aussichtsturm wurde am höchsten Punkt der Stadt erbaut. Er liegt nicht in Bieber, sondern im Gemarkungsdreieck zwischen Bieber, Bürgel und Rumpenheim und, genau vermessen, etwa zehn Meter tief auf Rumpenheimer Gebiet. Bei einem fast 200 Kilometer weit reichenden Ausblick kommt es auf ein paar Meter doch nicht an. Er trägt seinen Namen dennoch sachlich richtig, weil er auf dem Bieberer Berg die Baumkronen überragt.

1882 zementierten Maurer die Ziegelsteine für den Turm in Richtung Himmel, und da gehörten die drei heutigen Stadtteile noch nicht einmal zur Stadt Offenbach. Aber wer will schon streiten, bei diesem Ausblick? Er reicht weit über Bieber hinweg bis in die Rheinebene. Durch den Dunst streckt sich die Silhouette des Odenwalds immer weiter nach Süden. Eine Drehung, und der Spessart rückt hinter dem Staudinger-Kraftwerk zwischen Ebene und Horizont. Daneben verschwimmen die sachten Hügel der Wetterau mit dem Himmel. Noch eine kleine Drehung und man blickt nach Norden. Über dem weiß-roten Dach des Stadions erheben sich die Türme der Frankfurter Skyline, ein Stück vom Citytower ragt knapp über die Bäume und der Feldberg liegt da, als wäre er nur einen Katzensprung entfernt. Von oben ist der Turm das Zentrum des ganzen Landes.

Die Idee, am damaligen „Exerzierplatz" einen Turm zu bauen, ersannen die Mitglieder des „Verschönerungsvereins für Offenbach und Umgebung", der 1880 gegründet wurde. Die Mitglieder sammelten bei den Bürgern Spenden und schenkten der Stadt damit schöne Bänke und hübsche Spazierwege. Sie ließen zudem ein Schillerdenkmal im damals modernen Jugendstil aufstellen. Das kaufte der Verein gebraucht auf der Gewerbeausstellung 1909 in Nürnberg. Es zeigte allerdings nicht den Dichter, sondern den bayrischen Prinzen Luitpold. Schiller feierte in diesem Jahr seinen 150. Geburtstag, und der Verein wollte den Dichter mit einem Denkmal feiern. Doch die passende Büste war nirgends aufzutreiben. Die Verschönerungsfreunde stellten also eine Kupfervase obendrauf und lobten den Dichter mit einer Festrede.

Auch der Bau des Turms war eine schwierige Angelegenheit von fast kommunaler Komplexität. Denn der Bau wurde teurer und teurer. Zunächst rechnete der Verein mit Baukosten von 1500 Mark. Zur Eröffnung 1882 hatte der Bau mit Erkern, Bögen und Zinnen allerdings fast das Fünffache verschlungen. Er kostete 7266 Mark. Heute wären das, die Kaufkraft umgerechnet, etwa 36 000 Euro. Zur Eröffnung sang ein Chor, der Musikverein musizierte und die Zeitung jubelte, man könne über 40 Dörfer und Städte von oben entdecken. Zudem eigne der Turm sich hervorragend für „strategische Höhenmessungen". Der schöne Blick blieb, die Zeit am Boden wandelte sich. 1922 übernahm die Vereinigung der Offenbacher Wandervereine den Turm, denn den Verschönerungsverein gab es nicht mehr. 1943 wurde der Turm Eigentum der Stadt Offenbach, die einen Turmwächter vor den Eingang setzte, der Eintrittsgeld kassierte. 1954 eröffnete ein Bieberer Gastronom eine Wirtschaft am Turm, doch sie hielt sich nicht lange. Die Offenbacher verloren das Interesse an Treppensteigen und Landschaftsgucken. Der einst stolze Turm verfiel und bröckelte. 1964 schluchzte die Offenbach Post: „Durch vergitterte Fenster bläst der Wind, und hohl klingen die Schritte auf den Stufen." 1984 war die Zeit der staubigen Stille vorüber: Der Musikverein Eintracht und die Vergnügungsgesellschaft Offenbacher 03 übernahmen die Patenschaft. Beide Vereine pflegen den Turm seitdem liebevoll und öffnen von Mai bis September jeden Sonn- und Feiertag pünktlich von 10 bis 18 Uhr die schwere Holztür. Der Eintritt ist frei wie der Blick übers Land.

65

TENNIS-UNIVERSITY, AUF DER ROSENHÖHE 68
DAS GEWINNER-QUANTUM

Aufschlag. Nochmal. Komm, weiter. Streng dich an! Benjamin Ebrahimzadeh läuft in grauem Jogginganzug, T-Shirt und Turnschuhen am Platz entlang, grüßt mit Lächeln und schnellem Schulterklopfen einen drahtigen jungen Mann, der ihm mit Sporttasche und Schläger entgegenkommt. Er beobachtet zugleich sehr genau, wie der blonde Tenniscrack auf dem Court mit seinem Trainer an seinem Aufschlag arbeitet. Ebrahimzadehs Miene verrät nichts über sein Urteil. Der Mann ist schließlich Profi. Er gehört zu den besten Tennistrainern der Welt, doch sein Büro mit großem Fenster in die Halle ist winzig. Er setzt sich in den alten Bürostuhl und tippt ein paar Zahlen in den Computer. Benjamin Ebrahimzadehs Arbeitsplatz ist die Tennis-University, die sich im Leistungszentrum des Hessischen Tennisverbandes auf der Rosenhöhe eingemietet hat. 2010 gründete er mit Rainer Schüttler – vor einigen Jahren fünftbester Tennisspieler der Welt – und dem Ex-Profi Alexander Waske die Schule. Beide hatte er zuvor selbst trainiert, hat mit ihnen Niederlagen und Erfolge geteilt. Nun ist Ebrahimzadeh der Cheftrainer „einer der besten Tennisschulen der Welt", wie er mit Understatement sagt. Die derzeit bekanntesten Spielerinnen, mit denen er arbeitet, sind Angelique Kerber – die in Wimbledon das Halbfinale erreichte – und der Tennisstar Andrea Petkovic.

Der Rundgang ist schnell gemacht: drinnen und draußen Tennisplätze, ein Kraftraum mit Dutzenden Geräten, Physiotherapie, Sauna und Entmüdungsbecken, Aufenthaltsraum und die Zimmer der Sportler, die bei längeren Trainingseinheiten hier wohnen. Ebrahimzadeh zuckt die Schultern: „Es gibt nichts, was andere Leistungszentren nicht auch verwenden würden." Es ist das Trainingskonzept, das die Tennis-University unterscheidet. Die drei Gründer haben in der Tenniswelt einen weltweit hervorragenden Ruf – und so suchen sie aus, welche Spieler sich hier verbessern dürfen. „Wir sind sehr wählerisch. Wir müssen Potenzial sehen", sagt Ebrahimzadeh.

Doch einen Spieler von 60 auf 70 Prozent seiner Leistung zu bringen, interessiert ihn nicht. „Wir fangen erst bei 90 Prozent an." In einer Woche trainiert man bei ihm rund zehnmal die Kondition und arbeitet zehnmal an seiner Spieltechnik. „Manchmal gehen wir bis an die Grenzen der Spieler, manchmal bleiben wir darunter. Auf diesem Niveau kommt man öfter nur mit Quälerei und harter Arbeit voran." Zwei Psychologen arbeiten zudem mit den Profis, um Blockaden zu lösen, zu motivieren und dem eigenen Körper zu vertrauen. „Du musst dich nach drei Stunden härtestem Match noch frisch fühlen. Ein Turnier muss wie Urlaub sein. Nur so kannst du das letzte Quantum Kraft und Konzentration freisetzen und gewinnen. Daran arbeiten wir." Das beginnt für ihn mit Disziplin: „Wenn ein Spieler nicht zehn Minuten vor Trainingsbeginn gut aufgewärmt am Platz erscheint, fliegt er raus." Er begleitet einige seiner Spieler – wie etwa Andrea Petkovic – zu den Turnieren der Welt: „Es geht nach Paris, Dubai, USA, Australien, manchmal alles innerhalb einer Woche." 2006 gab Benjamin Ebrahimzadeh seine Tenniskarriere als Bundesligaspieler auf. „Viel zu früh – aber das ist mir erst viel später klar geworden." Er absolvierte die höchsten Lehrgänge und arbeitet seitdem als Trainer mit Anspruch. Sein Arbeitstag beginnt manchmal um sechs Uhr morgens. Um 17.30 Uhr endet die letzte Trainingsstunde des Tages, danach entwirft er Trainingspläne, plant seine Termine, schreibt Mails und stimmt sich mit den Trainern ab, die er auch ausbildet. „Vor 21 Uhr komme ich selten nach Hause." Doch Sieger könne er „definitiv nicht" produzieren. „Man kann nur versuchen, das Potenzial auszuschöpfen – und es jeden Tag besser machen."

HUNDERENNBAHN, BÜRGELER MAINUFER
PFEILSCHNELL HINTERM FALSCHEN HASEN HER

Der Hase jault kurz auf und schießt los, sechs Hunde spurten hinterher. Sie setzen zu gewaltigen Sprüngen an, liegen einen Moment mit weit gestreckten Läufen waagerecht in der Luft und sprinten in irrwitzigem Tempo übers Gras. Den Hasen kriegen sie nicht, der ist schneller. Er liegt nun auf dem Sandstreifen, und die Hunde stürzen sich auf ihn. Doch kein Tier ist in Gefahr. Der falsche Hase ist nur ein schwarzer, gefüllter Leinenbeutel, an den lange, gelbe Bänder geknotet sind. Die Hunde lassen sich von Herrchen und Frauchen schnell ablenken. Runter mit dem Maulkorb, es gibt Kraueinheiten und Leckerlis, da kommt man gerne mal mit. Am Bürgeler Mainufer steht eine Rennbahn, die bei Spaziergängern für Nachdenken sorgt: Eine Rennbahn ist das, na klar. Aber wer läuft hier? Kinder? Ponys? Es sind Windhunde, die hier über die 450 Meter lange Strecke sprinten. Für diese Distanz brauchen sie nur 25 Sekunden, und damit spurten sie die olympischen hundert Meter in 5,5 Sekunden. Das ist fast doppelt so schnell wie Sprintwunder Usain Bolt.

In Hessen gibt es nur vier Windhundevereine und drei Rennbahnen. Hugo Oberegge fährt deshalb samstags mit seiner Ehefrau aus Bad Camberg ans Mainufer. Die beiden lieben seit mehr als 26 Jahren Windhunde. Ihnen gehören ein persischer Windhund – ein Saluki – und zwei Whippets. Diese kleinen englischen Windhunde sind eine Kreuzung aus Windspiel, Greyhound und Terrier. Whippets sehen mit ihrem schlanken Körper ganz zart aus und blicken aus Augen, denen niemand etwas abschlagen kann. Weitere Rassen sind der Greyhound, der Afghane, der irische Wolfshund und der Azawakh, der auch Tuareg-Windhund heißt. Auf der Rennbahn wird ihr angeborener Jagdtrieb mit dem falschen Hasen geweckt. Mit einem Kettensägemotor angetrieben, schießt er auf Rollen an der Innenseite der Bahn voraus. Jetzt verwandeln sich die Windhunde in pfeilschnelle Kraftpakete und spurten mit weiten Sprüngen hinterher. „An den Körpern der Windhunde ist kein Gramm Fett. Das sind pure Muskeln, aber nicht,

weil die Besitzer sie speziell ernähren und trainieren. Das ist ihre Genetik", erzählt Oberegge. Trainieren könne man nur ihre Kondition. „Entweder ein Windhund läuft oder er läuft nicht", sagt er. Dass sie für ein paar Sekunden in der Startbox verharren, bis sich die automatischen Türen öffnen, sei der einzige Trainingserfolg.

Zwischen 40 und 70 Mitglieder treffen sich regelmäßig am Main zum Training, doch ein echter Windhund ist dazu keine Voraussetzung. „Jeder Hund ist willkommen", sagt Oberegge. 1949 gründete sich der CWF, der Klub für Windhunderennen Frankfurt. Er heißt bis heute so, obwohl die Bahn in Offenbach liegt. Das hat seinen Grund. Die Stadt Frankfurt hatte dem Club in der Nachkriegszeit das Gelände zugewiesen. „Das ganze Areal hier gehört Frankfurt", sagt Oberegge leise. Doch es geht um Spaß mit Hunden und nicht um kommunale Befindlichkeiten. Also zurück: Die Windhunde dürfen im Alter von 18 Monaten bis acht Jahren auf der Bahn jagen gehen. Dazu brauchen sie eine Rennlizenz. Das Wetten auf Hunde ist in Deutschland streng verboten. „Sie werden geschützt. Das ist das Wichtigste", betont Hugo Oberegge. Neben den Sprintrennen trifft man sich zum Coursing. Zwei Hunde jagen dabei den falschen Hasen auf einem 850 Meter langen Parcours im freien Feld. Die Schiedsrichter bewerten Intelligenz, Geschicklichkeit, Kondition, Schnelligkeit – und vor allem, wie aufmerksam der Hund dem Hasen folgt.

Nun will auch Oberegges Whippet, der auf den Namen „Id es quassia" hört, auf die Bahn. Darf er. Der Hund ist schon ein älterer Herr und halb blind, und so zischt er allein eine halbe Runde den gelben Bändern hinterher. Wie er zu seinem Namen kam? Oberegge zuckt die Schultern. „ Züchter vergeben die Namen ihrer Hunde nach dem Alphabet. Bei Q war es schwierig. Quassia ist ein Heilkraut. Irgendwie kam er darauf." Der Whippet schießt mit ungeahnter Kraft die Bahn entlang und schnappt sich im Ziel den Hasen im Sand. Älterer Herr? Von wegen.

KICKERS-FANMUSEUM, ASCHAFFENBURGER STRASSE 105-107
DIE KUTTE, DIE BALALAIKA UND DER DFB-POKAL

Rot-weiß ist draußen die Wand gestrichen, und drinnen dominieren die gleichen Farben. „Von Fans für Fans" ist oben an der Aschaffenburger Straße zu lesen, so nah zum Stadion am Bieberer Berg, dass man das Spiel von hier aus mit den Ohren verfolgen kann. Das macht aber kein anständiger Fan. Der steht auf der Waldemar-Klein-Tribüne und kickt in Gedanken mit. Doch das Gedächtnis der Kickers liegt zweihundert Meter weiter in Bieber, in einem früheren Getränkemarkt.

Drinnen empfängt Kickers-Ehrenpräsident Waldemar Klein die Besucher. Klein starb 2010, so kann er nicht persönlich die Hände schütteln. Aber seine Büste, die er als Geschenk zu seinem 70. Geburtstag von Freunden geschenkt bekam, hat nun einen Ehrenplatz direkt am Eingang des Kickers-Fanmuseums erhalten. Dieser Platz hätte der 2010 verstorbenen Vereinslegende gefallen: Um die Büste ist liebevoll ein rot-weißer Schal gelegt, davor brennt eine Kerze. Hinter ihr reiht sich ein rot-weißer OFC-Wimpel an den nächsten, über ihnen liegen Bälle mit Spieler-Autogrammen, nebenan hängen Dutzende Schals und gleich vorne eine Fankutte mit der Aufschrift „OFC forever". Von den rot und weiß gestrichenen Wänden ist nicht mehr viel zu sehen.

All diese Stücke haben Thorsten Franke und seine Freunde zusammengetragen. Er archiviert seit über 20 Jahren alles, was in Rot und Weiß mit den Kickers zu tun hat. „Mit einem Wimpel hat alles angefangen", erinnert sich der Dachdecker, der – je nach Spielplan – den Kickers oder dem Museum jede freie Minute widmet. 2007 wurde seine Sammlung erstmals öffentlich in der Goethestraße 62 gezeigt. In dem früheren Laden konnte er das erste Fanmuseum einrichten. „Es ist in ganz Europa das einzige Museum, das nicht vom Verein getragen wird, sondern von Fans", erklärt Franke das Besondere der Sammlung. „Wir wollen die Tradition festhalten, die im schnelllebigen Profifußball keine große Rolle mehr spielt, und wir wollen den Fans die

Geschichte ihres Vereins so plastisch wie möglich darstellen", ergänzt Harald Spoerl. Er ist der Museums-Archivar, kann die Namen sämtlicher Spieler bis vor dem Ersten Weltkrieg einordnen und führt Besucher kundig durch die Sammlung. Sie umfasst Erstaunliches: Spoerl zeigt auf eine Postkarte mit den Autogrammen der Spieler aus dem Jahr 1907, auf das älteste Spielertrikot der Sammlung von 1946 und auf eine Balalaika. „1957 war der OFC der erste deutsche Fußballverein nach dem Zweiten Weltkrieg, der in die Sowjetunion reisen konnte", erzählt Spoerl. Das Musikinstrument bekam der bekannte Verteidiger Alfred „Freddy" Schultheis auf der Reise geschenkt. Er übergab sie dem Museum zum fünften Geburtstag. Seit es das Museum gibt, bringen immer wieder auch frühere Spieler ihre Raritäten vorbei. So kam auch eine Flasche 1959er Bernkasteler Riesling in die Vitrine, die jeder Spieler 1959 zur Deutschen Vizemeisterschaft erhielt. Damals verloren die Rot-Weißen ausgerechnet gegen Eintracht Frankfurt mit 3:5. Der Riesling war der einzige Trost.

1970 gewannen die Kickers den DFB-Pokal. Es war der bislang größte sportliche Erfolg des Vereins. Zum 40. Jahrestag des Pokalgewinns stiftete der französische Kraftwerkskonzern Areva, der in Offenbach seine Deutschland-Niederlassung unterhält, eine Replik des Potts. Sie hat im Museum einen gebührenden Platz gefunden. Nicht weit davon hängen Hunderte Trikots an langen Stangen, sorgsam in Folie gehüllt. „Wir haben seit 1977 jedes Spielertrikot gesammelt", sagt Harald Spoerl. Neben dem Tresen haben die Museums-Fans noch ein Kino eingerichtet. Die Sitze stammen aus dem alten Stadion. Darin genießen sie gerne die Aufzeichnung eines legendären Siegs von DVD, wenn es die Mannschaft den Fans mal nicht so leicht macht. Aber den Fans ist das egal. Das Familiäre und der Zusammenhalt sind ihnen wichtig und nicht, ob sie nach Dortmund, München oder nach Burghausen zum Auswärtsspiel fahren. Deshalb ist das Museum so liebevoll rot-weiß geworden.

BOXCLUB, HAFEN 19
HARTE SCHLÄGE FÜR EIN GUTES LEBEN

Oben wollen sie alle stehen. Auf blauem, elastischem Boden tänzeln, den Gegner in die weißen und roten Seile treiben, den perfekten Treffer landen. Es riecht nach Stahl und Schweiß in der Halle. „Fair play" ist metergroß an die Wand gemalt, an der unter Heizungsrohren die Sandsäcke an dicken Ketten baumeln. Plakate werben für „Boxen live", in Bilderrahmen hängen Urkunden, die Seitenwand ist verspiegelt. Die Halle am Hafen zwischen dem Kraftwerk, einer holprigen Straße und Speditionsfirmen gehört einem Boxclub, der anders ist. Hier brauchen Sieger keinen K. o. in der ersten Runde zu landen. Und das motiviert die Kämpfer erst recht, zu gewinnen. Der Boxclub Nordend verbindet hartes Training mit dem Bewusstsein, mit Ehre verlieren zu können. Und es trotzdem zu schaffen. Das Leben ist oft härter, als drei Runden im Ring zu überstehen.

2003 gründeten der Sozialarbeiter Wolfgang Malik und der Lizenzboxtrainer Bernd Hackfort nur ein paar Hundert Meter entfernt, im Jugendzentrum Nordend in der Johannes-Morhart-Straße, ein Boxprojekt. „Der Stadtteil war damals knapp vorm sozialen Brennpunkt", erinnert sich Malik. Bei einem Straßenfest diskutierten sie über Wege, den Jugendlichen Respekt, Disziplin, Pünktlichkeit und Verantwortung zu vermitteln. Für Hackfort gab es nur einen Weg: Boxen. Malik war skeptisch. „Ich habe richtig gezuckt, wie soll ein Kampfsport gewaltpräventiv wirken?" Die Antwort: Es komme darauf an, welche Werte die Trainer vermitteln. Nach einigem Überlegen beschlossen sie, es zu versuchen. Viele Besucher des Jugendzentrums aus allen Kulturen gehörten Straßengangs an, hatten Drogenerfahrungen und eine abgebrochene Ausbildung hinter sich. Manche standen nur knapp vor dem Knast. Beim Training begann Hackfort, den Jugendlichen ihre Grenzen zu zeigen. Die beiden arbeiteten dabei von Beginn an mit klaren Regeln: Wer sich außerhalb des Trainings prügelt, fliegt sofort raus. Jeder begegnet jedem mit Höflichkeit und Respekt. Malik und Hackfort kontrollieren auch die Schulzeugnisse der jungen Boxer. Wer in einem Fach schlechter als drei steht, bekommt Nachhilfe verordnet.

Doch durch das Niveau des Trainings und die raue Fürsorge der Trainer akzeptierte bald auch die Gang-Szene die Regeln. Das Projekt bewährte sich. Der Amateurboxer und Lehrer Peter Firner kam hinzu und entwickelte Trainingskonzepte. Aber auch die Initiatoren bekamen Treffer. Manche Jugendliche trainierten nur, um sich als Türsteher durchzusetzen. Doch die blieben nicht lange. Wegen der strengen Regeln. Die drei begannen, Nachhilfelehrer zu organisieren, helfen ihren Boxern beim Deutschlernen, bei Behördengängen, bei der Suche nach Ausbildungsplätzen und Wohnungen, schlossen Kooperationen mit Trägern. Sie helfen, wo es möglich ist. „Wir können den Jugendlichen eine Brücke in die Gesellschaft bauen, aber drüber gehen müssen sie alleine", erklärt Malik den Ansatz. Das Konzept zeigte Wirkung. 2007 trainierten bereits über 70 junge Männer und Frauen, sie bestritten Wettkämpfe und gewannen. Boxen gegen Gewalt – darüber berichteten der Stern, das Heute-Journal, die FAZ, RTL und Sat1 in ausführlichen Reportagen. Das Projekt erhielt mittlerweile über 15 Preise, gewann Sponsoren und konnte die große Halle am Hafen beziehen. Seitdem ist es ein Boxklub im hessischen Amateurboxverband, der im selben Jahr den Hessenmeister im Schwergewicht stellte. Wolfgang Malik ist der Präsident des Klubs, Hackfort der Geschäftsführer und Firner der Cheftrainer. Viele Männer und Frauen aus Darmstadt, Frankfurt und Wiesbaden kommen mittlerweile zum Hobbyboxtraining. Firner betreut rund 130 aktive Boxer und Boxerinnen. Auch Tanzen und Yoga gehören längst zum Angebot. Die Boxer besuchen auch Menschen in Altenheimen, in einem Nebengebäude stehen Seminar- und Schlafräume für Wettkampfvorbereitungen bereit. In der Halle machen sich die ersten Boxer fürs Training warm, üben vorm Spiegel, dehnen sich und zielen in die Sandsäcke. Es sind Schläge, die das Leben prägen.

69

VETERANEN-FISCHER, BERLINER STRASSE 256
DAS AUTO LÄUFT UND LÄUFT UND LÄUFT

ESP, Airbag und Rückfahrkamera kommen im Wortschatz von Hannes Fischer nicht vor. „Ich muss die Geschwindigkeit spüren können, den Fahrtwind und den Straßenbelag", sagt er. Mit 200 über die Autobahn brettern, das Navigationssystem die Route ansagen lassen, mit der Freisprecheinrichtung telefonieren und am Bordcomputer den Durchschnittsverbrauch abfragen ist für ihn reiner Horror. Die Autos, in die er sich setzt, tragen ein „H" auf dem Kennzeichen. Historic. Sie sind laut und haben Charakter. „Veteranen-Fischer" steht auf dem großen Schild über der Halle. Drinnen riecht es nach Öl, Blech und Anti-Rost-Spray. Die Autos, die hier aufgebockt sind, stammen aus der Zeit, als der Eiserne Vorhang unüberwindlich war, Deutschland durchs Wirtschaftswunder taumelte und Fußball-Weltmeister wurde.

Vor über 20 Jahren machte der vollbärtige Diplom-Ökonom aus seiner Liebe zu alten Autos ein Geschäft, das irgendwie von selbst anfing und heute läuft wie eine Ente nach 40 Jahren. Fischer repariert und wartet mit Kfz-Meister und Mechaniker nur Oldtimer von Citroën und Peugeot, besorgt sämtliche Ersatzteile und hilft verzweifelten Besitzern bei Problemen, die unmöglich zu lösen scheinen. Für Hannes Fischer sind sie das meist nicht. Doch er nimmt den Schraubenzieher selbst nur noch selten in die Hand. Denn seine Kunden kommen aus Frankreich, England, Wales, USA, Sri Lanka, Südafrika, Neuseeland und Australien. Seine Website ist dreisprachig. „In Frankreich gibt es für alte Citroën und Peugeot fast keine Ersatzteile mehr. Also rufen die Besitzer bei mir an. Ich besorge sie ihnen halt." In seinem engen Büro neben der Halle hängen uralte Kennzeichen, Fotos und Blechschilder seiner Lieblingsautos. Er kennt europaweit sämtliche Lieferanten, damit die alten Autos wieder oder weiter fahren können. Fischer beruhigt verzweifelte Oldtimerfans aus aller Welt mit Tipps und den passenden Teilen. Wer sich nicht auskennt, bringt seine Ente oder den Peugeot vorbei. „Es kommen viele, deren Repa-

raturversuche gescheitert sind", sagt er und lächelt. „Früher kamen vor allem Selbstschrauber, heute sind es eher die Besitzer größerer Modelle, die guten Service brauchen."

Citroën und Peugeot sind die Objekte seiner Leidenschaft. Sie begann um 1977. „Ich besuchte eine Bekannte, die damals einen Citroën 11CV fuhr. Das ist die legendäre Gangsterlimousine. So ein Auto musste ich unbedingt haben", erzählt er, als sei es gestern gewesen. Sein erstes Auto aber war ein alter Fiat 500. „Mit dem habe ich mich gleich mal in der Kurve gedreht. Damit ist das aber völlig ok. Da passiert nichts." Doch das Fiatfahren musste er erst lernen. „Motor und Getriebe waren nicht synchronisiert. Man musste immer ein bisschen Gas geben, wenn man runterschalten wollte. Das hatte ich aber schnell raus. Dieses Fahrgefühl hat mich geprägt." Als er einen Peugeot 403 Cabrio vor der Schrottpresse rettete, begann, was heute Veteranen-Fischer ist. „Der musste grundlegend überholt werden, aber niemand hat mir damals Teile verkauft. Ich habe mich eingelesen, und bald war der Keller und das Arbeitszimmer komplett voll. Diese Autos funktionieren ja noch mit Physik und Logik. Keine Sensoren und so ein Kram." Mitte der 80er-Jahre startete er den Ersatzteilehandel und inserierte in Fachzeitschriften. „Die Leute wollten aber nicht nur Teile kaufen, sondern sie auch eingebaut bekommen." Also mietete er zunächst in Frankfurt-Griesheim einen alten Sanitärbetrieb mit Hof und Lager. Seit über zehn Jahren stehen die Oldtimer in Offenbach. Werbung muss Fischer nicht mehr machen, er ist längst eine feste Größe in der Szene. „Wir haben genug zu tun", sagt er, als zum fünften Mal das Telefon läutet. Er hat auch Jeeps aus dem 2. Weltkrieg repariert, Ford-Vorkriegsmodelle und Dutzende Autos der 50er-Jahre. „Ich kenne mich gut aus mit Alltagsautos. Rolls Royce und Jaguar sind nicht so mein Ding." Und mit welchem Modell kommt er in die Werkstatt? Fischer lacht: „Ich fahre Fahrrad."

ALTE OBUS-SCHLEIFE AM BIEBERER BERG
DER WIRTSCHAFTSWUNDERBUS

Neben dem Stadion am Bieberer Berg parken seitlich der Straße lange Lastzüge und Busse. Bei Heimspielen des OFC werden sie von der Polizei immer mal weggeschickt. Sonst schlafen hier die Fahrer ein paar Stunden oder reparieren und putzen. Dass sie so nah zur Autobahn parken können, verdanken sie dem deutschen Wirtschaftswunder. Denn die vier gerundeten langen Fußgängerinseln sind die letzten Spuren der O-Busse in der Stadt. Die Abkürzung steht für Oberleitungsbus, eine heute in Deutschland fast verschwundene Mischung aus Straßenbahn und Omnibus. Nur in Solingen, Esslingen und Eberswalde fahren sie noch.

Der Offenbacher O-Bus war ein echtes Stück Technik der Nachkriegszeit. Die Stadt lag nach 1945 in Trümmern, die uralten Straßenbahnen waren überfüllt und oft defekt, es gab selten Ersatzteile und noch weniger Geld, um sie zu kaufen. Busse gab es kaum noch. So brauchte die Stadt ein neues Nahverkehrskonzept, denn das war nicht mit der Stadt mitgewachsen. 1950 beschlossen die Stadtverordneten, einen O-Bus-Betrieb aufzubauen. Die „gleislose Bahn" oder der „Trolley-Bus" galt in den Nachkriegsjahren als bedingungslos modern, günstig, leistungsstark und effektiv. Auf Benzin und Diesel lag teurer Einfuhrzoll, den man sich so sparte. O-Busse fuhren schneller als Straßenbahnen, sie beschleunigten besser und ließen sich mit weniger Personal betreiben. Vor allem für die Strecken über den Bieberer Berg spielte die Beschleunigung am Berg ein wichtige Rolle. Das Geld für den modernen Nahverkehr kam aus dem Marshallplan. Der Magistrat hatte mit dem Bundesverkehrsministerium verhandelt und sich einen Kredit über 300 000 Mark gesichert. Um die alte Straßenbahn zu sanieren, hätte es keinen Pfennig gegeben, denn der Marshallplan finanzierte nur Neuanschaffungen. Und so ließ die Stadt auf den seit 1909 unveränderten Schienensträngen vom Goethering nach Bürgel einen O-Bus aus dem Marshall-Plan verkehren. Nein, man hat nichts repariert, sondern die Strecke für die moderne Technik vorbereitet. Genau wie besprochen. Am 16. Juli 1951 wurde die 5,6 Kilometer lange Linie 1 von der Hessestraße in Bürgel zum Goethering eröffnet, auf der fünf O-Busse verkehrten. 1953 nahm die Linie 2 den Betrieb auf. Sie brachte die Menschen vom Bieberer Ostendplatz zum Stadtkrankenhaus, zum Hauptbahnhof, zur Sprendlinger Landstraße, zum Starkenburgring und weiter zur Schäferstraße. Am Bieberer Berg ließ die Stadt für die Fans der Kickers die große Wendeschleife bauen. Die Linie 3 von Rumpenheim zum Buchrainweiher vervollständigte am 30. Oktober 1955 das nun 14,7 Streckenkilometer lange Netz.

Die Busse der Hersteller Daimler-Benz und Büssing gehörten zu den ersten in Deutschland, die eine Lichtmaschine besaßen und damit den Innenraum erleuchten konnten. Manche zogen noch einen Anhänger hinter sich her, wenn im Berufsverkehr viele Fahrgäste unterwegs waren. Doch schon elf Jahre später legten sich Schatten auf die O-Busse. Die Erwartungen hatten sich nicht erfüllt. 1966 fuhr erstmals ein dieselbetriebener Bus auf der Strecke 3. Der Sprit war 1954 billig geworden, als die Zölle wegfielen. Immer mal gab es Probleme, wenn der Stangenstromabnehmer von der Leitung fiel und der Busfahrer ihn mit einer Leiter mühsam wieder auflegen musste. Die Deutsche Bahn baute ihr Netz aus, und da brauchte der O-Bus eine Brücke oder einen Tunnel, um die Gleise zu queren. 1960 verbot das Verkehrsministerium, Passagiere in Anhängern ohne Motor zu befördern. Das war zu viel. 1967 wurde die Linie 3 eine normale Buslinie, es fuhren immer weniger O-Busse im Takt. Als 1972 ein Kranwagen die Oberleitung in der Kaiserstraße abriss, stellte man den Betrieb ein. Lange Zeit stand der letzte Offenbacher O-Bus still am Hafen und rostete. Es gab in der Stadt keinen Platz für den Nachkriegsveteran, und so brachte man ihn nach Frankfurt, ins Verkehrsmuseum in Schwanheim. Am Bieberer Berg haben Busse und Lkw seinen Platz eingenommen. Sie fahren alle mit Diesel. Und der ist teuer geworden.

KLEINES OFFENBACHER VERKEHRSMUSEUM, HEBESTRASSE 14
NÄCHSTE STATION: DAMALS

Das Gedächtnis der Busse und Straßenbahnen steht ganz hinten im Depot. Es geht an einer langen Reihe von Garagen vorbei, in denen ein Bus neben dem anderen steht. Moderne Niederflur- und Gelenkbusse mit Klimaanlage befördern heute die Fahrgäste der OVB auf rund 250 Streckenkilometern quer durchs Stadtgebiet. 12,9 Millionen waren es im Jahr 2010. Doch wie war das früher? Seit wann fahren die Busse durch Offenbach? Warum gibt es keine Straßenbahn? Hinter den Garagen haben Rüdiger Lippke und Horst Steinbrecher ein kleines Museum aufgebaut, das die Vergangenheit lebendig hält. Im „Kleinen Offenbacher Verkehrsmuseum" ist ausgestellt, was die beiden mit einigen Fans des Offenbacher Nahverkehrs recherchiert, gefunden, geliehen, gestiftet und geschenkt bekommen haben. Hier hängen Bildtafeln mit alten Fotografien, historische Haltestellenschilder, es gibt Fahrpläne, Netzpläne, Fahrkarten und einen alten Automaten zu sehen. Zu jedem Stück können die beiden eine Geschichte erzählen, denn beide sind echte OVBler. Rüdiger Lippke leitet den Bereich Elektrotechnik im Technischen Service, und Horst Steinbrecher hat fast sein gesamtes Berufsleben im Offenbacher Nahverkehr verbracht. Er begann 1955 als Schaffner und machte 1956 die Fahrerprüfung für Straßenbahnen. Als er sich 1994 in den Ruhestand verabschiedete, leitete er die Verkehrsabteilung und war kommissarischer Betriebsleiter.

Lippke zeigt auf einen Geldwechsler aus Metall mit Lederriemen zum Umhängen. Der stamme aus dem Jahr 1926 und habe den Spitznamen Galoppwechsler getragen, weil der Schaffner damit auch bei rumpelnder Fahrt gut habe arbeiten können, berichtet Lippke. In jenem Jahr begann die Ära des Busses in Offenbach. Er verkehrte zwischen dem damals eigenständigen Bieber und der Innenstadt. Die Sache entwickelte sich schwierig, denn in beiden Kommunen waren die Verantwortlichen sehr skeptisch gegenüber der neuen Massenbewegung. „Da steigt doch keiner ein!", meinten sie über die „Großkraftwagenlinie". Doch die Stre-

cke entwickelte sich rentierlich, und schon ein Jahr später eröffnete man die zweite Linie, die die Kreuzung Waldstraße-Bismarckstraße mit der „Landesgrenze" im Westen verband.

Offenbach war eine moderne Stadt mit elektrischer Straßenbahn. Seit 1884 ratterte die „Knochemiehl" nach Frankfurt und zurück. Die Technik war hochmodern, die Sitze waren aus Holz. Rüdiger Lippke bittet, Platz zu nehmen. Denn ein liebevoll nachgebauter Originalsitz steht im Museum. Man sitzt darin sehr aufrecht, wie auf stichigen Fotografien zu sehen. Detailgenaue Modelle der frühen Straßenbahnen, die durch Offenbach zuckelten, geben einen plastischen Eindruck von Zeit und Technik. Steinbrechers „liebstes Stück" im Museum ist der Original-Fahrerstand eines Großraumzugs, mit dem er von 1956 bis 1967 durch Offenbach kutschierte. Lippke und Steinbrecher erhielten einen Tipp, dass so eine Bahn des „L-Typs" verschrottet werden sollte. Die beiden rückten im VW-Bus an, schraubten die Kabine auseinander, luden sie ein und bauten sie im Museum wieder zusammen. Steinbrecher schwingt sich, wie früher, auf den Fahrersitz und erklärt die Details von Beschleunigen und Bremsen.

Seit 1996 existiert das Museum in der Hebestraße, berichtet Rüdiger Lippke. Der schmucklose Raum gehört zur Geschichte des Offenbacher Nahverkehrs: „Das war das Trafohaus, mit dessen Strom sich die O-Busse auf großen Teilen ihrer Strecken bewegten", erzählt er. Lippke und Steinbrecher versuchen immer wieder, Schätze aus der alten Zeit zu bergen. „Das wird immer schwieriger. Vieles landet einfach auf dem Müll, bei Erbschaften interessiert sich niemand dafür", sagt Lippke. Dafür helfen OVB-Pensionäre gerne, wenn sie mal wieder auf einen Fund stoßen. Lippke sagt, er sei das Bindeglied in den laufenden Betrieb, damit der seine Vergangenheit nicht vergesse. Nahverkehr ist schließlich modern, innovativ und zukunftsgerichtet. Das ist gut so. Doch nur wer die ganze Wegstrecke kennt, weiß, wo der Bus als nächstes hält.

BETONBAUTEN, DREIEICHPARK
EINE DEMONSTRATION DER STÄRKE

Ist das Kunst? War das mal ein Spielplatz? Wer dem Dreieichpark von der Frankfurter Straße aus auf der rechten Seite einige Hundert Meter folgt, erblickt zwischen Gras und Bäumen ein seltsam anmutendes, graues Ensemble. Elegant schwingt ein großer, schmaler Bogen über den Parkweg, fest mit quadratischen Fundamenten im Boden verankert. Daneben erheben sich zwei schmucklose, offene Pavillons mit Rundbögen und einer 3,50 Meter hohen Kuppel. Zum Dach der niedrigeren der beiden Bauten führt eine Treppe, die im Nichts endet.

Die Bauten, deren Zweck sich beim Betrachten nicht erschließt, sind ein über 130 Jahre altes Symbol der Stärke. Sie wurden errichtet, um erstmals dem staunenden Publikum einen völlig neuen Baustoff zu demonstrieren: Beton. In den folgenden Jahren veränderte er die Architektur weltweit und grundlegend.

Der Anlass zum Bau des Ensembles war die zweite Landes-Gewerbeausstellung des Großherzogtums Hessen, die vom 2. bis 6. Oktober 1879 ihre Tore öffnete. Der Dreieichpark wurde wie ein Messegelände genutzt. In einem riesigen Pavillon mit mehreren Hallen und auf den Flächen des Parks demonstrierten rund 240 Unternehmen aus Offenbach und 99 aus dem Herzogtum ihre neuartigen Produkte. Erstmals sahen die Besucher elektrisches Licht – und Beton.

Die erst fünf Jahre zuvor gegründete Zementfabrik Feege & Gotthard aus der Waldstraße produzierte das Ensemble in strahlendem Weiß aus dem neuen Baustoff, um den Besuchern – und potenziellen Kunden – seine Tragkraft und Leistungsfähigkeit zu demonstrieren. Das Unternehmen erbaute das Ensemble an der Stelle, an der es noch heute steht. Die Konstruktion wurde nicht mit einem Stahlskelett verstärkt, sondern trägt sich nur durch die bindende Wirkung der Beton-Bestandteile Kalk, Ton, Sand und Eisenerz. Damit entstand der weltweit erste frei tragende Betonbau der Welt. Er überstand unbeschadet beide Weltkriege und die Nachkriegszeit. Das hinterließ Spuren. In den 70er-Jahren wären die mittlerweile grauen, maroden Pavillons fast abgerissen worden, doch man erkannte ihren historischen Wert und sanierte sie mit Unterstützung von Spendern. 1984 und 2006 ließ die Stadt die Bauten vom Moos befreien und restaurieren. Heute strahlen Scheinwerfer nachts die Bögen und Kuppeln an, die dann wie eine Theaterkulisse wirken. Und die Besucher, vom vielen Beton der Städte längst müde? Sie staunen.

MYLFLAM-FABRIK, FICHTESTRASSE 15
DAS FEUER EINER ANDEREN ZEIT

Wer alte Feuerzeuge sammelt, aber überzeugter Nichtraucher ist, muss eine besondere Beziehung zu ihnen haben. Matthias Burgey hat Tausende Feuerzeuge aufbewahrt, geputzt, repariert und katalogisiert. Er kennt die Modelle und ihre feinen Unterschiede. Aber er raucht nicht. Burgey bewahrt ein Stück Offenbacher Industriegeschichte, und sie ist auch ein Teil seiner persönlichen Vergangenheit. Burgey wohnt in der Fichtestraße 15. Das markante Haus mit dem Fabrikgebäude ist älteren Offenbachern noch als Mylflam-Fabrik im Gedächtnis, den historisch Interessierten als Heylandsruhe. Im Jahr 1900 ließ der Tapeziermeister Martin Heyland auf dem Hügel vor der Stadt ein großes Ausflugslokal mit Tanzsaal und großer Terrasse bauen. Nach dem Ersten Weltkrieg kamen keine Ausflügler mehr, und so kaufte 1923 der Metallwarenfabrikant Heinrich Maltner das leer stehende Anwesen. „Sein Großvater hatte bereits 1859 in Offenbach eine Manufaktur für Metall- und Galanteriewaren gegründet", erzählt Matthias Burgey, „er produzierte Gürtelschnallen und Metallknöpfe für die Lederindustrie, Maniküre-Ständer, Puder- und Schmuckdosen und seit 1910 die ersten Luntenfeuerzeuge."

Heinrich Maltner richtete im Erdgeschoss von Heylands Wohnhaus sein Büro ein und baute den Tanzsaal zur Maschinenhalle und zur Werkstatt um. Heute arbeiten hier Werbeleute, Künstler und Grafiker. Maltner wohnte mit seiner Familie im ersten Stock des großen Hauses, im zweiten und auch im Gärtnerhaus lebten weitere Verwandte. „Etwa 45 Arbeiter kamen täglich zur Fabrik, und die gesamte Familie war hier beschäftigt", erzählt Matthias Burgey. Ab 1927 fertigte Maltner nur noch Feuerzeuge. Rauchen war schick, Feuerzeuge in Mode, und der Unternehmer konnte liefern. Für seine Ware hatte er einen einprägsamen Namen erdacht: „Die Marke hieß ‚Tausendzünder', weil jedes Stück vor dem Verkauf tausend Mal gezündet wurde, und zudem der Benzintank für tausend Zündvorgänge berechnet war", erklärt Burgey den Namen. Der änderte sich bald,

denn die Stückzahlen schnellten in die Höhe. Maltner verkaufte viel ins Ausland, und die französischen Kunden brachen sich bei „Tausendzünder" fast die Zunge. So wurde daraus ein internationaler Name: Mylflam. „Das My steht im Griechischen für 10 000, und flam könnte aus dem Englischen oder Spanischen abgeleitet sein", erklärt Burgey den Sprung vom Tausend- zum Zehntausendzünder. Der Krieg war ein schwerer Einschnitt. Der Export brach zusammen und Maltner wurde gezwungen, Teile für Messerschmitt-Flugzeuge zu fertigen.

In den 50er-Jahren explodierte die Nachfrage. Vier Fabriken stellten in Offenbach nun Feuerzeuge her, darunter auch Rowenta. Burgey hat die alten Anzeigen sowie die Radio- und Kinowerbungen dokumentiert. So tritt sogar der werbescheue Filmstar Willy Reichert in einem Mylflam-Spot auf. Ein Foto zeigt den Bundespräsidenten Theodor Heuss mit Zigarre – und einem Mylflam-Feuerzeug in der Hand. Die Produktion erreichte in dieser Zeit 500 000 Stück pro Jahr, etwa 250 Menschen arbeiteten in der Fabrik. „Man konnte noch in Bieber die Stanzen hören", sagt Burgey. Mylflam fertigte Tisch- und Taschenmodelle, mit Intarsien, mit Silber und Palisander, mit Unternehmenslogos, betrieben mit Gas und Benzin. Bis zum Ende der 60er-Jahre lief es hervorragend. Dann erschien die billige Konkurrenz aus Japan und Korea auf den Messen. 1976 wurde die Produktion von einem Tag auf den anderen eingestellt. Tausende Feuerzeuge landeten im Müll. Burgey begann zu retten, was nicht mehr zu retten war. „Ich habe in diesem Lager als Kind gespielt, meine Familie ist mit Maltners eng befreundet. Ich konnte nicht zulassen, dass das alles verschwindet", sagt er zwischen den staubigen Kisten im alten Lager. So hat er das Firmenarchiv übernommen und gesichtet, die wertvollen Feuerzeuge in Glasvitrinen gestellt und die Ware in den alten Kisten dokumentiert. Und so sammelt Burgey weiter, was er in der alten Fabrik noch findet. Obwohl er nicht raucht.

SCHIENEN AUF DER FRANKFURTER STRASSE
INNOVATION UND SENSATION MIT SCHIENEN UND STROM

Der Schienenstrang in der Frankfurter Straße am Dreieichpark stammt aus einer anderen Zeit. Er beginnt und endet irgendwo in der Asphaltdecke. Die Spur ist mit Asphalt befüllt, damit Radfahrer nicht stürzen. Sie ist das letzte Zeugnis aus der Zeit der Straßenbahn in Offenbach. Zuletzt brachten die Schienen die Linie 16 von der Frankfurter Innenstadt zum Offenbacher Marktplatz und wieder zurück. 1996 fuhr sie zum letzten Mal. Als die S-Bahn eröffnet wurde, kam ihr Ende. Die Fans der Straßenbahn trauern noch heute, wenn sie die Artefakte im Asphalt glänzen sehen. Die Schienen sind auch ein Denkmal für eine technische Revolution, die in Offenbach ihren Anfang nahm: die elektrisch betriebene Straßenbahn. Im Februar 1884 nahm sie ihren Betrieb zwischen der Alten Brücke in Frankfurt und dem Buchrainplatz in Oberrad auf, zwei Monate später verkehrte sie bis zum Offenbacher Mathildenplatz. Zur ersten Fahrt kamen Tausende Menschen an die Strecke und staunten. Ihre Energie bezogen die grünen, hölzernen Wagen von einer fünf Meter über der Strecke installierten Oberleitung. So etwas hatte man im Deutschen Reich noch nicht gesehen. Über die erste Fahrt schrieb die Frankfurter Zeitung: „Tausende von neugierigen Menschen harrten der ankommenden und abgehenden Züge, die jedes Mal mit Passagieren vollgepfropft waren."

In Berlin begann die Ära der Straßenbahn als gefährliches Experiment. Sie pendelte ab 1883 zwischen der Preußischen Hauptkadettenanstalt in Lichterfelde West und dem Bahnhof Lichterfelde. Werner von Siemens hatte sie gebaut, ihren Strom aber über die Schienen geleitet. Berührte ein Passant auf der Strecke beide Schienen zugleich, erlitt er einen Schlag. In Offenbach war diese Gefahr gebannt. Die Strecke mit der innovativen Technik hatte ein privates Konsortium finanziert. Zu ihm gehörten der Kaufmann Alexander Weymann und das Offenbacher Bankhaus Merzbach, das die Finanzierung des rund 700 000 Mark teuren Geschäfts absicherte. Die von Siemens & Halske stammende Technik war neu, niemand kannte die Gefahren, den Reparaturbedarf, die Wartungskosten und die Ausfallhäufigkeit. Doch Merzbach ging ins Risiko.

Nach zweijähriger Planung der beiden Stadtverwaltungen wurden die Schienen in die Straßen der Strecke verlegt und die Oberleitungen montiert. Den 300 Volt starken Gleichstrom bezog die per Verordnung auf eine Geschwindigkeit von 12 Stundenkilometer begrenzte Bahn aus vier Dampfmaschinen, die in einer Kraftstation in Oberrad stampften. Der Triebwagen fasste 30 Personen, der Anhänger bot Platz für weitere 24 Fahrgäste. 25 Minuten betrug die Fahrzeit für eine Strecke, für die die Fahrgäste werktags 20 und sonntags 25 Pfennige zahlten. Die Bahn verkehrte täglich zwischen 6 und 22 Uhr.

Mehr als eine Million Menschen fuhren im ersten Jahr mit der holprigen Bahn, die, von Zahnrädern angetrieben, auf ungefederten Holzrädern voranruckelte. Schnell gaben ihr die Fahrgäste den Spitznamen „Knochemiehl" (Knochenmühle). Die Fahrgäste mussten einiges mehr ertragen: Oft fielen die Kontaktschiffchen aus den Kupferrohren, die die Stromverbindung herstellten. Der Fahrer musste nun die eigens mitgeführte Leiter hinaufkrabbeln und die Schiffchen mühevoll wieder einhängen. Täglich zwischen 11 und 12 Uhr wurden die Wagen zudem in einer Betriebspause mit Fett eingeschmiert. Manchmal fiel der Strom aus, gelegentlich riss eine Leitung mit gefährlichem Blitz. Doch für die Investoren lohnte sich das Geschäft: Obwohl die Bahn trotz hoher Fahrgastzahlen nur schmale Gewinne abwarf, kauften Frankfurt und Offenbach dem Konsortium 1905 die jeweils eigenen Gleisanteile ab. 1906 wurde die Strecke bis zum heutigen Alten Friedhof verlängert und die Spurweite umgestellt. Denn die ersten Züge fuhren mit der schmalen Ein-Meter-Spur, die Technik der neuen Linie 16 war mit 1,43 Meter Spurabstand konstruiert. 90 Jahre verband sie Frankfurt und Offenbach. Die 16 fährt noch heute, doch an der Stadtgrenze ist Endstation. Denn die Zeitläufte folgen keinem Fahrplan.

75

JOHLS VELODROM, KAISERSTRASSE 12
SPORTLICH UND ELEGANT IMMER IM KREIS HERUM

Das Fahrrad wird elektrisch. Mit wenig Kraftaufwand gleitet man entspannt über die Straße, statt mühsam zu strampeln. Kein Keuchen mehr am Hügelanstieg. Am Marktplatz lassen sich E-Bikes zu günstigen Tarifen ausprobieren, um herauszufinden, wie das so klappt mit der elektrischen Trethilfe.

Auch vor hundert Jahren waren Fahrräder etwas Besonderes. Die Massenherstellung des Drahtesels hatte sich noch nicht durchgesetzt – und so war das Radfahren zwar sehr beliebt, aber für Arbeiter unerschwinglich. Das angesehene „Meyer's Lexikon" schrieb etwa 1905: „Als Sportmaschine hat das Fahrrad in den letzten Jahren ganz bedeutend an Verbreitung eingebüßt. Nicht nur daß die launische Mode es wieder fallen gelassen hat, auch die Sportbegeisterung seiner Jünger in den 1880er und 1890er Jahren ist erheblich abgeflaut. Die Pioniere von damals sind älter und bequemer geworden, und sie bevorzugen, soweit sie den Fahrsport überhaupt fortsetzen, den Motorwagen oder das billigere Motorrad, das zurzeit nicht mehr kostet wie ein englisches Hochrad von 1884 (…)."

Zu dieser Zeit war Offenbach eine wohlhabende Stadt, in der genug zahlungskräftige Kunden wohnten, die sich ein Fahrrad leisten konnten. In dieser Zeit kostete es, je nach Modell und Marke, zwischen etwa 150 und 400 Mark. Ein gut verdienender Chemiearbeiter verdiente damals höchstens 120 Mark pro Monat. Für die Interessierten gab es vor dem Kauf noch eine schwierige Hürde zu meistern: Man musste fahren lernen. In der Stadt war das nicht einfach. Die mit Kopfstein gepflasterten Straßen waren oft in schlechtem Zustand, es gab Hindernisse und viele Pferdefuhrwerke, außerhalb waren die Wege selten befestigt. Wer es sich leisten konnte und sich traute, ging ins Velodrom – eine überdachte Halle mit ebenem, weichem Boden.

In Offenbach gab es gleich zwei: das Velodrom Carl Hess in der westlichen Frankfurter Straße und Hermann Johls Velodrom in der Kaiserstraße 12 nahe dem 1873 erbauten Bahnhof – damals eine feine Gegend: Es lag nicht weit vom heutigen Hotel Kaiserhof, das 1892 als eleganter Familiensitz eines Fabrikanten erbaut wurde. Johl betrieb dort ein großes Fachgeschäft für alles, was sich mechanisch bewegte: Fahrräder, Motorräder, Nähmaschinen und sogar Automobile. Es hatte aufgrund seiner Auswahl an solch teuren Produkten einen hervorragenden Ruf in der Region. 1905 wurde sein Velodrom in einem Stadtführer als Attraktion ausführlich gewürdigt: Es biete „eine schöne, große und mit allem Komfort ausgestattete Bahn zur Erlernung und Ausübung des Radfahrens." Weiter betont der Reiseführer: „Die eigenartigen Wanddekorationen sind von dem hiesigen Maler Wilhelm Thomson ausgeführt." Immerhin 440 Quadratmeter groß war die Halle „zum ungenierten Erlernen des Fahrens zu jeder Tageszeit, auf Wunsch auch abends". Man fuhr hier meist auf Leihfahrrädern im Kreis, ließ sich von einem Lehrer die komplexe Technik erklären und am Rahmen halten, wenn das Gleichgewicht sich nicht recht einstellen wollte. Für die Bürger war es ziemlich schick, das Velodrom in der Kaiserstraße zu besuchen. Einige Jahre später war das Abenteuer auf zwei Rädern vorüber: Das Fahrrad machte die Massen mobil. 1922 begann die genossenschaftliche Fahrradfabrik Frischauf in der Sprendlinger Landstraße 220–224 mit der Massenproduktion.

LEDERFABRIK MARTIN WESS, LÖWENSTRASSE 16
LEDER, VERTRAUEN UND FAMILIENSINN

Offenbach könnte auch Lederbach heißen, so eng ist die Geschichte der Stadt mit diesem Material verbunden. Es hat die Stadt geprägt und zu Wohlstand geführt, Tausenden Bürgern Arbeit gegeben und Produkte hervorgebracht, bei denen man die Augenbrauen hob, wenn man sie sah. Lange her. Zu Beginn des 20. Jahrhunderts arbeiteten über 10 000 Menschen in über 1300 Lederfabriken. Bis in die 50er-Jahre blieb das Leder in Offenbach, doch die Preise verfielen durch die Konkurrenz aus Asien. Die Fabriken mussten schließen. Im Jahr 2000 waren noch 19 Betriebe übrig. Doch es gibt sie noch immer, die Letzten dieser Tradition.

Bernd Kopp zieht an seiner Pfeife und erzählt in seinem Büro in der Löwenstraße von seinem Urgroßvater Martin Wess, der 1919 in das boomende Weltgeschäft einstieg. Er hatte, so berichtet Kopp, bei der Lederwarenfabrik Krumm – die später zu Goldpfeil wurde – als Zwischenmeister für Etuis gearbeitet. Bald gründete er eine Fabrik unter eigenem Namen in der Bettinastraße 71. „Er produzierte Lederetuis für Reisewecker, und es lief prächtig", berichtet Kopp. Er legt einen vergilbten Briefumschlag auf den Tisch, auf dem mit Tinte geschrieben steht: „Martin Wess Company, 542 Fifth Avenue, New York, USA". „In den USA ist das Geschäft, hatte Martin Wess erfahren", erzählt Kopp, schließt die Augen und zieht an der Pfeife. „Er schickte seinen Sohn Gottfried nach Amerika. Er war erst 18 Jahre alt, konnte aber etwas Englisch, also kaufte ihm der Vater eine Schiffspassage nach New York. Er fuhr allein. Mit 20 gründete er an der Fifth Avenue ein Büro. Die Adresse klingt toll, aber es war wohl ein Hinterhof", sagt Kopp und lacht.

In den 30er-Jahren zog Wess in die Löwenstraße 16, dem heutigen Unternehmenssitz. 1944 wurde das Haus getroffen und brannte aus. „Das war eine Ruine ohne Dach", erinnert sich Bernd Kopp, dessen Mutter die Schwester von Gottfried Wess war. Meter für Meter baute die Familie das Büro und die Fertigung wieder auf. 1958 musste Bernd Kopp die Verantwor-

tung übernehmen. Gottfried Wess war gestorben, und die Firma sollte in Familienbesitz bleiben. Mit gerade 18 Jahren und nur einem Jahr Handelsschule wurde er Chef einer Fabrik mit 70 Mitarbeitern. „Wir waren damals fast pleite", erinnert sich Kopp, der das Unternehmen an seinen Sohn Oliver weitergegeben hat. Er zieht an seiner Pfeife. „Ich habe mir Geld geliehen und weitergemacht", sagt er. Bereits 1960 konnte Kopp einen kleinen Gewinn erzielen. „Damit habe ich als Erstes meine Schulden bezahlt." Er begegnete Walther Kurth, der sein jahrzehntelanger Produktionsleiter wurde. 1965 verlegten sie die Fertigung in eine große Halle nach Dudenhofen. Kontinuität und Vertrauen – mit diesen Werten baute Kopp sein Unternehmen aus – und um.

Schon zwei Jahre später war die Zeit der Uhrenetuis vorbei. Batteriebetriebene Quartzwecker eroberten die Schlafzimmer, und die brauchten keine Lederhülle mehr. „Da standen wir dumm da", sagt Kopp und bläst den Rauch aus. Durch Freunde kam er auf die richtige Geschäftsidee: In Deutschland wurde geraucht, und er sah ein Zigarettenetui. „Etui ist Etui, dachte ich mir." Und so produzierte er bald alles, was Raucher so brauchen: Zigarren- und Zigarettenetuis, Pfeifentaschen und Tabakbeutel. In den Folgejahren gründete er mit Partnern eine Pfeifenimportfirma, kaufte Vertretungen renommierter Pfeifen und gründete 1979 mit Michael Kohlhaase die Tabakfirma Kohlhaase und Kopp, die bald auch Zigarren anbot. Das Unternehmen zählt heute zu Europas bedeutendsten Importeuren. Es liefert zudem den Tabak für die bekannten Marken Dunnhill und Davidoff.

In Dudenhofen produziert nun Feintäschnermeister Günther Kurth, der Sohn des früheren Produktionsleiters, edle Etuis für Zigaretten, Zigarren und Pfeifen, dazu Pfeifenständer und Tabaktaschen. Das Label trägt den Namen des Gründers: Martin Wess. Bernd Kopp zieht an seiner Pfeife und schaut dem Rauch hinterher. Es läuft. Mit Kontinuität und Vertrauen.

VDE-INSTITUT, MERIANSTRASSE 40
DAS LEBEN EINER STECKDOSE IM TEST

Stecker rein, Stecker raus, Stecker rein. Ein Roboterarm bewegt hinter der Glasscheibe den Netzstecker in stetem Rhythmus in die Steckdose und zieht ihn wieder heraus. Und steckt ihn wieder hinein. Der Stecker sieht aus wie jeder andere an Toaster, Fernseher oder Stereoanlage. Empfindliche Sensoren leiten jedes noch so kleine Ereignis an die Messgeräte weiter. Doch was gibt es zu messen, wenn ein Stecker in die Steckdose gesteckt wird? Jürgen Ripperger lächelt durch seine Brille. Er hat die Frage erwartet, sie wird oft gestellt. Ripperger ist Leiter der Abteilung „Gebrauchstauglichkeit" am VDE-Institut in der Merianstraße und damit der Verbraucherschutzexperte. Er deutet auf den bronzefarbenen Staub, der sich unter der Steckdose sammelt. „Das ist der Abrieb aus dem Steck- und Ziehvorgang. Wir simulieren mit diesem Test die Lebensdauer von Stecker und Steckdose. Damit finden wir heraus, wie lange sie im Alltag durchhalten." Bis zu 50 000 Mal zieht der Roboterarm den Stecker. Würde das Gerät pro Tag nur einmal benutzt, würde es 136 Jahre durchhalten. Um das VDE-Prüfzeichen zu erhalten, würde das reichen. Doch oft bröselt der Stecker, zerfällt die Dose oder der Kontaktstift bricht ab. Durchgefallen.

Der Verband der Elektrotechnik, Elektronik und Informationstechnik e. V., kurz VDE, eröffnete das Prüfzentrum im Jahr 1968. Über 500 Ingenieure und Techniker arbeiten derzeit in dem Gebäude aus Glas und Stahl. Das VDE-Institut gilt heute als eines der weltweit renommiertesten Testlabore für elektrische Geräte und Komponenten: Von der Nachttischlampe bis zum E-Car, vom Fön bis zur Straßenlaterne – hier wird geprüft, ob die Ware den Normen entspricht, ob sie energiesparend ist oder man versteht, wie sie bedient werden muss. Fast 50 000 strombetriebene Geräte tragen das Siegel mit der Dreiecksform. 1920 wurde das Gütesiegel für Qualität und Sicherheit erstmals auf ein Gerät geklebt. „Wir machen pro Jahr etwa 100 000 Prüfungen für 7000 internationale Hersteller, die viele bekannte Marken produzieren", sagt Ripperger. Auch die Stiftung Warentest beauftrage das Institut gelegentlich mit aufwendigen Tests von Haushalts- und Elektronikgeräten, erzählt er. Aber nicht mehr. Diskretion ist Pflicht für Produkttester.

Es geht penibel geputzte, von Neonlicht erleuchtete Gänge entlang. Durch die Fenster sieht man in Räume, die mit Messgeräten, Arbeitstischen, Kabeln und Computern vollgepackt sind. Über manchen Geräten auf den großen Tischen liegen schwarze Tücher. Es sind Prototypen, die kein Besucher sehen darf. „Das VDE-Institut ist bei vielen Herstellern in den Entwicklungsprozess neuer Produkte einbezogen", erklärt Ripperger. „Wir erhalten Prototypen und Geräte vom Band aus der Fabrik. Wir gehen aber auch in den Elektronikmarkt und kaufen das Modell." So lasse sich nachvollziehen, wo und wie Schwachstellen entstehen. Die Testverfahren, mit denen die Ingenieure auf Fehlersuche gehen, haben eine lange Entwicklung hinter sich. Bis auch internationale Gremien den Daumen heben, vergeht viel Zeit. Und es ist teuer. Allein für das neue Lichtlabor, in dem auch Straßenlaternen getestet werden, investierte das Institut eine Million Euro.

Ripperger führt in eine große Halle – die Absorberhalle, erklärt der Ingenieur. Sie eignet sich gut als Kulisse für einen schrägen Science-Fiction-Film. Auf 23 mal 16 mal 10 Metern ragen pfeilartige Pyramiden aus den Wänden und der Decke. Hier werden Maschinen und Produktionsanlagen auf elektromagnetische Verträglichkeit getestet. Was passiert mit ihnen, wenn die Spannung schwankt? Was, wenn elektromagnetische Felder ins Gerät strahlen? Wie viel Strahlung gibt das Gerät selbst ab? Acht Millionen Euro hat das Testverfahren samt Halle gekostet, um diese Fragen zu beantworten. Denn die VDE-Bedingungen sind streng. Jürgen Ripperger sagt: „50 Prozent aller Geräte fallen bei der Erstprüfung durch." Der Besucher staunt. Die Hälfte ist viel. Ripperger lächelt. Die Reaktion hat er erwartet.

TECHNIKMUSEUM ROHRMÜHLE,
MÜHLHEIMER STRASSE 157
STROM ZUM ANFASSEN

Klick. Licht an. Klack. Licht aus. Der Strom kommt aus der Steckdose. Doch bis er dorthin kommt, ist es ein ziemlich komplexer Vorgang. Seit mehr als 100 Jahren beschäftigt er Techniker, Ingenieure und Tüftler. Wie aus den neuartigen Stromleitungen das 24 Stunden täglich funktionierende Energienetz einer Stadt wurde, welche Entwicklung Zähler, Schalter und Geräte genommen haben – das alles lässt sich im Technikmuseum Rohrmühle in der Mühlheimer Straße erfahren. Gegründet wurde es 1986 von Mitarbeitern und Pensionären der Energieversorgung Offenbach, als sie für eine Ausstellung im Wasserturm an der Andréstraße interessante Exponate aus der Geschichte der früheren Stadtwerke suchten. Im Keller unter der EVO-Kantine sammelten die Technikbegeisterten bald alte Akten, Zähler, Steuergeräte, Schreibmaschinen, eindrucksvoll verschmorte Schalter und vieles mehr.

2002 zog die wachsende Sammlung in das passende Gebäude um. Das Technikmuseum entstand in den freien Räumen des Umspannwerks Rohrmühle, einer der ersten Schaltanlagen Offenbachs für Freileitungen. Von hier bekamen einst Bürgel und Rumpenheim ihren Strom. Heute fließt er nur noch durch wenige Leitungen zu Unternehmen in der Nachbarschaft. Wolfgang Scheer zeigt den Besuchern gern die Technik, die Meßgeräte und die in den Keller führenden Erdleitungen. 26 Jahre arbeitete er für die EVO, heute kümmert er sich mit 25 weiteren Kollegen im Verein Rohrmühle um etwa 10 000 Exponate. Im Erdgeschoss sind die Vitrinen und Regale übervoll mit Technik aus mehr als 100 Jahren Geschichte. Er zeigt einen Schalter aus der Zeit der Jahrhundertwende, der den Strom einschaltete, wenn man an ihm drehte. „Zuvor gab es keine Schalter. Die Menschen verstanden nicht, was das Drücken auslösen würde. Doch es gab bereits Wasserhähne, mit denen sich das Wasser auf- und zudrehen ließ", weiß Scheer. Also gestaltete man den Schalter wie einen Wasserhahn: Aufdrehen, zudrehen. Und nun ist auch der heutige Schalter ein Auslaufmodell:

Dimmer und Funkfernsteuerungen lassen ihn reichlich alt aussehen. Scheer deutet auf sein ältestes Exponat: ein Thermometer, an dem oben hinter dickem Eisen zwei Kabel herausragen. Es ist ein Stromzähler aus dem Jahr 1903. Der durch das Kabel fließende Strom erhitzt eine Heizspirale, die Quecksilber in einer Glaskapsel wärmt. Je länger sie heizt, desto mehr dehnt sich das Quecksilber aus und tropfte in eine Glassäule. Der Ableser las die verbrauchten Kilowattstunden auf der Skala ab und goss das Quecksilber zurück in den Behälter. Aus dem Jahr 1909 stammt bereits der Aushang eines Gesetzes, das den „Diebstahl elektrischer Arbeit" unter eine saftige Strafe stellte.

Die Rohrmühle ist ein Museum der Technikgeschichte, nicht nur für Strom. So beherbergt sie die allerersten PC-Modelle, klobige Laptops, ein Btx-Telefon. „Das alles wurde im Kraftwerk, im Außendienst und in der Verwaltung verwendet. Auf viele Dinge, die verschrottet werden sollten, haben uns Kollegen hingewiesen. Wir haben sie gerettet", erzählt Scheer, der jeden Donnerstag die EVO-Kantine besucht, um von den alten Kollegen die Neuigkeiten und Hinweise auf interessante Exponate zu erfahren. So kam auch eine „Heimsonne" aus den Nachkiegsjahren ins Museum. Man schraubte sie in eine Lampenfassung. Mit 800 Watt Leistung strömte mollige Wärme statt Licht ins kalte Zimmer. Ebenfalls aus den 50er-Jahren stammen Stromzähler, in die man ein 50-Pfennig-Stück werfen musste, um ein paar Minuten Strom zu bekommen. Doch auch 110 000-Volt-Isolatoren und Strombügel der Straßenbahn lassen sich in die Hand nehmen, und eine Ampelanlage der 60er-Jahre mit einleuchtend konstruiertem Schaltwerk aus Kupferbärten begeistert Scheer noch immer. Das Museum zum Anfassen macht deutlich, wie kompliziert die Technik ist, damit der Strom fließt. Und warum sie funktioniert, wenn es klickt.

HAFENKRAN, HAFEN 15:
DER LETZTE MACHT DAS LICHT AN

Es sind die Nieten, die den Unterschied ausmachen. Durch sie wird der Kran zum Kulturdenkmal. Er macht ja einfach nur das, was hier seit 100 Jahre gebraucht wird: Er hievt Kohle aus den Schiffen, die am Hafen anlegen, ins große Lager der EVO am Nordring. Die Kohle aus dem Vorrat wird im Kraftwerk auf der anderen Straßenseite in Energie verwandelt. Knapp 20 Prozent des Stroms, den die EVO verkauft, produzieren gewaltige Generatoren im Kraftwerk am Nordring. So schippt der alte Kran pro Jahr rund 120 000 Tonnen staubige, schwarze Nahrung für die Öfen an Land. Seit 2009 steht er unter Denkmalschutz. Wegen der Nieten.

Der Kran ist, genau genommen, eine Verladebrücke. Er thront auf einer über hundert Jahre alten Stahlkonstruktion und bewegt sich hoch über den Köpfen der Arbeiter auf Schienen vom Main zum Lager. Die Verladebrücke ist das letzte Relikt des einst großen Offenbacher Industriehafens und eines der letzten Denkmäler des Industriezeitalters in Deutschland. Und er funktioniert, als sei er gerade erst in Betrieb genommen worden.

Die Verladebrücke wurde beim Bau des Hafens im Jahr 1902 von der Vereinigten Maschinenbaugesellschaft Nürnberg, der späteren MAN, errichtet. Vier Tonnen Last bewegt der elektrisch betriebene Kran auf seiner Schienenkonstruktion rund 52 Meter weit. Der Hafen hatte damals große Bedeutung: Im Jahr 1912 bewegten vier solcher Verladebrücken sowie sechs elektrische Kräne entlang des Nordrings 394 000 Tonnen Schiffsgüter. Die Offenbacher Industrie mit über 1000 Fabriken benötigte tonnenweise Material zur Produktion – etwa Roheisen, Leder, Seifengrundstoffe, Eisen und Kohle. Zudem war der Hafen ein zentraler Umschlagplatz vom Schiff auf die Bahn. Täglich fuhren sechs voll geladene Züge der Industriebahn zum Gü-

terbahnhof. Bis 1922 war Offenbach der letzte Hafen des kanalisierten Mains. Kohle, Holz und Waren wurden hier ausgeladen und bis nach Bayern, Oberhessen, in die Rhön, den Spessart, den Odenwald und den Vogelsberg transportiert.

Der Zweite Weltkrieg ließ den Hafen in Schutt und Asche sinken. Doch die Industrie begann, wieder zu produzieren. Der Hafen wurde gebraucht. So ließ man 1949 die unbeschädigten Verladebrücken von 1902 generalüberholen und eine neue Verladebrücke mit fünf Tonnen Last bauen. Für die Denkmalschützer sind die Nieten aber der klare Beweis, dass die Konstruktion der nun letzten Brücke bereits vor dem Zweiten Weltkrieg entstanden sein muss. Denn erst 1936 wurde in der Deutschen Industrienorm eine Standard-Schweißtechnik definiert, nach der solche Schwerlastkonstruktionen hergestellt werden mussten. Damit steht fest: Die noch genietete Verladebrücke hat den Zweiten Weltkrieg überstanden, wenngleich ihr Kranhaus nicht mehr wie damals mit Holzlatten verkleidet ist.

Der seit 2009 denkmalgeschützte Kran ist der letzte Zeuge einer Zeit, als Industrie in Deutschland der Inbegriff von Wohlstand war. Bereits 1977 wurde die erste Ladebrücke demontiert, weil sie nicht mehr gebraucht wurde. Aus den Schuppen, Kränen, Lagerhäusern, Gleisen und Tanks entsteht ein Stück neue Stadt am Fluss zum Arbeiten, Wohnen, Lernen und Aufwachsen. Und der alte Kran? Er bleibt. Doch nachts verwandelt er sich zum Kunstobjekt: Der Fachbereich Produktgestaltung der Hochschule für Gestaltung hat ihn dazu gemacht. 36 000 LEDs bewegen kantige Muster auf den Streben des Stahlrahmens, lassen seine Umrisse aus der Dunkelheit im Rhythmus erstrahlen und verschwinden. Es ist kein Totentanz. Denn am Tag schippt er Kohle. Wie immer.

WOHNHÄUSER DER FRISCHAUF-FABRIK, SPRENDLINGER LANDSTRASSE 220
AUFSTIEG UND NIEDERGANG DES DEMOKRATISCHEN FAHRRADS

Am Ende der Sprendlinger Landstraße, gegenüber der alten Fredenhagen-Fabrik, sind die Spuren des demokratischen Fahrrads zu besichtigen. Eine Zeile mit vierstöckigen Wohnhäusern steht da zwischen dem Areal der Deutschen Post, einem langweiligen Bürogebäude und einem Autohaus und passt gar nicht in die Gegend. Ein runder Torbogen führt hinter die mächtige Fassade mit vielen Fenstern, das Dach ist steil herabgezogen und mit Ziegeln gedeckt. Ab 1912 wohnten hier Arbeiter, die in der Fahrradfabrik „Frisch auf" ihr Auskommen fanden. Wer in dem damaligen Karree aus Wohnhäusern mit Innenhof wohnen konnte, hatte es gut: Die Drei-Zimmer-Wohnungen waren damals ungewöhnlich gut ausgestattet – es gab eine eingerichtete Wohnküche, man heizte mit Kachelöfen und hatte ein eigenes Bad. Die Offenbacher staunten darüber, denn der Werktätige badete damals einmal pro Woche in der Zinkwanne und benutzte das Plumpsklo für alle auf dem Hof.

Die direkt angrenzende Fabrik gehörte nicht einem Fabrikanten, sondern einem Verein der Arbeiterbewegung. Der „Arbeiter-Radfahrerbund Solidarität" wurde 1896 in Offenbach gegründet, nachdem ihm 1893 die Verwaltung von Leipzig das Vereinsstatut nicht erteilt hatte. Die Sozialistengesetze waren da bereits wieder außer Kraft, aber Sozialdemokraten und Sozialisten galten weiterhin als „vaterlandslose Gesellen", die sich nicht auch noch organisieren sollten. In Offenbach dachten die Stadtväter bereits liberaler. Doch es ging den Mitgliedern nur am Rande um die Revolution, im Mittelpunkt standen Fahrräder. Um die Jahrhundertwende entstanden überall in Deutschland Radrennbahnen und Fahrradvereine. Das Fahrrad kam in Mode, aber es blieb ein Statussymbol der Wohlhabenden. Die lernten das Fahren im geheizten Velodrom, angeleitet von Lehrern. Für Arbeiter waren Fahrräder unerschwinglich, doch fahren wollten auch sie.

Also sparten sie sich gebrauchte Räder zusammen, improvisierten und reparierten. 1901 schloss sich eine Berliner Einkaufsgenossenschaft dem Arbeiter-Radfahrerbund an und expandierte. Bald waren 142 Filialen eröffnet, die Räder, Reifen und Ersatzteile anboten. 1910 wurde daraus das Fahrradhaus „Frisch auf", und 1912 wurde die große Fabrik an der Sprendlinger Landstraße eröffnet. Die Genossen fertigten nun selbst, was Arbeiter zum Radfahren brauchten. Der „Solidarität" traten mehr und mehr Mitglieder bei. In den Zwanzigerjahren waren es rund 220 000. Damit war der Radfahrerbund zum größten der Welt geworden. Und so wuchs auch die genossenschaftliche Fabrik. Neue Hallen wurden gebaut. Ab 1922 fertigte sie erstmals eigene Fahrräder, die Arbeiter sich leisten konnten. Die Preise für die Teile sanken, weil die Stückzahlen in die Höhe sprangen; ihre Fertigung wurde industriell einfacher. Bis zu 20 000 Drahtesel verließen nun pro Jahr die Fabrik.

Zu Beginn der 30er-Jahre hatte sich der Verband in „Arbeiter-, Rad- und Kraftfahrerbund Solidarität" umbenannt, und in der Fabrik entstanden nun auch Motorräder und Nähmaschinen. Der Radfahrerbund bot seinen Mitgliedern nun sogar Unfall-, Haftpflicht-, Diebstahl- und Rechtsschutzversicherungen an. Als 1933 die Nazis an die Macht kamen, gehörten der „Solidarität" bereits 330 000 Mitglieder an. Die Nationalsozialisten verboten den Verband und enteigneten sein beträchtliches Vermögen. Der damalige Vorsitzende Heinrich Niemann wurde in seinem Büro von der SA ermordet. Die Schergen besetzten die Fabrik. Arbeiter, die sich der neuen Macht nicht anpassen wollten, ließen sie ins Konzentrationslager deportieren. Die Fabrik wurde 1938 von einer Maschinenbaugesellschaft übernommen. Während der Kriegsjahre mussten dort über 600 Kriegsgefangene und Zwangsarbeiter Rüstungsteile fertigen. Nach dem Krieg erhielt der 1945 wiedergegründete Radfahrerbund das Fabrikgelände nicht wieder zurück. Er hat heute seinen Sitz in der Fritz-Remy-Straße. Ein altes Vereinswappen hängt über dem Eingang. Doch die Geschichte des demokratischen Fahrrads ist zu Ende.

81

FRÜHERE RIEDINGER-DRUCKLUFTANLAGE, TAUNUSSTRASSE 77
DRUCKLUFT, BELEUCHTETE STRASSEN UND EIN GROSSES MISSVERSTÄNDNIS

Von 1890 bis zur Jahrhundertwende wurde Offenbach in vielen Veröffentlichungen, Berichten, ja sogar Lexika stets zusammen mit Paris genannt. Aus heutiger Sicht war alles ein großes Missverständnis. Doch damals staunten Bürger und Fachleute über die neue Energie, die durch unterirdische Leitungen der Stadt zischte, die Laternen leuchten ließ, kühlte, die Sägen, Bohrer und Drehbänke antrieb. Durch Offenbach strömte Druckluft. Sie sollte 1890 alles revolutionieren. Ein Jahr zuvor war eine große Anlage zum Erzeugen und Verteilen von Druckluft als erste der Welt in Paris in Betrieb gegangen. Schon rund ein Jahr später stand eine Anlage mit derselben Technik in Offenbach. Sie wurde im heutigen Nordend an der Taunusstraße 77, an der Ecke zum Nordring nahe dem Main errichtet. Auf dem Grundstück, auf dem in einer Industriehalle zwei 300 PS starke Dampfmaschinen den Druck erzeugten, befinden sich heute Wohnblocks der GBO mit Wiese und Spielplatz. Die gigantischen Maschinen hatte die Kommanditgesellschaft August Riedinger & Komp aus Augsburg aufbauen lassen. Riedinger stellte dort Brauereianlagen her und erprobte in Offenbach die mit seiner Branche physikalisch verwandte, aber technisch neue, unerprobte Technik.

Die Stadt schien ihm der richtige Ort, denn sie war geprägt von Gewerbe, Fabriken und Produktionsstätten, in denen man sich von Druckluft versprach, vieles zu verbessern, zu rationalisieren und zu beschleunigen. Die Taunusstraße lag mitten in einem der großen Industrieareale und nicht weit von der Stadtmitte. Ein komplizierter Vertrag mit der Stadt regelte die Abgabepreise und das Verlegen des auf 8,6 Kilometer Länge geplanten Leitungsnetzes in der Stadt. Eine Mark pro 100 Meter musste Riedinger zahlen, damit die Stadt das Verlegen der Rohre unter den Bürgersteigen erlaubte. Riedinger hatte Zukunftspläne: Er hatte vor, die Druckluft auch in Sachsenhausen zischen zu lassen. Die Straßenbahn fuhr ja schon dorthin.

Riedinger richtete einen Schauladen ein, um die Vorzüge der auf sechs Atü – das Dreifache eines Autoreifens – verdichteten Luft zu demonstrieren. So kam auch die elektrische Straßenbeleuchtung in die Stadt. Denn Riedinger schloss eine Dynamomaschine an das Druckluftnetz an und erzeugte damit Strom. 1900 leuchteten abends in der Herrnstraße und an der Frankfurter Straße gegenüber dem Aliceplatz zwei elektrische Bogenlampen. Schon einige Monate später stand an der Großen Marktstraße 57 ein kleines Druckluft-Kraftwerk. Riedinger hatte damit die innovationsfreudige Stadt als Kunden für die Straßenbeleuchtung gewonnen. Er lieferte ab 1891 Strom für 15 Bogenlampen und 265 Glühleuchten.

Doch nach wenigen Jahren wurden die Ingenieure nachdenklich. Denn das Erzeugen von Druckluft war mit Risiken verbunden, kompliziert und teuer. Die Maschinen mussten auch laufen, wenn etwa in der Nacht die Industrie nicht produzierte. So kam den Technikern ein einfacher Gedanke: Könnten die Dampfmaschinen nicht die längst üblichen Stromgeneratoren direkt antreiben – ohne Umweg über die Druckluft? Die Antwort: Aber ja. Mit dieser Erkenntnis begann sich die Elektrizität überall durchzusetzen, die Druckluft wurde nicht mehr gebraucht. In den 1920er-Jahren blieb nur eine große Teppichreinigung als Kunde übrig. Es war ein großes Missverständnis. Doch etwa zehn Jahre lang wurden Offenbach und Paris in einem Atemzug genannt. Wenn es um Druckluft ging.

ST. MARIEN-KIRCHE, BIEBERER STRASSE 55
FRÖHLICHE STILLE, WEITE SICHT UND SCHWERES GELÄUT

Wer den Paradieshof durch das schwere, geschwungene Eisentor betritt, den empfängt eine luftige, fröhliche Stille. In den Sträuchern und Bäumen zwitschern Vögel, hohes Gras rauscht im Wind. Das Knattern des alten Lieferwagens, der Linienjet am Himmel und das Hupen der Autos zwischen Bieberer und Mathildenstraße – das alles scheint draußen vorm schmiedeeisernen Zaun zu bleiben. Der Naturgarten vor den 100 Jahre alten Mauern der Kirche St. Marien ist nur ein sattgrüner Streifen, durch den ein gepflasterter Weg ins Pfarramt und in die Kirche führt. Doch irgendwie bremst er die Geschwindigkeit der Gedanken und das Tempo des Schritts. Über dem hohen neobarocken Portal blickt Maria aus einigen Metern Höhe herab. Die Marienplastik aus Sandstein mit einer Rosengirlande über dem Torbogen heißt „Unsere liebe Frau vom heiligen Rosenkranz". Sie setzt das Thema der schönsten Kirche in Offenbach und Umgebung.

Zwischen 1911 und 1913 wurde St. Marien als zweite katholische Kirche im evangelischen Offenbach vom Dombaumeister Ludwig Becker, dem Architekten Anton Falkowski und Bernhard Grein, dem Pfarrer der Gemeinde St. Marien, entworfen und gebaut. Becker und Falkowski waren renommierte Kirchenarchitekten. In der Zeit vor der Jahrhundertwende wuchs die Industriestadt rasant. Immer mehr Menschen zogen in die Stadt. So wurden 1912 in der Geleitsstraße die evangelische Friedenskirche und in der Waldstraße die Lutherkirche geweiht. Die Marienkirche planten Becker, Falkowski und Grein als katholischen Solitär. Der 60 Meter hohe Turm mit seiner neobarocken Doppelzwiebel aus Schiefer überragt die Häuser noch heute. „Er wurde in dieser Höhe gebaut, um eine Position des Glaubens gegen die überall in der Stadt aufragenden Fabrikschornsteine zu setzen", erzählt Pfarrer Hans Blamm im Pfarramt, dessen alte Böden und Möbel die Jahrhundertwende atmen. White, sein weißer kanadischer Schäferhund, vollführt ein neugieriges Tänzchen und blickt aufmerksam zu Blamm.

Nach dem grünen Paradies geht's durch das Portal in die gewaltige Kirche. Maria und White haben alles im Blick. 40 Meter lang und über 18 Meter breit ist das Hauptschiff, das am Hochaltar endet. „Er ist als Audienzsaal eines Herrschers gestaltet, also der Thronsitz Gottes mitten unter den Menschen", erklärt Blamm, während White den glänzenden Steinboden untersucht. Die Gemälde und Plastiken an den Glasfenstern, der üppig verzierten Kanzel und den Seitenaltären führen wie in einem Gesamtkunstwerk zu Maria und dem Rosenkranz. Auf dem großen Gemälde an der Rückwand des Altars ist zentral ein dunkler Kirchturm im Sonnenlicht gemalt. Der Turm von St. Marien. Fast 300 enge Stufen über Holzstiegen und Treppen führen zwischen Eisenrädern und Balken steil hinauf in den hölzernen Glockenstuhl. White blickt skeptisch nach oben und wartet lieber unten. In 48 Metern Höhe läuten acht Glocken über die Stadt hinweg. Es lohnt sich, hinzuhören: „Sie spielen im Lauf des Jahres über 40 verschiedene Melodien, die dem Kirchenjahr entsprechen." Viertel vor zwölf. Der helle Glockenschlag durchdringt den Körper und schwingt viele Sekunden aus. Nur drei Glocken haben das Dritte Reich überstanden, eine vierte wurde ersetzt. 1998 kamen zwei drei und sechs Tonnen schwere Bassglocken hinzu, die der weltweit anerkannte Gießer Hans August Mark fertigte. Seit 2005 schwingen zwei weitere Glocken als Klangkrone im Turm. Hans Blamm öffnet einen hohen Holzrahmen, an dem in schrägem Winkel Latten eingehängt sind. Wir blicken unter dem weiten Horizont auf die Straßen der Stadt, die Häuser und Hochhäuser, auf den Main und den Taunus. Es ist der schönste Blick über Offenbach. Nach kurzer Stille verschließt Blamm die Öffnung wieder mit großen Flügelschrauben. Wir gehen hinab. Vorsicht, Kopf einziehen! White springt auf und geht dicht neben dem Pfarrer mit nach draußen. Zurück im Paradieshof. Die Sonne wärmt, das Gras bewegt sich sachte im Wind. Es riecht gut nach Essen. Da ist sie wieder, diese fröhliche Stille.

JÜDISCHE GEMEINDE, KAISERSTRASSE 9
DIE SCHNUR ZUR ANDEREN STRASSENSEITE

Die hohe, weiße Mauer entlang der Kaiserstraße ist nur ganz oben von schmalen Fenstern durchbrochen. Blickt man von der anderen Straßenseite hinüber – von der Seite des Capitols, das lange die stolze Synagoge der Stadt war – so erkennt man ein gerundetes, vom Alter grün gefärbtes Kupferdach und darunter ein Glasfenster mit dem Zionsstern. Eine dicke, graue Tür führt ins Innere, und dort ist alles anders. Die Sonne scheint durch das Glas in die großen Räume der Jüdischen Gemeinde in Offenbach mit hohen Decken, viel Platz und warmem Parkettfußboden. Neben dem Eingang zur Synagoge hängt ein digitales Display, das anzeigt, wann der Sabbat beginnt, wann die Kerzen anzuzünden sind und wann der Feiertag endet.

Der Gebäudekomplex umschließt die Synagoge fast wie ein Gebetsschal. Sie war das erste jüdische Gotteshaus, das in Hessen nach dem Zweiten Weltkrieg neu errichtet wurde. 1946 bot die Stadt der Jüdischen Gemeinde an, eine neue Synagoge zu bauen. Der Vorstand lehnte ab. Er nahm an, die überlebenden Juden würden auswandern. Zu Beginn des Dritten Reiches 1933 gehörten fast 1500 Menschen der Gemeinde an. Über 400 von ihnen wurden in Konzentrationslagern ermordet, viele flohen. Einer amtlichen Mitteilung zufolge kehrten 1946 nur zwölf Offenbacher jüdischen Glaubens in ihre Heimat zurück. Erst 1956 wurde das Gemeindezentrum vom Architekten Zvi Guttmann errichtet, zurückgesetzt von der Straße. Es ist ein Abbild des damaligen Weges der Gemeinde nach innen. Die Architektur der Synagoge sollte nicht Selbstbewusstsein vermitteln wie das frühere Kuppelgebäude an der Goethe-/Ecke Kaiserstraße, sondern einen geschützten Raum jüdischen Glaubens anbieten.

„Wir sind ziemlich versteckt", sagt auch Mendel Gurewitz gleich zur Begrüßung. Der Rabbiner kennt die neugierigen und zugleich vorsichtigen Blicke der Besucher. 1997 wurde das Gemeindezentrum in seine heutige Form umgebaut, ein Jahr später kam Gurewitz nach Offenbach. Er ist verantwortlich für den Gottes-dienst, den Kindergarten, das Jugendzentrum, einen Seniorenklub, einen Schachklub und den großen Veranstaltungssaal. Zudem gibt es eine Sonntagsschule, Hebräisch-, Tanz- und Selbstverteidigungskurse. Die Gemeinde verzeichnet wieder rund 1000 Mitglieder. „Nur etwa 40 von ihnen sind religiös", erzählt Gurewitz, „mit ihnen begehe ich an jedem Freitag den Sabbat." Und noch immer sind die Schatten des Holocaust präsent. „Viele Juden haben immer noch Angst. Sie wollen nicht, dass wir den Gemeindebrief in den Briefkasten werfen, weil Nachbarn erfahren könnten, welchem Glauben sie angehören."

Der in den USA geborene Gurewitz wuchs in Lyon auf. Sein Vater, ebenfalls Rabbiner, hatte dort eine Stelle angenommen, als sein Sohn Mendel drei Jahre alt war. Auch der Sohn wurde Rabbiner, lebte ein Jahr in Russland und ging von Frankreich nach Offenbach. Er hebt die Hände über den Kopf und lacht. „Ich wollte ein Jahr bleiben, und nun, nach 14 Jahren, will ich nicht mehr weg." Er blickt noch schnell auf sein Smartphone, das sich mit klassischer Musik meldet. In fünf Sprachen spricht er hinein, in Deutsch, Russisch, Französisch, Englisch und Hebräisch. Gurewitz öffnet die Tür zur Synagoge. Hinter dem schwarzen Vorhang des Toraschreins stehen die wertvollen Schriftrollen. „Jede Zeile ist mit Tinte handgeschrieben." Hinter den Sitzreihen, in denen 160 Menschen Platz finden, leuchten blaue Wellen in den Bleiglasfenstern, ein Sinnbild der Arche Noah. Wie ein Schiffsbug sind die beiden Wände geformt, an deren Spitze man auf die alte Synagoge blickt. Der Architekt Alfred Jacoby, der das Zentrum entwarf, spannte eine imaginäre Schnur vom Toraschrein der früheren Synagoge durch die Spitze des Bugs zum neuen Schrein. Gurewitz deutet auf einen massiven Stuhl aus dunklem Holz, der an der Wand steht. Er sagt leise: „Dieser Rabbinerstuhl stammt aus der alten Synagoge. Wir vergessen sie nicht." Draußen blickt er hoch aufs Display. Noch drei Tage, neun Stunden, 18 Minuten und 21 Sekunden bis zum Sabbat.

84

ALTER JÜDISCHER FRIEDHOF, MITTELWEG
DIE EINSAMEN STEINE AM MAIN

Moos und Efeu haben sich in die Bruchsteine gekrallt und wuchern weiter und weiter. Über die Felder und den Damm ist das Ufer des Mains zu sehen. Ein Lufthauch bewegt die Blätter an den vier Stämmen des alten Baumes, die den Grabsteinen etwas Schatten spenden. Sie stehen nahe der Mauer aus grob gehauenen Brocken, manche berühren sie, und wirken ein bisschen verloren auf der weiten Fläche, die sich hinter ihnen öffnet. Auf den etwa 90 aus dem Gras ragenden Grabsteinen sind hebräische Inschriften zu lesen, von denen viele aus dem 19. Jahrhundert stammen. Sie sind Artefakte einer lebendigen Kultur, deren Faden durch Wucht und Gewalt gerissen ist. Die einsamen Steine stehen auf dem Jüdischen Friedhof in Bürgel, nicht weit vom Schultheisweiher.

Bis 1940 gab es eine große jüdische Gemeinde in Bürgel, die auf eine lange Geschichte zurückblickte. Alte Quellen belegen bereits zum Ende des 16. Jahrhunderts einen Rabbi, der 1575 am Main geboren worden sein soll. Seit 1603 gab es eine jüdische Gemeinde, die dem Mainzer St. Peter-Stift, der Herrschaft von Bürgel, eine „Türkensteuer" zahlen musste. Nach dem 30-jährigen Krieg lebten bereits zehn jüdische Familien im Dorf. Die älteste Erwähnung des Friedhofs nennt einen „Judentotenacker" auf dem Areal, für den die Gemeinde jährlich zwei Gulden Pacht an den Dorfschultheis zahlen musste. Hier wurden auch die Toten der Gemeinden in Offenbach und Mühlheim beigesetzt.

1828 sind schon 233 jüdische Einwohner in Bürgel belegt – das waren knapp 27 Prozent der 871 Einwohner. In diesen Jahren kauften die Gemeindemitglieder den Totenacker mit einigen angrenzenden Grundstücken, um einen Friedhof anzulegen. Aber weil das Geld fehlte, wurde die Mauer erst 1842 errichtet. In diesen Jahren blühte das jüdische Leben: Es gab eine Synagoge, seit 1781 ein rituelles Bad, eine Schule und den Friedhof. Die jüdischen Bürger organisierten sich in mehreren Wohltätigkeitsvereinen und dem Gesangsverein Concordia. Zwischen 1840 und 1847 sind 130 Beerdigungen auf dem Friedhof belegt. 1779 wurde in Bürgel der spätere Kantor Isaac Eberst geboren. Mit 20 Jahren verließ er Bürgel und ging nach Deutz bei Köln. Dort kam 1819 sein Sohn Jacques zur Welt, und um sich und seine Familie vor antijüdischen Ressentiments zu schützen, nahm Eberst den Namen seiner Heimat an: Offenbach. Als 14-Jährigen schickte er Jacques wegen dessen großen musikalischen Talents zur Ausbildung nach Paris. Jacques wurde schnell ein virtuoser Cellist; sein Spiel begleiteten Franz Liszt und Felix Mendelssohn am Klavier. Offenbach komponierte 1858 die Operette "Orpheus in der Unterwelt", die ihn weltberühmt machte.

Die Geschichte der Jüdischen Gemeinde in Bürgel endete 1939. Aus dem Jahr 1941 stammt ein Hinweis des Offenbacher Gemeindevorstehers Dr. Siegfried Guggenheim, der offenbar erzwungene Verkauf des Friedhofs „sei noch in der Schwebe". Der Grund zeigte sich kurz darauf: Die Wehrmacht errichtete auf der uralten Grabstätte eine Flakstellung. Die Gräber störten, also wurden sie eben entfernt. Dies ist wahrscheinlich der Grund, warum so viele Gräber auf dem Friedhof zerstört worden sind. Spuren deuten darauf hin, dass der größte Teil des Areals mit Maschinen eingeebnet wurde. Doch auch im Frieden der Nachkriegszeit kam der Friedhof nicht zur Ruhe. Immer wieder haben Neonazis Grabsteine umgestoßen, sie mit Hakenkreuzen beschmiert und mit Hämmern zertrümmert. Doch auch Eis und Hitze, das Wachsen der Bäume und das Sacken des Bodens haben die alten Grabsteine beschädigt: Manche sind rissig, andere hat die Kraft der Baumwurzeln gespalten. Auf zweien liegen ein paar Steine. Sie bezeugen, dass das Grab besucht wurde, und sind ein Symbol, dass am Lebenswerk des Toten weitergebaut wird. Doch nur selten kommt ein Besucher, die Familien leben nicht mehr oder sind ausgewandert. Die einsamen Steine sind noch da. Sie erzählen uns ganz, ganz leise unter dem alten Baum ihre Geschichte.

85

LUTHERKIRCHE, WALDSTRASSE 74 - 76
EINE KIRCHE KLINGT NACH JUGENDSTIL

Auf wuchtigen Mauern reckt sich ein schiefergedeckter Dachreiter wie ein Turm in den Himmel. „Ein feste Burg ist unser Gott" steht oben im Giebel, und trutzig wie eine Burg wirkt die Kirche, deren massige Kontur man nur von der anderen Seite der Waldstraße erfasst. Doch wer die evangelische Lutherkirche zum ersten Mal betritt, nimmt an, sich in der Tür geirrt zu haben. Fast zart führt die breite Treppe nach oben in den Kirchenraum. Durch bunte Gläser scheint die Sonne hell auf die Büste von Martin Luther, eine gerundete, steinerne Bank lädt zum Sitzen ein, durch hohe alte Holztüren mit Glas geht es ins Innere. Die äußere Kraft weicht einem fast orientalisch verspielten Jugendstil in Grün, Gold und Beige, mit raumprägenden Ornamenten und einem Charakter, der sich in einem Wort beschreiben lässt: Wärme. Die zarten Muster an der Tonnendecke, den Seitenflügeln und bei den Orgelpfeifen über dem Altar wirken wie die Noten einer imaginären Musik, die den Kirchenraum erfüllt.

Pfarrer Ulrich Knödler kennt das Staunen der Besucher. „Die meisten Menschen, die unsere Kirche nicht kennen, sehen sich sehr überrascht um", erzählt er, „man muss sich diese Kirche erschließen, die nach außen so viel Abwehr ausstrahlt." Er macht eine weite Geste. „Diese intensive Wärme, die der Kirchenraum verströmt, ist selbst im Vorraum kaum spürbar." Der renommierte, vom Jugendstil geprägte Architekt Professor Friedrich Pützer, der die Lutherkirche entwarf, baute auch den Darmstädter Hauptbahnhof, das erste Hochhaus Deutschlands für die Carl-Zeiss-Werke in Jena sowie rund 15 Kirchen. Am 15. März 1914 wurde die Lutherkirche eingeweiht, denn die Stadt war in diesen Jahrzehnten explosionsartig gewachsen. 1895 lebten 40 000 Einwohner in der Stadt, im Einweihungsjahr 1914 waren es bereits 80 000. Immer mehr Menschen mit evangelischem Glauben kamen in die Stadt. Predigten 1848 nur zwei evangelische Pfarrer in Offenbach, so waren es 1910 schon sechs.

Pützers Konzept der Kirche war damals so modern wie das ästhetische Gesicht, das er ihr gab. Die Kirche war eingepasst in die Reihenbebauung der Waldstraße. Zudem gehörten auch zwei Gemeindebüros, zwei Wohnungen für Bedienstete – links und rechts der Kirche symmetrisch angeordnet –, ein Festsaal und weitere Räume zu seinem Konzept. Er entwarf kein traditionelles Gotteshaus als Solitär, sondern das Versammlungshaus einer feiernden Gemeinde – außen wie innen. Die traditionelle Trennung zwischen Chor und Kirchenschiff in alten Kirchen hob er auf. Es gibt keinen Chor mehr, sondern nur noch einen Raum, der für jeden gleich erlebbar ist, egal welchen Rang er einnimmt. Die Kanzel ist mit der Orgel und dem Altar verbunden, das Abendmahl wird mitten in der Gemeinde gefeiert. Heute wird hier vor allem musiziert. „Kirchenmusik ist der Schwerpunkt unserer Gemeinde, hier proben die Offenbacher Kantorei, der Posaunenchor und die Kinderchöre", berichtet Ulrich Knödler. Zu Konzerten kämen Menschen aus dem gesamten Rhein-Main-Gebiet. Und so finden sich in der Lutherkirche neben einem Kleinod, der 100 Jahre alten Steinmeyer-Orgel, auch eine kleine hölzerne Orgel, zwei Klaviere und ein Spinett. Der Organist benötigt ein gutes Gefühl für den Raum, denn die Orgelpfeifen hinter dem Altar ertönen durch den Druckluftantrieb erst einen Moment nach dem Drücken der Tasten oben auf der Empore. „Ich habe die klassische Kirchenmusik erst hier für mich entdeckt", erzählt Knödler, „nun kann ich hören, wie sich die Feinheiten entwickeln."

1957 hatten die Farben von 1914 ihren Glanz verloren, und zu dieser Zeit galt der Jugendstil noch nicht als Baustil. Dafür waren helle Flächen schwer in Mode. Die Ornamente wurden übermalt, die Balkone der Emporen weggerissen. 1984 wurde die Kirche grundlegend renoviert und der Innenraum, so gut es ging, restauriert. Der Jugendstil prägt die Kirche wieder, und wenn die Sonne durch die Fenster scheint, kann man die Orgel hören. Auch wenn es ganz still ist.

RATHAUS, BERLINER STRASSE 100
DIE GRAUE FARBE DES GELDES

Der Raum im Keller des Rathauses ist bis zur Decke mit massiven, schwarzen Stahlgittern gesichert. Um ihn zu betreten, musste man zunächst den richtigen Schlüssel dabeihaben, um das schwere Gittertor zu öffnen, das in Boden und Decke massiv verankert war. An der Wand in der Mitte des Raums half ein Schlüssel allein nicht mehr. Man musste die richtige Zahlenkombination kennen, die richtige Reihenfolge der Eingabe und den richtigen Schlüssel. Nur so lässt sich die schwere Tür im ein Meter dicken, aus gehärtetem Stahl gefertigten, grauen Türrahmen bewegen.

Thomas Konrad, der technische Leiter des städtischen Hauptamtes, muss seine Muskeln anspannen, damit die Tür sich ganz langsam öffnet. Er lässt sie in Zeitlupe bis zur Wand schwingen und blickt hinein. Wir stehen vor einer schwarzen Stahlgittertür. Er probiert ein paar Schlüssel, einer passt, und schon ist der Weg frei in den einst geheimen Raum. Meterweise Akten stehen heute hier, doch früher – die Tür beweist es – lagerten hier andere Dinge. Geld zum Beispiel. „Der Raum ist 60 Quadratmeter groß", sagt er und deutet auf einige Löcher in der Decke, „hier lief früher eine komplett autarke Lüftung." Konrad klopft ehrfürchtig an die gewaltige Tür: Die wiege mehr als eine Tonne, ist er sich sicher.

Ein Raum in der Größe einer Zwei-Zimmer-Wohnung, gesichert von einer zwei Meter hohen und einen halben Meter dicken Stahltür – es erzeugt das Gefühl, in der Bundesbank oder dem Geldspeicher von Dagobert Duck zu stehen. Und das an einem zentralen Ort in Offenbach. Als das Rathaus 1971 eröffnet wurde, war der Tresor bereits vorhanden. Er stammt von der Firma Garny, einem der damals renommiertesten Anbieter. Um die Tür zum Tresorraum zu öffnen, musste man die Zahlen einer ziemlich langen Kombination durch das Drehen des kleinen Rades ohne Absetzen an die richtige Position bringen, erklärt Konrad das Prinzip. „Ein Mal nicht getroffen, und man durfte von vorne anfangen." Nach dem Aufschließen drehte man am

Rad in der Mitte und fuhr so die sieben Stahlbolzen im Umfang eines Bierdeckels nach innen, die die Tür im Rahmen verriegelten.

Die Architekten hatten geklotzt, nicht gekleckert. Sie rechneten noch mit ziemlich großen Geldmengen. Als das neue Rathaus Ende der 60er-Jahre geplant wurde, war die Überweisung aufs Konto noch die Ausnahme. Die Stadtkasse zahlte die Gehälter der städtischen Mitarbeiter vor 1971 in bar aus. Der Hochsicherheitstrakt im Keller wurde deshalb so konzipiert, dass sie jeden Monat an einem Schreibtisch hinterm Gitter die Geldscheine vorgezählt bekommen konnten.

Daher bauten die Architekten den Hochsicherheitstrakt einer Bank ins Rathaus. Direkt nach oben zur Stadtkasse fuhr ein kleiner Aufzug im eigenen Schacht. Bargeldkassetten konnten also ohne gefährliche Wege durchs Treppenhaus direkt nach unten in den Tresor gebracht werden. Dazu gab es genaue Anweisungen. Eine ist an der Innenseite der Tresorraumtür noch zu lesen. Sie ist in großen Buchstaben mit Filzstift geschrieben. „Achtung! Beim Einlegen oder Abholen von Geldbeträgen – damit verbunden Lösen der Bolzen der Tresortüre – darf sich nur jeweils eine Person im Tresorraum und muss sich eine Person im Vorraum aufhalten. Letztere Person hat den Schlüssel zum Tresorraum!" Die Warnung ist ein wenig kompliziert formuliert, aber es wird klar: Wäre jemand eingeschlossen worden – hinaus wäre er nicht mehr gekommen. An einem langen Wochenende wäre das lebensbedrohlich geworden. Doch alle haben sich offenbar an die Regel gehalten, denn der Tod eines städtischen Mitarbeiters im Rathaus durch Verdursten ist nicht überliefert.

Doch ein Geldspeicher ist der Tresorraum niemals gewesen. Pünktlich zur Eröffnung des Rathauses 1971 wurde die bargeldlose Überweisung eingeführt. Die Angestellten schauten nun aufs Konto statt in den Umschlag. Nur kleine Beträge befanden sich im großen, hochsicheren Raum – etwa die Aufwandsentschädigungen der Wahlhelfer. Viel Stahl für wenig Geld. Hier

87

lagerten aber auch wertvolle Amtssiegel und ein paar andere Wertgegenstände, dazu Kassenbücher und Abrechnungsakten. Heute steht die Tür meist offen. Der Aufzug ist ausgebaut, die Lüftung abgeschaltet, das Stahlgittertor ausgehängt. Aber schon die Vorstellung, im Rathaus gebe es eine geheime Bank, in deren Tresor sich säckeweise Bargeld stapelt, ist genug Stoff für einen Film. Ein Drama oder mit Happy End? Schwer zu sagen. Wir zahlen ja bargeldlos.

NO1 JEANS, BERNARDSTRASSE 5A
EWIGES LEBEN FÜR DIE BLAUE HAUT

Eine Jeans ist keine Hose. Sie ist ein Statement für das Leben, das man führt. Sie ist aus dem Stoff, aus dem Erinnerungen sind. Mit dem man zeigt, wohin man gehört. Wenn die eine, geliebte alte Jeans reißt, wenn sich der müde Stoff aufgerieben hat oder nur noch aus Fäden besteht, stürzt das die Träger in die Sinnkrise. Eine Katastrophe. Sie soll in den Müll? Meine blaue Haut? In solch aussichtslosen Fällen operieren die Designer Natalie Vu und Marc Oswald mit Nähmaschine, Fäden und selbst entwickelter Technik. Die Erfolgsquote: hundert Prozent.

Ein enger Hinterhof im Nordend: Vor Jahrzehnten wurden hier Lederwaren produziert, doch das ist lange her. Über der Stahltür mit abgeblätterter Farbe hängt vor einem Schindeldach eine Werksuhr, die um 11.16 Uhr stehen geblieben ist. Es geht eine Betontreppe hinauf, die vor Langem grau gestrichen war. Im ersten Stock leben und arbeiten Vu und Oswald. Kunst steht und hängt an den Wänden ihres Lofts, da gibt es Plattenspieler, LP-Sammlung, ein bequemes Sofa und einen großen Tisch mit Garnrollen und Nähmaschine. Der Operationssaal. Ein Teil des Lofts gehörte früher offenbar zu den Direktionsräumen der Fabrik, von denen der Stuck an der Decke zeugt. Die beiden sind keine Schneider, sondern Künstler. Während des Studiums an der Hochschule für Gestaltung lernten sich die aus Frankfurt stammende Natalie Vu und Marc Oswald aus Villingen-Schwenningen kennen. Sie studierte später Kunst an der Frankfurter Städelschule und hat auch eine Modeschule besucht. Er hat als Konzeptkünstler gearbeitet und 2002 ein Konzept realisiert, das ihm einige Bekanntheit brachte: Sein „Ja"-Projekt war eine Auseinandersetzung mit Produktwerbung. Drei Monate lang lebten er und seine Mitstreiter in weißen Kleidern in einer weiß gestrichenen Wohnung; alles trug den „Ja"-Aufdruck einer Lebensmittelmarke.

Zum Retten von Jeans kamen die beiden durch Marc Oswalds Weigerung, seine Jeans aufzugeben. „Vor zehn Jahren brachte ich sie immer zu einem Schnei-der. Der war bald genervt und sagte, er könne nichts mehr machen. Das war für mich unmöglich. Natalie hat sie wieder tragbar gemacht", erinnert er sich. „Wir haben damals auch alte T-Shirts recycelt, Kleider gemacht und Taschen entworfen", fügt sie hinzu. Sie rettete auch die Jeans von Freunden und hatten bald die Idee, daraus ein Geschäft zu machen, erinnert er sich. „Drei Monate haben wir an einer Technik gearbeitet, mit der eine noch so löchrige Jeans wieder Stabilität bekommt und dazu gut aussieht", erzählt Natalie Vu. Die beiden stellten 2011 eine Website mit dem Namen „No1Jeans" ins Internet, und bald kamen die Kunden. „Unseren ersten Auftrag bekamen wir von einer Offenbacher Ärztin, die uns eine Designerjeans schickte, die schon nach kurzem Tragen nicht mehr tragbar war", sagt Marc Oswald und lacht. Mittlerweile kommen ihre Kunden aus ganz Deutschland, „vom Schüler bis zum Rentner". Nachdem der Radiosender hr3 die Designer entdeckt hatte, brach eine Jeans-Welle über Vu und Oswald herein. „Die einen kommen aus finanziellen Gründen, wenn das Geld für eine neue Designerjeans nicht reicht, andere wollen sie mit unserem Style veredelt bekommen. Manche haben versucht, ihr Lieblingsstück zu retten, sind aber gescheitert", erklärt Natalie Vu die Motivation ihrer Kunden.

Oft erfahren sie per Mail oder am Telefon auch die Geschichten, die die Träger mit ihren Jeans verbinden. „Wir hatten auch schon eine echte Jeans aus den 60er-Jahren hier", erzählt Natalie Vu. Im Internet können sich die Kunden die Farben des Garns aussuchen, das die beiden zur Rettung verwenden. „Man braucht neben dem Handwerk viel Geduld, ein gutes Farbgefühl und eine Vorstellung, wie es werden soll", betont Vu. Die beiden definieren sich als Künstler. „Für uns ist eine alte Jeans ein Kunstwerk, das aus dem echten Leben entstanden ist", sagt Marc Oswald. Was ihren Arbeitstisch im Nordend-Loft verlässt, ist ein Unikat. Und das Leben kann weitergehen.

MINILAND BIEBER, DIETESHEIMER STRASSE 45
DER BIEBERER BAHNCHEF

Die Sonne scheint. Die Züge fahren. Heinz Heiliger hat gute Laune. Er streicht über das Dach eines Fachwerkhauses und verfolgt aufmerksam, wie die Dampflok aufwärts in den Tunnel schnauft und nach einigen Sekunden auf der anderen Seite wieder herauszuckelt. Die Bahn fährt. Heiliger hat in der Dietesheimer Straße in Bieber, gleich neben dem Friedhof, ein Paradies für kleine und große Kinder geschaffen: das Miniland Bieber. Über 400 Meter Gleise hat er auf einer Fläche von acht mal 18 Metern verlegt, Häuser, Kirchen und Burgen angefertigt, einen Rummelplatz aufgebaut und einen Hügel samt Tunnel zementiert. Er betrachtet einen Schuppen: Das Licht ist ausgefallen. „Die Arbeit geht nie aus", sagt der Pensionär, der seine Eisenbahn-Leidenschaft als Busfahrer finanziert. Jedes Wochenende ab 11 Uhr öffnet er sein Miniland, und pro Tag kommen zwischen 80 und 100 Gäste. Unter ihnen sind, na klar, viele Familien. Den Kindern zaubern die Loks und Wagen und Züge und Autos ein Staunen ins Gesicht. Das freut Heinz Heiliger, denn der Grund für dieses Hobby sind seine Enkel. Der Reihe nach: 1990 zogen Heinz und Ulrike Heiliger aus der Innenstadt in die Dietesheimer Straße. Im Vorgarten des Hauses baute Heiliger für seine Enkel aus einigen Metern Gleisen, ein paar Weichen und Holzhäusern die erste Bieberer Gartenbahn. Nicht nur die Kleinen hatten ihren Spaß. „Wenn sie fuhr, kamen die Nachbarn, und die Radler blieben stehen", erinnert sich der Bieberer Bahnchef.

Im Miniland rollen die Züge der traditionellen „Lehmann Großbahn" mit 45 Millimetern Spurweite. Die Züge sind im Maßstab 1:22,5 gebaut – in dieser Größe kommt echtes Eisenbahnfeeling auf. Die Bieberer kamen bald regelmäßig zum Gucken und Reden, die Bahnstrecke wuchs. „Das muss ausgebaut werden", forderten Freunde und Bekannte. Der Zufall half: Als der damalige Oberbürgermeister Gerhard Grandke 1993 einen Besuch in Bieber machte, brachten Ortskundige ihn zu den Zügen. Grandke war beeindruckt.

Bald darauf erhielt Heiliger den Zugang zu einem brachliegenden Gelände des Gartenamtes, das an sein Haus grenzt. Dort errichtete er erst einen ordentlichen Zaun, dann ließ er seiner Fantasie freien Lauf.

Ein Teich mit Wasserfall entstand, eine weitläufige Bahnanlage mit Lokschuppen, der Nachbau des Offenbacher Bahnhofsgebäudes und des Bieberer Aussichtsturms. Dazu kamen die Dörnigheimer Kirche, in der Heiliger getauft und konfirmiert wurde, sowie die Offenbacher Feuerwache von 1915. Wegen ihr hat sich ein pensionierter Feuerwehrmann bitter beschwert: Man habe damals auf Anstand geachtet – und Gardinen im Fenster gehabt. So gehe das doch nicht. Heiliger hebt die Augenbrauen: „Da stand ich sprachlos da." Eine Gardine hat er später aufgehängt. Eine alte Straßenbahn ruckelt um die Ecke. Es ist der Ebbelwei-Express, der bis 1955 Frankfurt und Offenbach verband. Heinz Heiliger fand die Bahn über eine Internet-Versteigerung und besorgte die Originalfarbe des Zuges. Angemalt hat den Zug seine Frau Ulrike, mit der er die Arbeit teilt: Er baut. Sie malt. „Ohne Ulrike würde das alles nicht existieren", betont Heinz Heiliger.

Das Miniland hat schwere Zeiten hinter sich. Heinz Heiliger erzählt gelassen davon. Kaum war es gebaut, lagen immer wieder Müllsäcke auf der Anlage. Mehrfach wurde eingebrochen. Vandalen verwüsteten die Anlage und zerschnitten die Folie des Teiches. Heiliger reparierte und baute um, damit die Bahn fahren konnte. 2007 kam das vorläufige Aus: Ein Besucher verklagte Heiliger auf Schadenersatz, weil ihm der Ast einer Kiefer auf den Arm gefallen sei. „Ich habe den Mann nie gesehen", schüttelt er noch heute den Kopf. Heinz Heiliger fällte die Kiefer, doch das Miniland fiel in Tiefschlaf. Aber er konnte es nicht lassen. Wieder baute er neu und um. Nun ist das Miniland frisch gestrichen, manches ist neu, vieles renoviert. Ein neuer Zaun umschließt die videoüberwachte Anlage. Wenn es trocken ist, fährt die Bahn. Heinz Heiliger schaut den Zügen hinterher und lächelt.

SYNCHRONSTUDIO METZ-NEUN, LILISTRASSE 40
VOM HAUPTBAHNHOF ZU MARILYN

Wer spricht, erzählt von sich. Man kann vom Wetter erzählen, von den Sportergebnissen, von Nagellack oder den Urlaubsplänen. Was man sagt, bleibt hängen oder nicht. Wie man spricht, hinterlässt Eindruck. Marilyn Monroe wurde nicht nur durch ihr Dekolleté zu einem der Sexsymbole des 20. Jahrhunderts, sondern durch ihre piepsige, brüchige Stimme, mit der sie sich durch die Dialoge stotterte und flüsterte. Die mächtige Göttin und das schutzsuchende Kind – das war ihre Magie. Damit kennt sich Ingrid Metz-Neun aus. Die Theaterschauspielerin arbeitet seit Ende der 60er-Jahre als Sprecherin für Film, TV und Werbung. Heute synchronisiert sie TV- und Kinofilme in ihrem Studio in der Lilistraße, schreibt Drehbücher und führt Regie.

In den 80er-Jahren veränderte sich das Kino. Die Freiwillige Selbstkontrolle (FSK) hatte zuvor unzählige Filmdialoge nur entschärft, geglättet und garantiert ohne Kraftausdrücke freigegeben. Nun durften die Originaldrehbücher verwendet werden. Hunderte Spielfilme wurden neu synchronisiert. In dieser Zeit hatte Ingrid Metz-Neun bereits einen hervorragenden Ruf als Sprecherin, und so lieh sie in diesen Neufassungen den Superstars wie Marilyn Monroe, Jeanne Moreau oder Audrey Hepburn ihre Stimme. Später kam Joan Collins, das „Biest" des Denver-Clans, hinzu. Bus- und Bahnfahrer kennen ihre Stimme ohnehin: Die Haltestellen-Ansagen in 40 deutschen Städten stammen von ihr. „1976 suchten die Frankfurter Verkehrsbetriebe eine Ansagestimme. Das Casting habe ich dann irgendwie gewonnen", sagt sie leise. „Ein Kölner Unternehmer, der Ansagetechnik für den Nahverkehr entwickelte, hörte die Aufnahmen. Er verkaufte das Gerät und meine Stimme im Paket. Mit jedem Abschluss hatte ich einen Auftrag." Allein für Berlin nahm sie 5400 Stationsansagen auf.

Mit fünf Jahren bekam Ingrid Metz-Neun chronisches Asthma, und dies hat ihren Weg erst möglich gemacht. Der Vater behütete das kränkliche Kind streng, schickte sie auf die Handelsschule und zur Lehre in eine Bank. Doch Ingrid Metz-Neun war unglücklich. „Nach einem Unfall beschloss ich, nie wieder hinzugehen." Sie bewarb sich heimlich mit 16 Jahren an einer Frankfurter Schauspielschule. Dort lernte sie Atemtechnik, und ihre Anfälle wurden weniger. „Das Sprechen ist mein Triumph über das Asthma", sagt sie und ihre stahlblauen Augen hinter der randlosen Brille blitzen. In der Frankfurter Werbeszene der 70er-Jahre verdiente sie gut und gründete einige Jahre später ihr erstes Studio. Für sie ist eine Sprechrolle wie Theaterspielen: „Erst wenn du den Text spielst, klingt es authentisch." Sie schaut ernst, ihre Stimme senkt sich: „Um Marilyn Monroe zu sprechen, musst du hinter ihr Geheimnis steigen."

1988 richtete sie in ihrer Dietzenbacher Hofreite ein eigenes Studio unterm Dach ein, doch es war zu eng und zu heiß. Sie zog nach Offenbach in die Ludwigstraße, neben die Kneipe „Försters". 1997 schließlich renovierte sie die ehemalige Lederfabrik in der Lilistraße, in der heute vier Aufnahmestudios und zehn digitale Schnittplätze untergebracht sind. Ihr Sohn Gunnar Ohlenschläger hat sich auf Multimedia spezialisiert und kümmert sich um die Technik des Studios. Techniker, Grafiker, Übersetzer, Schauspieler und Sprecher arbeiten oft an mehreren Produktionen parallel. Der Zeitdruck ist enorm: „Ein US-Kinofilm mit 50 Rollen muss heute in einer Woche synchronisiert sein." Um die richtigen Stimmen zu finden, hat sie über 400 Schauspieler und Sprecher in ihrer Kartei, darunter viele Prominente. Darüber lächelt sie und schweigt. Na gut, ein Name: „Früher war Dietmar Schönherr oft hier." Auch die Studiochefin spricht noch selbst. Und wie. Literarische Hörbücher und die Artikel der Wochenzeitung „Die Zeit" liest sie so, dass man zuhört. Seit einiger Zeit werde sie auch wieder für Fernsehrollen angefragt. Sie winkt ab. „Was soll ich am Set?", fragt sie und blickt hinüber zu den jungen Leuten, die an den Schnittcomputern routiniert die Maus bewegen.

KAUFHAUS LUISE34, LUISENSTRASSE 34
DAS KAUFHAUS FÜRS ANDERE OFFENBACH

Früher stand in der Luisenstraße ein Einkaufszentrum, in dem es kleine Läden gab, bis keiner mehr einkaufte. Nun kaufen hier Menschen ein, die woanders nicht kaufen können. Aus dem kleinen Ladenzentrum in der Luisenstraße 34 ist im März 2007 ein Kaufhaus geworden. Es gibt Damen- und Herrenkleider, bunte Kindersachen, hübsche Accessoires, dazu Schuhe, Möbel, Geschirr, Gläser und vieles mehr. Hinten an der großen Rampe entladen drei junge Männer den Lastwagen und schleppen Kisten mit neuer Ware ins Lager. Ein älterer Herr tastet die Ärmel der dunklen Anzüge ab, die in der Reihe hängen, zieht einen hervor und probiert. Zwei junge Frauen stöbern in den Stapeln mit T-Shirts. Doch dieses Kaufhaus, das seine Waren auf 1400 Quadratmetern präsentiert, funktioniert nach anderen Regeln als die Shoppingtempel auf der Frankfurter Straße. Dort wird der Kunde umgarnt, umschmeichelt und verführt. Jeder Quadratzentimeter ist nach neuesten Erkenntnissen optimiert beleuchtet und beschallt, die Verkäuferinnen sind auf Umsatz geschult. Die Kunden mögen das, sonst würden sie nicht kommen. Ins Kaufhaus Luise34 kommen Kunden, bei denen das ganze Theater nichts nutzt, weil sie zu wenig Geld haben, um sich verführen zu lassen. Die Ware kommt von Menschen, die sie schon mal getragen haben, die sie nicht mehr brauchen oder nicht mehr verkaufen können. Wer hier arbeitet, hat woanders keine Arbeit bekommen. Geld verdient das Kaufhaus nicht. Willkommen im anderen Offenbach.

Luise34 wird von der gemeinnützigen CariJob GmbH betrieben, die zur Caritas gehört. Die Ware in den Regalen und Ständern stammt aus Spenden von Bürgern oder von Unternehmen, die Restposten stiften. Die Mitarbeiter sichten und sortieren die Kleiderposten, legen sie zusammen und dekorieren sie in der Verkaufsfläche. Die Preise beginnen bei einem Euro für T-Shirts, ein Paar Schuhe kostet drei oder vier Euro, eine Kaffeemaschine 20 Euro und für 90 Euro gibt's eine schöne Couch. Die 50 bis 60 Mitarbeiter, die hier zwischen den langen Regalen im Neonlicht umherwieseln, arbeiten nicht. Sie nehmen eine „Arbeitsgelegenheit mit Mehraufwandsentschädigung" wahr. Wer in der Luise34 einen Job hat, arbeitet als Ein-Euro-Jobber. „Viele unserer Mitarbeiter sind Langzeitarbeitslose. Sie sind oft krank und depressiv, wenn sie hier anfangen, ihnen fehlen Kontakte, ein Tagesrhythmus. Sehr viele von ihnen haben hier begonnen, ihr Leben wieder in die Hand zu nehmen", beschreibt Leiterin Anette Bacher die Probleme. Andere waren drogen- oder alkoholabhängig und sind durch die Arbeit im Kaufhaus „wieder stabil geworden", erzählt sie. Jugendliche leisten hier auch vom Gericht verhängte Sozialstunden ab. Frauen mit Gewalterfahrungen und aus sehr schwierigen Beziehungen beginnen hier neu. Zudem bildet Luise34 benachteiligte Jugendliche in einem Beruf aus. Sie alle arbeiten meist für Kunden, die von Hartz IV leben. Auf die günstigen Preise gibt es bei Vorlage der Bescheinigung noch einmal 25 Prozent Rabatt. Damit kommt man klar. Viele, die auf der Frankfurter Straße nur in die Schaufenster schauen, kommen in die Luisenstraße zur Anprobe. Derzeit registriert Anette Bacher etwa 70 bis 80 zahlende Kunden pro Tag. Die Zahl steigt. „Es gibt immer mehr arme Menschen in der Stadt", sagt Bacher. Vier Pkw und zwei Laster holen gespendete Waren ab und liefern sperrige Möbel bis an die Haustür der Kunden. „Küchen sind der Renner. Die sind sofort verkauft. Wir bekommen oft auch hochwertige Möbel sehr guter Marken gespendet", erzählt Anette Bacher, „auch mal ein Geschirrservice mit echtem Designwert." Und es gibt schicke Designstücke: An den Nähmaschinen fertigen die Frauen bunte Handytaschen, Handtaschen und Rucksäcke aus alten Kleidern, aus Cord, in 70er-Mustern und ungewöhnlichen Schnitten. Sie stehen neben dem Eingang im Schaufenster und sind auch am Stand auf dem Weihnachtsmarkt sehr gefragt. Luise34 ist kein Tempel der Wünsche. Es ist das Kaufhaus der Gegenwart.

ANNEMARIE KITZINGER VOLKSKUNST, MÜHLHEIMER STRASSE 386
EIN GEWÄCHSHAUS VOLLER EINZELSTÜCKE

Im Gewächshaus ganz hinten lässt sich die Schönheit der Vergangenheit kaufen. Mühlheimer Straße 386, fast an der Stadtgrenze. In den großen Glashäusern an der Straße bietet die Gärtnerei von Christian Kitzinger seit Jahrzehnten schöne Blumen, Pflanzen, Bäume und Sträucher. Bereits seit 1867 betreibt die Offenbacher Familie ihr Geschäft, nur Annemarie Kitzinger hat sich vor rund 50 Jahren für etwas ganz anderes entschieden. Schönheit, Ästhetik und die Faszination von Einzigartigkeit sind in ihrem Metier ebenso wichtig wie in der Gärtnerei. Hinter der stets von Kunden umlagerten Kasse ist das Gewächshaus abgedunkelt. Dieser Teil ist für die Vergangenheit reserviert. Denn Annemarie Kitzinger, eine junge Frau von fast 80 Jahren, und ihre Tochter Dr. Barbara Gärtner bieten hier Volkskunst aus alter Zeit an. Die Schränke, Regale, Stühle, Truhen und Wände quellen über vor Farben und Mustern, sind bestückt mit Trachten, Keramiken, Leuchtern, mit Tischwäsche, Tüchern, Hauben und Schals. Alles hat seinen Platz, alles ist hübsch kombiniert. Das Gewächshaus von Annemarie Kitzinger gehört zu den weltweit besten Adressen im Handel mit alter Volkskunst. „Ich habe gestern erst wieder zwei Trachten nach Japan und eine nach Australien verkauft", erzählt sie. Die Experten des Hessenparks oder des Museums zur Volkskunde in Hessen auf der Veste Otzberg kaufen gerne hier. Denn Annemarie Kitzinger und Barbara Gärtner haben ein Händchen für besondere Objekte vom Land.

Ihre Leidenschaft begann einige Jahre nach dem Krieg. Der alte Lateinlehrer von Annemarie Kitzingers Mann liebte Trachten und Volkskunst, besaß aber kein Auto. Die Kitzingers hatten bereits eines. Und so fuhren sie ihn hinaus aufs Land. Bald entdeckte auch Annemarie Kitzinger die archaische Schönheit der alten Gegenstände und Kleider, die unbeachtet auf Dachböden verstaubten. Sie begann zu sammeln und zu handeln. Mit der Massenproduktion der 60er-Jahre erwachte auch die Nachfrage nach unverwechselbaren Stücken. Sie las alles, was sie über Volkskunst fand, besprach sich mit Sammlern und Experten und wurde so selbst zur Expertin. Die Nachfrage wuchs. „In den 80er-Jahren war es für Ärzte und Manager Mode, einen Bauernschrank im Büro oder der Praxis stehen zu haben", erinnert sie sich, „und, na ja, ich konnte schöne Stücke anbieten." Bald bot sie auch historische Trachten aus ganz Deutschland an. „Meine Mutter hat einen Erfahrungsschatz wie sonst niemand, den ich kenne. Sie entscheidet einfach nach Gefühl und hat damit viele renommierte Museumsexperten widerlegt", sagt Barbara Gärtner, die in Kunstgeschichte promoviert hat. Das älteste Stück, das sie je verkauft hat, war ein Schrank. Museumsfachleute datierten ihn aus dem 13. Jahrhundert.

Zur Blütezeit ihres Geschäfts lagerten noch Hunderte schöner Stücke in einer mittlerweile abgerissenen Halle hinter der Gärtnerei. „Ich hatte da mehr als 2000 Teile im Laden, dazu Dutzende Schränke und Möbel." In diesen Jahren kauften die US-Megastars Barbra Streisand und Jack Nicholson bei ihr. „Bestellt haben das die Agenten der Stars, die kamen nicht selbst", beschwichtigt sie. Auch New Yorks feinstes Edelkaufhaus Neiman Marcus deckte sich bei ihr ein. Sie stattete die Shows der Volksmusikstars Marianne und Michael aus und pflegt bis heute eine Freundschaft mit Anna Viebrock, einer der renommiertesten Theater-Regisseurinnen und Bühnenbildnerinnen.

In den Katalogen der Trachtenmode-Anbieter Loden-Frey und Frankonia fanden sich bald Einzelstücke von Trachten aus dem Gewächshaus, die Modemagazine „Madame" und „Vogue" druckten immer wieder Fotostrecken. „Auch aus kaputten Trachten haben wir tolle Sachen gemacht", erzählt Barbara Gärtner. Sie hat das Geschäft, das mit dem Aufkommen der Online-Versteigerungen zurückging, neu belebt. „Übers Internet verkaufen wir Dekoratives, Trachten und vor allem Keramik", erzählt sie, „aber unser Anspruch ist derselbe wie früher." Alles im Gewächshaus bleibt Einzelstück.

BAHNKLUB STELLWERK, ALTER GÜTERBAHNHOF
BAHNER LASSEN DIE BAHN FAHREN

Nachts ist es am Offenbacher Güterbahnhof finster, am Tag leer und verlassen. Grün überwuchert langsam, aber stetig die Gleise, die großen Hallen hinter der Bahnsteigkante stehen leer. Der Bahnhof wird nicht mehr gebraucht, seit in Offenbach fast nichts mehr produziert wird. Die Zeiten haben sich geändert. Nur im alten Stellwerk ist seit über 50 Jahren viel Verkehr auf den Gleisen. Ein ICE zischt vorbei, ein Güterzug rattert durch den Tunnel, ein Intercity jagt über die Brücke den Berg hinauf.

Im ehemaligen Luftschutz- und Kohlenkeller des alten Gebäudes hat seit 1958 ein Miniaturbahnklub sein Zuhause. Er heißt wie seine Heimat: „Stellwerk". Der Bahnklub gehört sogar zur Bahn: Er ist eine Freizeitgruppe der Stiftung Bahnsozialwerk, einer über 100 Jahre alten sozialen Einrichtung, die den Bahnern und Pensionären mit Suchtprävention, Sozialberatung und 23 Selbsthilfegruppen hilft. Im Keller des nutzlos gewordenen Stellwerks gibt es verdammt viel zu tun: Fast 500 Meter Gleise, 50 Weichen, drei Bahnhöfe, zwei Stellwerke und 43 Züge fordern ihren Tribut. Jeden Freitagabend wird an der zwei Kellerräume füllenden, gewaltigen Anlage gefräst, gesägt, gelötet, geölt, geschraubt, gestrichen und programmiert. Der Clubvorsitzende Martin Bläss hat da schon einen harten Arbeitstag mit der Bahn hinter sich: Er ist Leiter der zentralen Verkehrsleitung der DB Fernverkehr AG und seit 23 Jahren im Club aktiv. Die Arbeit im Keller ist für ihn pure Entspannung: „Hier gibt's ja keinen Fahrplan. Der Nahverkehrszug überholt den ICE, das ist alles richtig so. In meinem Job wäre das anders. Hier ist nur wichtig, dass die Züge fahren." Seine ganze Familie arbeitet bei der Bahn. „Ich habe oben im Stellwerk noch einen Teil meiner Ausbildung absolviert", erzählt der „klassische Eisenbahner". Die meisten seiner Kollegen sind oder waren ebenfalls dabei. Sein Stellvertreter Klaus Rein kommt sogar auf 28 Jahre Clubmitgliedschaft. Er ist in Pension und ein echter Eisenbahn-Fan. Er geht an einer der vielen Bahnstrecken entlang und zeigt auf ei-

nen großen Kühlwaggon: „Diese Wagen standen früher oben auf den Gleisen. Mit ihnen brachte der Güterzug täglich und pünktlich um 11 Uhr die Bananen für die Supermärkte im Kreis", erzählt er. Überall gibt es Details zu entdecken: Ein Glasaufzug bringt Passanten von der Stadt zu den Gleisen, ein Bagger buddelt sich durchs Erdreich. Auch die Namen der Bahnhöfe haben eine tiefere Bedeutung: „St. Martin" etwa ist dem Clubvorsitzenden Martin Bläss gewidmet.

Er streicht über eine Oberleitung aus Kupferdraht, die Hunderte Meter weit die Gleise überspannt: „Die kann man nicht kaufen. Wir haben das System entwickelt und alles selbst gebaut." Die große Anlage läuft mit Zwei-Leiter-Gleichstrom, weil das den Modellbahnfans wirklichkeitsgetreuer erschien. So fahren Züge von Fleischmann, Rocco, Trix und Lima über die Gleise. Die Vitrinen an den Wänden sind voll mit teils sehr seltenen Loks und Waggons. Die größte Veränderung im Klubleben löste die Digitalisierung aus. Seit vier Jahren fahren die Züge computergesteuert von Bahnhof zu Bahnhof. Doch bis zu diesem Halt war es eine weite Strecke: „Wir haben drei Jahre lang Geld zurückgelegt, um uns das leisten zu können." Danach begann die Arbeit: „Wir haben die nötigen Platinen selbst geätzt und bestückt, Prüfgeräte gebaut und die Programme selbst geschrieben." Doch nun sagen sie: Die Bahn fährt. Nach der Arbeit an der mittlerweile auf rollbaren Plattformen aufgebauten Anlage treffen sich die Miniaturbahner im holzvertäfelten Nichtraucher-Casino zum Essen. „Jede Woche hat einer Küchendienst, es gibt ab 22 Uhr immer etwas frisch Zubereitetes", erzählt Klaus Rein. Beim Essen werden Umbaupläne geschmiedet und Probleme diskutiert, die Lage der Welt und die der Bahn erörtert. Auf und in den Glasschränken im Casino und im Flur steht die Vergangenheit: alte Schlussleuchten, Gegenstände aus dem Alltag der Bahn wie ein wuchtiger, eiserner Bleistiftspitzer aus dem Jahr 1910. Oben ist die Bahn auch Vergangenheit. Im alten Stellwerk lebt sie. Und wie.

HUNDEMETZGEREI REDER, NORDRING 70
WO DIE KUNDSCHAFT AUS DER HAND FRISST

„Darf's für die Kleine ein Stückchen Rind sein?", fragt Andreas Steiger. Seine Kundschaft fixiert den offerierten Leckerbissen und tänzelt aufgeregt auf der Stelle. Zuschnappen! Jetzt! Ein kurzer Blick zu Frauchen, das schon die Stimme erhebt: Klar, erst „Sitz" machen, sonst gibt's keinen Schnapp. Gute Manieren bewähren sich. Doch im Hinterhof am Nordring 70 vergisst mancher Vierbeiner gerne mal die Lektionen aus der Hundeschule: kein Wunder, wenn vor der feinen Hundenase Duftwolken von rohem Fleisch, Pansen, Ochsenziemern und getrockneten Schweineohren tanzen.

Das Duftpotpourri wirkt auf Herrchen und Frauchen eher eigenwillig bis ekelerregend. Aber wer seinen Vierbeiner liebt, atmet eben etwas flacher, wenn er das Hundeschlaraffenland im Offenbacher Nordend betritt, das wie ein alter Lagerschuppen aussieht. Hinter einem Vorhang aus breiten Plastiklamellen, die den Heimtierbedarf von der Hundemetzgerei abtrennen, steht Andreas Steiger. In einer Fleischerschürze zerlegt er Rindfleisch. Neben ihm stapeln sich Plastikkisten gefüllt mit Fleischteilen, Knochen und Innereien. Herz, Lunge, Pansen, Knorpel, Kopffleisch und andere Schlachtabfälle werden zweimal wöchentlich von einem Zerlegebetrieb aus dem mittelfränkischen Feuchtwangen angeliefert. „Früher war der Weg nicht so weit", erzählt Helmut Reder, der mal wieder bei seinem Schwiegersohn Andreas vorbeischaut. „In den 60er-Jahren habe ich das Fleisch vom Offenbacher Schlachthof bezogen und auch dort in 5- und 10-Kilo-Eimern weiterverkauft", erinnert sich der Senior lächelnd. Die XXL-Größe wäre der vierbeinigen Kundschaft auch heute noch recht, aber Frauchen und Herrchen wollen es lieber handlich. Je nach Kundenwunsch wird das Frischfutter in 1-Kilo- bis 250-Gramm-Beutel luftdicht verpackt. Das ist vor allem bei frischem Pansen sehr angenehm. Der Geruch des Topsellers kann bei Zweibeinern schnell Übelkeit auslösen. „Aber in Einzelportionen in den Napf gegeben, ist es ruckzuck verspeist, da stinkt nichts", weiß Reder. Der Metzger-

meister ist seit einigen Monaten im Ruhestand, nachdem er seinen Nachfolger zwei Jahre lang angelernt hat.

Auf den Hund kam Reder Anfang der 60er-Jahre, weil es „einfach ein gutes Geschäft" war und sich schnell dankbare Kunden fanden. Ende der 90er-Jahre, nach der Schließung des Schlachthofs, zogen die Reders ins Nordend. In den 23 Geschäftsjahren wuchs der Kundenstamm auch weit über Offenbach hinaus: Im grauen Garagenhof werden Kombis, Kleinwagen und SUVs mit Kennzeichen aus Hanau, Bad Homburg, Wiesbaden und dem Main-Taunus-Kreis gleich kistenweise beladen. In vorbestellten Futterrationen für die heimische Tiefkühltruhe. Denn „Tiernahrung Steiger", wie der Betrieb nun heißt, ist eine von nur drei Hundemetzgereien in Hessen. Nur ein vergilbtes Schild über der Hofeinfahrt weist den Weg. „Werbung mussten wir noch nie machen", sagt der Senior, dessen Frau Gisela die Abteilung „Tragbares, Kuscheliges & Knuspriges" fürs Heimtier betreute.

Im Gang hinter der schweren, grauen Eingangstür lagern Hasenstreu und Vogelfutter. Im Raum links daneben kann man in einem erlesenen Sortiment an Leinen, Geschirren und Halsbändern stöbern. Im Hinterraum, wo sich in einem uralten Supermarktregal allerlei Dosenfutter für Hund und Katz stapeln, findet man auch die passende Körbchengröße. Probeliegen ist ausdrücklich erlaubt. Rund um die alte Registrierkasse türmen sich Kekse, Kaustangen, Spielzeug und zur Weihnachtszeit mit Leckerlis gefüllte Adventskalender sowie Überraschungspäckchen für die Bescherung. Und wenn den Hund bei all den vielen Leckereien mal der Magen drückt, hat Reder ein altbewährtes Hausmittel: frischer Pansen. „Ist der Hund mal schlecht drauf, hat Durchfall oder Juckreiz, einfach rohen Pansen füttern und die Beschwerden sind ruckzuck verschwunden", empfiehlt der Hundekenner, der selbst jedoch kein Herrchen ist: „Wir haben oft von vier Uhr früh bis spät abends im Laden gestanden, da blieb einfach keine Zeit für Tiere."

KRAMLÄDCHEN, RUMPENHEIMER STRASSE 4
NICHT GESUCHT UND DOCH GEFUNDEN

Die Dinge, die man hier findet, braucht man. Unbedingt. Aber das geschieht auf dieselbe Weise, wie man seinen Partner, seinen Mann oder seine Frau braucht. Zwischen Verlieben und Verstauben ist es manchmal nicht weit. Der erste Stock des geduckten, versteckten Hinterhauses an der Rumpenheimer Straße in Bürgel ist übervoll mit allem, was sich zum Verlieben eignet: Schälchen, Tässchen, Püppchen, geblümte Stoffservietten, Schalen, bunte Gläser, Kerzenhalter, Broschen, Ketten, aber auch schwere Brotschneidemaschinen, Fruchtpressen, Schilder und eiserne Kannen. All das war vor vielen Jahrzehnten einmal neu und manchmal nützlich. Nun ist es endlich alt, damit wir uns darein verlieben können. Der nur zweimal pro Woche geöffnete „Kramladen" von Sabine Schmidt ist übervoll mit Dingen zwischen 50 Cent und hundert Euro, die sie liebt, hübsch dekoriert und auf britische Weise ausstellt. Man weiß gar nicht, wohin man blicken soll, erklimmt man die steile Treppe zum Laden. Schon im Hof erwartet die Besucher ein angerostetes Blechschild, das einen „Laufmaschen-Schnelldienst – pro Masche 8 Pfennig" offeriert. Zwischen Efeu und üppig grünen Topfpflanzen stehen eine charmant gerostete Gießkanne, ein Kinderroller der 60er-Jahre und auf den alten Holztischen Körbe, Blumenkübel, Schalen und Töpfe, mit denen man auch der Normterrasse eines Fertighauses etwas Behaglichkeit einhauchen kann.

Im Oktober 2007 eröffnete die Erzieherin Sabine Schmidt gemeinsam mit Ehemann und Tochter das Lädchen im Häuschen. Es hatte lange leer gestanden, und so mieteten sie es. Ihr Plan war: „Wir probieren es einfach", erinnert sie sich. Denn sie liebt und sammelt die schönen, gebrauchten und antiken Sachen. Schmidt zeigt auf verschnörkelte Email-Schilder und drollige Mädchenkleider: „Das sind meine Lieblinge", sagt sie und streicht über ein orangenes Kleidchen. So manches, in das sie sich auf einem Flohmarkt im Urlaub oder in der Region verliebt und das sie zu Hause

aufgestellt hatte, wartet nun auf einen neuen Besitzer. Doch sie versteht sich nicht als kühlen Profi, der ein Sortiment aufbaut. Genau so, wie es ist, soll es sein. „Ich will, dass für jeden Geschmack etwas dabei ist", sagt sie. Wegen der hübsch arrangierten Fülle kommen die Kunden aus dem gesamten Umland sowie aus Frankfurt und dem Odenwald. Andere haben nur ein paar Schritte. Viele ältere Nachbarn schauen vorbei, gucken sich um und halten ein Schwätzchen. „Manchmal erzählen die Älteren aus ihrer Jugend, wenn sie zum Beispiel ein Küchengerät finden, mit dem sie in der Jugend gekocht haben." Schmidt stellt sich auf die Zehenspitzen und fischt ein ledernes Portemonnaie aus dem Schrank. Damit sei eine Dame gekommen. „Sie erzählte, dass das Gebäude einst eine Portefeuille-Fabrik gewesen war und ihr Mannes es einst genau hier hergestellt hat."

Die nächste Generation setzt auf Frische, die aber auch lange hält: Sabine Schmidts Tochter Lisa produziert feine Gelees, Konfitüren und Brotaufstriche. Das Obst und die Kräuter für ihre Produkte zieht sie möglichst selbst. Unreife oder im Treibhaus gewachsene Früchte kommen bei ihr nicht in den Topf. Die Gläser der diversen Sorten mit Apfelweingelee, Birnen-Ingwer- oder Weißer-Pfirsich-Aufstrich stehen hübsch dekoriert in einem offenen, alten Schrank. Nur im Winter ist es im Laden weniger komfortabel. Es gibt im Kramladen keine Heizung, die Fenster von der Jahrhundertwende sind dünn. Da helfen heißer Tee, ein Kaffee und ein paar Kerzen.

Die Dinge, die sie in die Regale räumt, werden nur geschrubbt, geölt und maximal entrostet. „Nichts darf seinen Charakter verlieren." Das ist Sabine Schmidt wichtig. Nur die Möbelstücke, die sie immer mal im Erdgeschoss anbietet, werden von ihrem Mann restauriert. Auch ihre Mutter ist voll dabei. Sie strickt bunte Topflappen, die an nun an einem guten Platz auf Töpfe warten. Hier findet man, was man braucht. Auch, wenn man es gar nicht gesucht hat.

95

Willkommen liebe Gäste

FIREDANCER, SPRENDLINGER LANDSTRASSE 181
DER KLANG DES FEUERS

Christian Weiß liebt es, den Klang des Feuers zu hören. „Es erzeugt ein faszinierendes Geräusch, wenn sich die Flammen bewegen", sagt er und blickt zu den Tänzerinnen und Tänzern. Sie halten lange, brennende Stäbe in den Händen, bewegen sie expressiv und lassen Feuerkugeln an Ketten im Takt der Musik kreisen. Die Energie der Hitze lässt die Flammen messerscharf zischen und zugleich gefährlich und dunkel grollen. Es riecht nach Petroleum. Obwohl Weiß seit zehn Jahren mit dem Feuer tanzt, folgen seine Augen auch bei dieser Probe den Linien und Bögen der Flammen. Weiß ist Feuertänzer. Seine „Firedancer" haben mit spektakulären Shows zwischen Akrobatik, Jonglage und Tanz die großen Bühnen Deutschlands erobert. Christian Weiß tanzt heute nur noch selten mit den Fackeln. Meistens telefoniert er. Weiß ist Geschäftsführer und künstlerischer Leiter der professionellen Gruppe aus 33 Musikern und Tänzern. Heute proben sie in der Fredenhagen-Fabrik an der Sprendlinger Landstraße an letzten Details ihrer aufwendigen Choreografie für einen Open-Air-Auftritt vor vielen Tausend Zuschauern. Die Firedancer arbeiten hier schon lange. Die große Halle mit Stahlträgern und abgewetztem Fußboden ist der richtige Ort, um das Feuer zu bändigen.

Christian Weiß hat Erfolg, weil er ausgestiegen ist. Er lebte lange in Neuseeland bei einem Maori-Häuptling. „Ich habe einfach das Leben und die Natur genossen", erzählt er und lacht. An der australischen Byron Bay lernte er den Tanz mit dem Feuer kennen. „Ich war bei der Hochzeit einer Feuertänzerin und eines Feuertänzers eingeladen. Dort ist das schon lange sehr populär, ein Teil der Beach-Kultur. Das hat mich so fasziniert, dass ich damit angefangen habe", erzählt er. Weiß hatte zuvor noch nie getanzt, hatte keine Ahnung von Choreografie und Ballett. Doch der ehemalige Karatekämpfer nahm sein Feuer mit nach Hause. Im Sommer 2002 tanzte er am Mainufer unterhalb des Frankfurter Städels. „Ich hatte befreundete Feuertänzer eingeladen, und daraus entstanden die Firedancer." Zunächst probten sie gemeinsam und traten in Klubs auf. Immer mehr Anfragen kamen, aber morgens mussten sie zur Arbeit gehen. Bei dem von ihm organisierten Feuertanz-Festival in Dreieich rechnete er mit 1000 Besuchern, aber es kamen über 4000. So kündigte er 2006 seinen Job und gründete die „Firedancer" als professionelle Tanzgruppe. Ihren größten Auftritt hatte sie in Südafrika. Dort tanzten sie zur Eröffnungsfeier der Cricket-WM. Der Sport ist im englischsprachigen Raum sehr populär: Den Auftritt verfolgten 350 Millionen Zuschauer am Fernseher.

„Das Feuer ist eine Sprache, um sich auszudrücken, so wie Malerei", ruft er, als sei ihm das in dieser Sekunde eingefallen. Mittlerweile haben Weiß und seine Crew verschiedene Showprogramme entwickelt, die das Feuer mit Eislauf, Flamenco, Trommeln, klassischer Musik und Partyfeeling verbinden. Doch Feuertanzen braucht Kraft, Kondition und Körperbeherrschung. Zwei Jahre dauerte es, bis das erste Programm stand. Die meisten Tänzerinnen und Tänzer sind Profis. Sie kommen vom Ballett, vom Musical oder aus der Jonglage und haben lange Erfahrung mit den Stäben und Kugeln. Doch auch nur Neugierige können das Feuer fühlen. Ihnen vermittelt Weiß in seiner Feuerschule in der Fredenhagen-Fabrik den Umgang mit Fackeln und Schrittfolgen.

Wir tippen SMS und Messages ins Smartphone, statt uns in die Augen zu schauen. In der digitalen Welt erzeugt Feuer die Faszination des Puren. „Es ist seine Spannung, die uns so fesselt", sagt Weiß. „Wir sitzen gerne am Lagerfeuer, wir lieben Kerzen und den Kamin. Zugleich haben wir Todesangst vor ihm und wollen flüchten. Mit dem Feuer ..." Da läuft die Tänzerin wieder ganz nah vorbei. Es zischt und grollt, die Flammen formen sich mit ihrer Bewegung zum Kreis. Christian Weiß blickt ihnen nach. „Mit dem Feuer wollen wir die Menschen berühren. Ganz tief drinnen."

NH HANDMADE, STIFTSTRASSE 19
ZARTE VERWANDLUNG MIT RIEMCHEN UND SCHNALLEN

Männer tragen Schuhe, weil es ohne sie zu kalt ist. Frauen verwandeln sich durch Schuhe. In High Heels, Ballerinas und Turnschuhen stecken Lebensentwürfe. Derselbe Satz, gesagt von einer Frau, wirkt im Gespräch ganz anders, wenn sie Pumps eines Luxusdesigners trägt anstelle alter Sneakers. Morgens ein bisschen schluffig, abends was zum Hingucken, dazwischen bunt und bequem. Alles ist möglich. Nur passen müssen die Schuhe.

Nicole Hutschenreuther aus Bürgel hat lange gekämpft. Die meisten Schuhe sind für ihre schlanken Füße zu weit. Bei geschlossenen Modellen kein Problem – dafür gibt's Einlegesohlen. Aber im Sommer zeigt Frau gerne Fuß, und in Sandalen gibt's keinen doppelten Boden. Die Riemchen waren für ihre Füße stets viel zu lang. Was also tun? Sie begann, ihre schicken Sandalen zu verändern, die Riemchen enger zu machen. Bald schnippelte, lochte und klebte sie. Mal klappte es gut, mal nicht. Da kam sie auf die Idee, sich eigene Sandalen zu fertigen. Nur: Wie macht man Schuhe? Die Bankangestellte beschäftigte sich ab 2005 mit Leder, mit Sohlen und den nötigen Produktionstechniken. „Ich probierte herum, bis ich eines Tages die Arbeit betrachtete und dachte: Oh, da kommt ja ein Schuh raus", erinnert sie sich. Das erste Paar eigene Sandalen saß perfekt. Sie folgerte: „Viele Frauen haben doch das gleiche Problem wie ich." Und da sie nun wusste, wie aus einer Sohle, Lederstreifen und etwas Metall ein elegantes Paar Sandalen wird, produzierte sie Maßarbeit für Freundinnen und Bekannte. Mit kundigen Tipps der Inhaber des Offenbacher Traditionsgeschäfts Schuh-Trost kaufte sie eine uralte Presse, eine Stanze, Formen und Werkzeug. „Das war nicht leicht, denn ich brauche keine Maschine für Massenfertigung und einen Starkstrom-Anschluss habe ich auch nicht", erzählt sie. Stück für Stück richtete sie die Werkstatt im engen Keller des alten Bürgeler Dreifamilienhauses ein, in dem sie auch wohnt. Sie probierte, gestaltete Sandalen und warf sie weg. So erarbeitete sich Nicole Hutschenreuther ihr Repertoire. Ihr Prinzip ist einfach: „Der Schuh muss mir gefallen."

2007 stellte sie ihre Arbeit auf dem Künstlermarkt in der Offenbacher Stadthalle vor. Sie zeigte nur einige Paar schöne Sandalen und fand ihre erste Kundin. Die hatte Kontakt zum Hessischen Rundfunk, und der drehte bald einen Beitrag. Nach der Ausstrahlung blinkte ständig der Anrufbeantworter. Nach dem Erfolg brauchte das Ganze einen Namen. Hutschenreuther nannte ihre Maßfertigung so schlicht und passend wie die Sandalen: NH handmade. Bald entstanden Modelle vom Flipflop bis solche im Stil römischer Legionäre. Sie arbeitet mit Metall- und Schmuckelementen, die nickelfrei sind, mit hitzeabweisender Sohle und chemiefrei gegerbtem Leder. Manche Kundinnen bringen Modeschmuck mit, den sie in den Entwurf integriert. „Ich habe mindestens drei Mal Kontakt zu meinen Kundinnen", berichtet die Schuhdesignerin. Sie kommen in einen eigens eingerichteten Raum ihrer Wohnung zum Kennenlernen und Besprechen der Wünsche sowie zum Anprobieren und später zum Abholen. In Holzregalen lagern Designmuster, Schmuckelemente und alles, was zum Maßnehmen nötig ist.

Ihren Job in einem Frankfurter Bankhochhaus hat sie auf zwei Tage pro Woche reduziert. Auf der Lederwarenmesse werden ihre Sandalen am eigenen Stand und auf dem Laufsteg der „Fashion Show" gezeigt. Ihre Kunden kommen mittlerweile aus Wiesbaden, Göttingen und Wetzlar. „Manche Frauen kommen, weil sie sehr kleine Füße haben und in der Kinderabteilung einkaufen müssen", sagt Hutschenreuther. Muss ja nicht sein. Sie arbeitet an einer Kleinserie mit Flipflops in den Größen von 35 bis 45. „Jeder Schuh ist echte Handarbeit" betont sie, „daran wird sich nichts ändern." Nur eines macht sie nicht: Herrensandalen. Hutschenreuther hat es wirklich versucht. Doch sie sagt: „Ich fertige keine klobigen Wandersandalen." Ach richtig, ein schöner Schuh verwandelt. Klare Ansage, Männer.

KINDERTAGESSTÄTTE AUF DEM PARKHAUS, ZIEGELSTRASSE 27
DIE KINDER VOM DACH

Oben stehen reihenweise Autos. Unten geht's rein in die rote Tür. Den Knopf gedrückt, es ächzt und rumpelt, die Tür geht auf, um die Ecke und da ist schon die Kiste. Elf Stockwerke fährt der alte, rote Aufzug. Die Häuser sind von oben ganz klein durch die Gitterstreben. Im Gang weiße Wände, Stahltüren und Neonlicht. Da liegt ein Kinderroller in der Ecke. An der Tür hängt ein buntes Schild. Drinnen ist Lärm und Sonne und Kinderlachen. Die Kinderkiste ist die wohl einzige Kindertagesstätte in Deutschland auf dem Dach eines Parkhauses. Das in die Jahre gekommene „Toys'R'Us"-Parkhaus zwischen Berliner Straße und Ziegelstraße ist ein klassischer Bau der 70er-Jahre. Der rechte Winkel und Beton waren damals die Baugesetze und Hochhäuser der Inbegriff von Modernität. Nach diesen Prinzipien wurde das Parkhaus von Karl-Heinz Reese errichtet und seit damals gibt es auf dem Dach die Kindertagesstätte. Zunächst wollte Investor Reese noch schicke Penthouse-Wohnungen aufs Parkdeck setzen, und die Kita auf dem Dach sollte die dort wohnenden Kinder aufnehmen. Der bestens verdrahtete Offenbacher Baulöwe und Freund von Josef Neckermann legte allerdings 1976 eine bundesweit beachtete Pleite mit 260 Millionen Mark Schulden hin. Keine Penthäuser.

Heute betreut die Leiterin Heike Hartmann mit fünf Erzieherinnen den ganzen Tag lang rund 45 Kinder zwischen zwei und sechs Jahren aus neun Nationen. Sie kommen meist aus dem Mathildenviertel. Die großen Räume zum Toben und Spielen trennen hohe Glasscheiben von einem ungewöhnlichen Spielplatz. Sind die Türen offen, stürmen die Kleinen nach draußen aufs Dach. Alles ist bestens mit hohen Betonwänden und dichten Zäunen gesichert, man sieht durch Birken und Büsche auf die oberen Stockwerke der Stadtverwaltung und ganz nah zum City-Tower. Für Eltern, Kinder und Erzieherinnen mit einem Klaustrophobie-Problem ist die Parkdeck-Kita allerdings nur wenig geeignet. Der enge Aufzug ist der einzige direkte Weg in die Kinderkiste.

„Den meisten Kindern ist gar nicht bewusst, dass sie oben auf dem Dach herumrennen", sagt Heike Hartmann. Nur Ballspielen geht nicht, denn das ist verboten. Ein fester Schuss über die Mauer, und der Ball fällt ziemlich tief. Sie macht eine Handbewegung. „Kein Problem, die Kinder fragen gar nicht danach." Es gibt ja Alternativen: Da wächst sogar ein Stück Rasen, es gibt viel Buddelsand und jede Menge spannendes Spielzeug. Nur das Blumenpflanzen ist nicht so einfach wie am Boden. Die Kita ist aber nicht nur im elften Stock, sondern auch mitten in der Stadt. Wald und Wiesen sind weit weg. „Wir gehen viel raus auf die Spielplätze in der Nähe", erklärt Heike Hartmann. Bewegung, Musik, kreatives Basteln, Spiel und Sprachförderung sind die wichtigsten Elemente, mit denen die Erzieherinnen arbeiten. Getragen wird die Kita auf dem Parkdeck seit 1994 vom Internationalen Bund (IB), einem der großen Anbieter für Jugend-, Sozial- und Bildungsarbeit in Deutschland. Die Erzieherinnen auf dem Dach werden gefordert. Viele Kinder sprechen kein Deutsch, wenn sie in den elften Stock kommen, stammen aus Familien, die von Hartz IV leben müssen, und aus Patchwork-Verhältnissen. „Wir machen Ganztagsbetreuung, geben den Kindern einen Tagesrhythmus und fördern ihre Fähigkeiten", beschreibt Hartmann ihren Alltag. „Vielen Eltern fehlt die Struktur im Leben, die Kinder dringend brauchen. Wir müssen das auffangen, so gut es geht." Heike Hartmann spricht viel mit den Eltern, hilft, erklärt und vermittelt zwischen den Kulturen, Werten und Perspektiven. „Unser Job ist zu einem Teil Sozialarbeit. Wir erziehen nicht nur die Kinder, sondern unterstützen auch die Familien."

Zeit zum Mittagessen. Die Kinder kriegen Hunger, doch der Essenslieferant ist nicht aufgetaucht. Eine Erzieherin telefoniert schon herum, und da stellt sich heraus: Der neue Fahrer des Lieferanten verspätet sich, weil er mit seinem Lieferwagen fluchend vor dem Parkhaus stand. Kann doch nicht sein. Hier gibt's keine Kita. Hier ist ein Parkhaus.

EHEMALIGER ZIVILSCHUTZBUNKER, ZIEGELSTRASSE 36
SITZFALL, HANDBETRIEB UND FALLOUT

Die Echos der Schritte hallen durch den Gang. Es ist eiskalt. Weißes Neonlicht erleuchtet die Wände, die dunkelgrau und oben weiß gestrichen sind. Ein dickes, silbernes Rohr läuft unter der rohen Betondecke entlang und zweigt in immer gleichem Rhythmus nach links und rechts ab in die Reste der Schutzräume. Die Reise in die Zeit des Kalten Kriegs beginnt in der Ziegelstraße, an einer Stahltür neben einem schnell hingeschmierten Graffiti. Der ehemalige Luftschutzbunker ist das letzte Relikt in der Stadt aus der Zeit der Angst vor den Sowjets. Eine gelb gestrichene Panzertür an der engen Luftschleuse hinter der Eingangstür bezeugt, dass die Behörden damals mit dem Schlimmsten planten. Der Bunker ist der letzte in der Stadt, den die Feuerwehr noch als Zivilschutzobjekt verwaltet. Im Osten gibt es keinen Feind mehr. Die Flüchtenden sollten bei Atomkrieg, Gasangriff oder Feuersturm in diesen Räumen Schutz finden. „Hier drin gab es 531 Sitzplätze für die Zivilbevölkerung", weiß der Feuerwehrmann Ralf Reichmann, der das Objekt seit Jahren betreut. Die Menschen hätten sich in winzige Räume mit sechs bis acht Sitzplätzen verteilt, deren Maße noch gut an den Resten der herausgebrochenen Zwischenwände entlang der Gänge zu erkennen sind. 0,6 Quadratmeter Platz pro Person definierten die „Bautechnischen Grundsätze für Schutzraumbauten" von 1967. Die Kabinen der Toiletten sind bis heute nur durch grüne Planen abgetrennt. Waschräume gab es keine, denn das Bundesamt hatte zehn Stunden als maximale Aufenthaltsdauer im „Sitzfall" definiert. Und danach? Tja. Auf Feldbetten hätten weniger Menschen sechs Tage bleiben dürfen. Danach: Raus in den Fallout. Wer die 531 Plätze im schlimmsten Fall belegen durfte, dafür gab es keine Regeln. Wer rechtzeitig kam, fand vielleicht Platz. War der Bunker voll, schloss der Bunkerwart die Panzertür von innen. Ganz einfach.

Im Dezember 1958 wurde das „Bundesamt für zivilen Bevölkerungsschutz" gegründet, um im „Verteidigungsfall" die Bevölkerung zu schützen. Die Angst vor einem Atomkrieg zwischen den USA und der Sowjetunion ließ Ingenieure und Bautrupps in die verstaubten Weltkriegsbunker ziehen. Sie wurden nach akribisch definierten Regeln ausgebaut, bestückt und ausgestattet. Und nicht nur das: Auch neue Bauvorhaben in zentraler Lage bekamen eine zweite – geheime – Mission. Die Tiefgarage der früheren Pam-Passage an der Geleitsstraße nahe dem Marktplatz etwa war früher ein versteckter Bunker. Im Falle eines Angriffs wären aus den schmalen Gittern im Boden Wände nach oben gefahren, zudem hätten sich Luftschleusen geschlossen. Die Bunkerwarte hätten aus versteckten Räumen Verbandsmaterial, Taschenlampen und Tragen herbeigeschafft. Ralf Reichmann geht zu einer ofengroßen, gelben Lüftungsklappe in der Wand. Daneben ist ein schachbrettartiges Muster an die Wand gezeichnet. Im Falle eines Feuersturms oder Gasangriffs wäre der Bunker von der direkten Außenluft abgeschnitten und nur durch die Belüftungsfilter versorgt worden, erzählt er. Jede Klappe wird von nummerierten Betonquadern mit eisernem Griff zusätzlich gesichert. Das Muster an der Wand zeigt, wie die Steine geschichtet werden müssen, um den besten Schutz zu erreichen. In den 80er-Jahren wurde die Belüftungstechnik komplett erneuert. Sie arbeitet mit Strom. Fällt der aus, so lässt sich die Luft von zwei kräftigen Personen in Wechselschicht mit einer Handkurbel umwälzen. Noch sind im Bunker die Anweisungen zur Bedienung zu finden, ebenso die Infozettel für die Bürger. Auch Desinfektionstabletten für das Trinkwasser liegen in Kisten bereit. Das alles ist immer regelmäßig erneuert, aber nie gebraucht worden. Doch einen umfassenden Schutz für die Zivilbevölkerung gab es – niemals. „Wir hatten damals für die Stadt mit rund 100 000 Einwohnern maximal 1490 Sitzplätze in Schutzräumen", hat Ralf Reichmann ausgerechnet.

Die Schritte hallen, die Panzertür quietscht und schließt mit lautem Schlag. Herzlich willkommen in der Gegenwart.

99

... nützliche Infos

... historisch

Alter Friedhof, Friedhofstraße 21, 63065 Offenbach

Parkdeck, Bahnhofstraße/Ecke Kaiserstr.

Ehem. Sozialistisches Büro, Buchrainweg 161, 63069 Offenbach. Privatgebäude, keine Besichtigung möglich

Weißes Kreuz, Dietzenbacher Straße, 63069 Offenbach (zwischen Autobahnbrücke und EVO-Kraftwerk)

Ehem. Dick&Kirschten-Villa, Dreieichring 24, 63067 Offenbach (heute Erasmus-Schule)

Ehem. Wohnhaus von Carl Preller, Frankfurter Straße 17, 63065 Offenbach (Gebäude existiert nicht mehr)

Ehem. Kreisverwaltung, Frankfurter Straße 33, 63065 Offenbach (Gebäude existiert nicht mehr, heute Fußgängerzone zwischen Löwenapotheke und Offenbacher Sparkasse)

Ehem. Villa Neubecker, Frankfurter Straße 100, 63067 Offenbach (Besichtigung von innen nicht möglich)

Allessa-Badehaus, Friedhofstraße 59, 63065 Offenbach (Besichtigung nur nach Vereinbarung möglich)

Bunkerrest, Fritz-Remy-Straße/Ecke Waldstraße (Besichtigung nicht möglich)

Brentanohaus, Geleitsstraße 109, 63065 Offenbach (Privatgebäude, keine Besichtigung möglich)

Portal des alten Hallenbades, Herrnstraße 57d, 63065 Offenbach

Historisches Straßenpflaster, Kaiserstraße gegenüber Büsingpark bis Messe

Ehem. OAD-Gebäude, im Allessa-Gelände, Eingang Kettelerstraße (Besichtigung nur nach Vereinbarung möglich)

Ehem. Gelände von Schlossers Garten, Kirchgasse 19, 63065 Offenbach (d'Orville-Park)

Ruine des Turmes der Schlosskirche, Kirchgasse, 63065 Offenbach

Ehemaliger Galgen, Schäferstraße/Ecke Hermannstraße, 63069 Offenbach

St. Pankratius-Kirche, Stiftstraße 5, 63075 Offenbach

Stadthalle, Waldstraße 312, 63071 Offenbach

... künstlerisch

Ehem. Künstlerkolonie, Bachstr. 13–15, 63065 Offenbach

Galerie der Moderne, Herrnstraße 61 (Bernardbau), Eingang B, 2. OG, 63065 Offenbach, Öffnungszeiten: Mi 14–18 Uhr, Do 10–13 Uhr und nach Vereinbarung

Mato-Fabrik, Bieberer Straße 215, 63071 Offenbach, www.kunst-raum-mato.de, Tel 0151 56000344

Fontänen von Friedrich Plaueln, Leonhard-Eißnert-Park, 63071 Offenbach, nahe Abenteuerpark Fun Forest

Studio Sebastian Herkner, Geleitsstraße 92, 63067 Offenbach, keine Besichtigung möglich

Galerie Grün, Sabine Perez, Herrnstraße 57a,
63065 Offenbach, Tel 0152 01881620,
www.galerie-gruen.de

Schnittputz von Adolf Bode, Siedlungsbauten am
Lämmerspieler Weg, 63075 Offenbach (nahe S-Bahn)

TAMU Talberg Museum, Ludwigstraße 151,
63067 Offenbach, Tel 01522 2050086,
www.talbergmuseum.net,
Öffnungszeiten nach Vereinbarung

Schmuckatelier Wolfgang Uhl, Rumpenheimer
Schlossgasse 4, 63075 Offenbach-Rumpenheim,
Tel 069 816178,
Öffnungszeiten: Di, Mi und Do 10 – 19 Uhr oder nach
telef. Vereinbarung

... architektonisch

Gothaer Haus, Berliner Straße 175, 63067 Offenbach

Bundesmonopolverwaltung für Branntwein, Fried-
richsring 35, 63069 Offenbach am Main,
Tel 069 8302-1, www.bfb-bund.de
(Besuch nur nach Vereinbarung)

Atriumhäuser von Egon Eiermann,
Johann-Strauss-Weg 7 – 13, 63069 Offenbach

Lichtpol, Hermann-Steinhäuser-Straße 2
63065 Offenbach

Pfauenhaus, Luisenstraße 5, 63065 Offenbach

Schlosspark Rumpenheim, Eingang Schlossgar-
tenstraße, 63075 Offenbach

... kulturell

Tonstudio Bieber, Aschaffenburger Straße 68,
63073 Offenbach, Tel 069 89004311,
www.tonstudio-bieber.de
(keine Besichtigung möglich)

Filmclub Offenbach am Main e. V., Bernardstraße 17,
63065 Offenbach,
Filmabend ist jeden Montag ab 20 Uhr
(Gäste sind jederzeit willkommen)

Mainländer-Denkmal, Dreieichpark

Ehem. Café Weisker, Frankfurter Straße 31,
63065 Offenbach (keine Besichtigung möglich)

Hermann-Hesse-Archiv, Friedrichstraße 16,
63065 Offenbach (nur für wissenschaftlich
Arbeitende zugänglich)

Kostümwerkstatt Monika Seidl, Goethestraße 23,
63067 Offenbach-Nordend, Tel 069 82376215,
www.monika-seidl.de (Kostümverleih auch für Privat-
personen; Termine nach Vereinbarung)

Ehem. Kino, ehem. Synagoge
Große Marktstraße 12, 63065 Offenbach

Tuepo, Tanja Huckenbeck, Kaiserstraße 9 (Hinterhaus), 63065 Offenbach, Tel 0175 2587885,
www.tuepo.de (mit Webshop),
Geöffnet: Do u. Fr 15 – 19.30 Uhr oder nach Absprache

Ehem. Klingspor-Fabrik, Ludwigstraße 136,
63067 Offenbach

Kulturwaggon am Mainufer, Höhe Isenburger Schloss,
Öffnungszeiten und Programm: waggon.blogsport.de

Artefakt Offenbach, Sprendlinger Landstraße 3,
63069 Offenbach,
Tel 069 85038 00, www.artefakt-offenbach.de,
Öffnungszeiten: Mo – Fr 10 – 13 Uhr und 14 – 18 Uhr,
Sa 10 – 13 Uhr und nach Vereinbarung

World Media Group AG, Sprendlinger Landstraße 107–
109, 63069 Offenbach am Main, Tel 069 30034310,
www.worldmediagroup.eu

t-raum, Wilhelmstraße 13, 63065 Offenbach,
Tel 069 80108983, www.of-t-raum.de

Kelterei Lühn, Hanauer Straße 59 , 63075 Offenbach-Bürgel , Tel 069 86711730,
www.kelterei-luehn.de,
Öffnungszeiten: In der Keltersaison (Sept. und Okt.)
Mo – Fr 17 – 19 Uhr, Sa ab 10 Uhr durchgehend, außerhalb der Saison: Di und Do 17 – 19 Uhr, Sa 11 – 15 Uhr

Suriashni, Bieberer Straße 33, 63065 Offenbach,
Tel 069 25714088

Ehem. Konditorei Rehn, Goethestraße 84,
63067 Offenbach (keine Besichtigung möglich)

... kulinarisch

Käsefabrik L'Abbate, Bieberer Straße 23,
63065 Offenbach, Tel 069 887761, www.labbate.de,
Öffnungszeiten: Mo – Fr und So 9 – 12 Uhr und
14 – 18 Uhr, Samstag von 8 – 15 Uhr

Kaffeerösterei A. Laier, Bieberer Straße 12,
63065 Offenbach, Tel 069 885170,
www.kaffeeroesterei.de,
Öffnungszeiten: Di – Fr 10 – 18.30 Uhr,
Sa 9.30 – 15 Uhr

Weingut Gibbert, Am Pfortengraben 3, 63075 Offenbach, Tel 069 868784, www.offenbacherwein.de

Stadtcafé im Frieda-Rudolph-Haus, Linsenberg 10,
63065 Offenbach, Tel 069 80109953,
Öffnungszeiten: Mo – Fr und So 11 – 18 Uhr

Cavus-Bäckerei, Sandgasse 28, 63065 Offenbach,
Tel 069 8008576, www.cavus-baeckerei.de

Bäckerei Ködel, Senefelder Straße 13,
63069 Offenbach, Tel 069 834591

... natürlich

Museum des Offenbacher Vereins für Naturkunde,
Herrnstraße 61 (Bernardbau, Haus B), www.ovfn.de
(Besichtigung nach Vereinbarung, Tel 069 833243
oder E-Mail gwittenberger@aol.com)

Bieberer Aussichtsturm, Am Aussichtsturm,
63073 Offenbach, Öffnungszeiten: sonn- und feier-
tags von 10 – 18 Uhr (Mai – Sept.)

Biebertal nahe Käsmühl, Dietesheimer Straße 408

Naturschutzgebiet Erlensteg von Bieber, westlich der
Waldhofstraße

Goldockerhof, Clara-Grein-Str. 400,
63075 Offenbach-Rumpenheim,
Tel 069 868965, www.goldockerhof.de

Waldzoo, Waldstraße 275, 63071 Offenbach ,
www.waldzoo-offenbach.de,
Öffnungszeiten: Di – So 10 – 18 Uhr, im Winter 10 – 17
Uhr, Mo geschlossen, Zugang über Parkplatz „Nasses
Dreieck"

... sportlich

Kickers-Fan-Museum e. V. , Aschaffenburger Straße
105 – 107, 63073 Offenbach, Tel 069 58301240,
www.kickers-fan-museum.de,
Öffnungzeiten: Di 19.30 – 22 Uhr, Fr 14 – 17.30 Uhr,
Sa und So 10 – 13 Uhr

Rennbahn des Clubs für Windhundrennen Frankfurt,
Bürgeler Mainufer, nahe Gerhard-Becker-Straße,
E-Mail info@cwfrankfurt.de, www.cwfrankfurt.de

Boxclub Nordend e.V., Hafen 19, 63067 Offenbach,
boxclub-nordend-offenbach.net, Tel 0178 7803503
(Geschäftsführer Bernd Hackfort)

Tennis-University, im Landesleistungzentrum des
Hessischen Tennisverbandes, Auf der Rosenhöhe 68,
63069 Offenbach (nicht öffentlich zugänglich)

... technisch

Ehemalige Obus-Schleife, unterhalb der Stadions am
Bieberer Berg

Betonensemble, Dreieichpark

Ehem. Mylflam-Fabrik, Fichtestraße 15, 63071 Offenbach, Matthias Burgey, Tel 069 852031,
www.mylflam.de

Fischer Veteranen-Service, Berliner Straße 256,
63067 Offenbach, Tel 069 883566,
www.veteranen-fischer.de

Kleines Offenbacher Verkehrsmuseum,
Hebestraße 14, 63065 Offenbach,
Besuch nach Vereinbarung unter museum@ovb.de
oder Tel 069 80058261

Technikmuseum Rohrmühle, Mühlheimer Straße 157
63075 Offenbach, Besuch nach Vereinbarung
Wolfgang Scheer, Tel 06104 921023
technikfreunde-rohrmuehle@t-online.de

Alte Schienenstränge, Frankfurter Straße, ab Dreieichpark Richttung Innenstadt

Johls Velodrom, Kaiserstraße 12, 63065 Offenbach
(Gebäude existiert nicht mehr)

Leder Wess (heute Kopp), Löwenstraße 16,
63067 Offenbach (keine Besichtigung möglich)

VDE Prüf- und Zertifizierungsinstitut GmbH,
Merianstraße 28, 63069 Offenbach, Tel 069 8306-0

Alter Hafenkran, Nordring, 63067 Offenbach, nahe
EVO-Müllverbrennungsanlage

Wohnblock der ehem. Frischauf-Arbeitersiedlung,
Sprendlinger Landstraße 220, 63069 Offenbach

Ehem. Druckluftanlage Riedinger, Taunusstraße 77,
63067 Offenbach (Gebäude existiert nicht mehr)

... religiös

St. Marien, Bieberer Straße 55, 63065 Offenbach,
Tel 069 80084310 (Besuch außerhalb der Gottes-
dienste nach telefonischer Vereinbarung)

Jüdische Gemeinde Offenbach, Kaiserstraße 109,
63065 Offenbach, Tel 069 8200360

Alter jüdischer Friedhof Bürgel, Mittelweg, nahe
Schultheis-Weiher

Lutherkirche, Waldstraße 74 – 76, 63071 Offenbach,
Tel 069 854149, www.lutherkirche-of.de

... einfach spannend

Rathaus, Berliner Straße 100, 63065 Offenbach

Miniland Bieber, Dietesheimer Straße 45,
63073 Offenbach, geöffnet Sa und So ab 11 Uhr

Tiernahrung Steiger (ehem. Reder), Nordring 70,
63067 Offenbach, Tel 069 884109,
Öffnungszeiten: Di–Fr 9–18 Uhr, Sa 9–13 Uhr

Bahnclub Stellwerk, ehemalige Güterabfertigung im
alten Güterbahnhof, Untere Grenzstraße 12,
Tel 069 862841, www.stellwerk-offenbach.de
(Treffen jeden Freitag ab 20 Uhr)

Synchronstudio Ingrid Metz-Neun, Lilistraße 40,
63067 Offenbach, Tel 069 8007030,
www.ingrid-metz-neun.com
(Besuch nur nach Vereinbarung)

Sozialkaufhaus Luise34, Luisenstraße 34,
63065 Offenbach, Tel 069 66968919,
luise34@carijob.de,
Öffnungszeiten Mo–Fr 9–17 Uhr, Sa 9–14 Uhr

#1 Jeans, Natalie Vu & Marc Oswald,
Bernardstraße 5a, 63067 Offenbach,
www.no1jeans.com (Termine nach Vereinbarung)

Kramladen, Rumpenheimer Straße 4,
63075 Offenbach-Bürgel, geöffnet Do von 15–18 Uhr,
jeden 2. Samstag im Monat 11–14.30 Uhr oder nach
Vereinbarung

Annemarie Kitzinger Volkskunst
Mühlheimer Straße 386, 63075 Offenbach,
Tel 069 863297, www.akitzinger-tradition.com,
Öffnungszeiten: Mi und Fr 15–18 Uhr, Sa 11–14 Uhr
sowie nach Vereinbarung

Firedancer, Termine, Workshops und Infos unter
Tel 06103 2706655 oder www.firedancer.de

Kita im Parkhaus, Internationaler Bund (IB),
Ziegelstraße 27, 63065 Offenbach, Tel 069 816645,
www.internationaler-bund.de

Bunker, Ziegelstraße 36, 63065 Offenbach
(keine öffentliche Besichtigung)

NH handmade, Nicole Hutschenreuter, Stiftstraße 19,
63075 Offenbach, Tel 069 86005452,
www.leder-design.net, Termine nach Vereinbarung

Auf den Standort kommt es nicht an! Hafen2. Offenbach am Main.

Stadt Offenbach am Main OF

OSG

TOP TEN

Offenbach

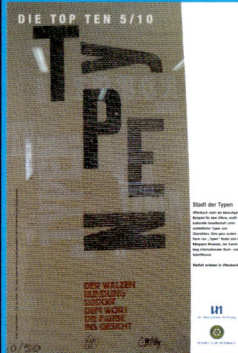

Stadt
Offenbach
am Main
OF